왕비의 남자들

2007년 5월 5일 초판 1쇄 인쇄
2007년 5월 10일 초판 1쇄 발행

지은이 尹太鉉
펴낸이 許萬逸
펴낸곳 華山文化

등록번호 2-1880호(1994년 12월 18일)
전화 02-736-7411~2
팩스 02-736-7413
주소 서울시 종로구 통인동 6, 효자상가 A 201호
우편번호 110-043
e-mail huhmanil@empal.com

ISBN 978-89-86277-85-2 03810

ⓒ 윤태현, 2007

※ 잘못된 책은 바꾸어드립니다

왕비의 남자들

윤태현 지음

화산
문화

머리말

 필자는 토정(土亭) 이지함(李之菡)의 연구가이다. 토정 선생은 1517년에 태어나서 1578년에 타계한 인물로 율곡(栗谷) 이이(李珥), 중봉(重峰) 조헌(趙憲) 등과 함께 일찍이 우리 나라 실학(實學)의 태동기에 사회개혁을 주장한 인물이다.
 필자는 학위 논문에서 이홍남(李洪男)의 고변 사건인 청홍도(淸洪道)사건을 최초로 찾아내어 그의 처가가 멸족하는 과정을 밝혔다. 토정 선생은 선조(宣祖) 때 학문이 뛰어난 유현(儒賢)이다. 그런데 말년에 이조(吏曹)의 추천으로 처음으로 벼슬길에 나간다. 명현이 될 정도이면 장원급제를 하고도 남을 실력인데, 음직(蔭職)으로 벼슬길에 나간 것이 이상하다 생각하여, 충남 보령에 있는 토정 선생 산소에 5번이나 참배하고 그 이유를 알려 달라고 며칠간 간절하게 기도를 올렸다. 그러자 꿈에 토정 선생이 나타나 『대동야승(大東野乘)』이라는 책을 보라고 하여 청홍도 사건을 밝혀 논문을 완성할 수가 있었다.
 조선에서는 각 도명(道名)을 지을 때, 그 도의 큰 고을의 앞 글자를 땄다. 충청도(忠淸道)는 충주(忠州)와 청주(淸州)의 머리 글자를 따서 충청도라 지은 것인데, 충주에서 역모사건이 일어나자, 충자를 빼고 청주와 홍성

(洪城)의 앞 글자를 따서 청홍도(淸洪道)라 부른 것이다. 이 사건은 1549년 기유(己酉)년에 발생했는데, 대윤(大尹)의 중심 인물인 윤임(尹任)의 사위 이홍윤(李洪胤)과 그의 형 이홍남(李洪男)과의 재산 때문에 감정싸움이 일어난 것을 당시 권신(權臣)인 이기(李芑)와 대궐의 최고 윗전인 문정왕후(文定王后)가 이 사건을 확대시켜, 충주고을에 토지를 많이 가지고 있는 토정의 장인 이정랑(李呈琅)을 역모사건의 괴수(魁首)로 둔갑시켜서 그의 가족들을 처형하고 토지를 강탈한 사건이었다. 당시 19세였던 이홍윤은 충주에 살면서 장인 윤임이나 아버지 이약빙(李若氷)이 누명을 쓰고 억울하게 돌아가신 것에 대하여 불충한 말을 한 것이 발단이 되어, 이것이 엉뚱하게 토정의 처가로 불똥이 튀어 멸문지화를 당한 것이다.

토정의 장인 이정랑은 2대 임금인 정종(定宗)의 5대 손으로 충주에 많은 토지를 가지고 있었는데, 하루아침에 날벼락을 맞은 것이다. 이로 인하여 토정은 과거를 볼 수가 없어, 무인도에 가서 어염(漁鹽)에 종사하면서 수만 석을 모으게 된다. 그리고 이를 가난한 사람들에게 나누어 주고 평생 서민 속에 살면서 민초들의 고충을 알아 이를 시정하려고 애썼던 조선시대에 몇 손가락 안에 드는 현인(賢人)이다. 그는 만년에 포천(抱川)과 아산(牙山)현감을 지냈는데, 이때 올린 상소문에는 사회개혁사상과 애국심이 짙게 녹아 있다.

그래서 필자는 당시 권력의 정점에 있으면서 토정 처가를 몰락시킨 문정왕후와 윤원형(尹元衡)과 그의 첩 정난정(鄭蘭貞) 등 여러 인물들에 대하여 깊은 연구를 하게 되었다. 토정의 현몽도 있었고, 또 밝혀지지 않은 석연치 않은 점이 있을 것이라는 추측하에 많은 자료를 뒤지게 되었다. 그 결과 많은 수확이 있었다. 우리는 문정왕후가 불교를 중흥시키고, 섭정하면서 어린 명종을 잘 보필하여 정치를 잘 한 것으로 알고 있으나 사실은 전연 달랐다. 그녀는 국법을 무시하고 자기 뜻이 관철되지 않으면 임금을 때려가면서 자기 목적을 달성했고, 욕심을 채우기 위해서는 인정도 눈물도 없는 냉혈인간이며 폭군의 대명사인 연산군 못지않게 악행을 많이 저지른 여장부였다.

청홍도사건보다 앞서 일어난 을사사화(乙巳士禍)는 1545년 윤원형 이기 정순붕 등 소윤(小尹)이 수렴첨정으로 국가의 권력을 손아귀에 쥐고 있는 문정왕후를 등에 업고, 윤임(尹任), 유관(柳灌), 유인숙(柳仁淑) 등 대윤(大尹)을 죽이고, 이들의 재산을 몰수하여 소윤 등 공신들이 나누어 가진 사건이었다. 을사사화는 정치적인 싸움이라 감정이 개입될 수가 있어서 조작도 가능하여 어느 정도 이해는 할 수 있다.

그러나 1547년에 일어난 양재역(良才驛) 벽서사건은 을사사화 때 대윤 중에서 제거하지 못한 사람들을 부제학(副提學) 정언각(鄭彦慤)과 장악원(掌樂院) 정(正)으로 천출이며 간신인 진복창(陳復昌)이 죄를 날조하여 이들을 처형하거나 귀양 보내고 재산을 몰수한 파렴치한 사건이다. 양재역 벽서사건과 청홍도사건은 아무런 죄가 없는 사람들을 고문하여 죽이고 이들의 재산을 갈취하고 그의 가족들을 노비로 삼은 철저하게 조작된 천인공노할 사건이었다. 이 두 사건의 중심에는 문정왕후가 있었다. 이들 죄인들의 재산은 결국 문정왕후의 개인 금고와 다름없는 궁중의 재산을 관리하는 내수사(內需司)로 유입되어 엄청난 부(富)가 축적하게 된다. 그녀는 수렴청정을 하면서 권력을 이용하여 아무런 죄없는 사람들을 고문하여 이들을 처형하고 재산을 강탈한 천하에 악독한 여인이었다. 이 사건에서 얻은 재물은 거의 문정왕후가 사용했는데, 주로 사생활이나 내원당(內願堂) 경비로 조달되었다고 기록되어 있다.

을사사화, 양재역 벽서사건, 청홍도사건으로 억울하게 죽은 사람들 중에는 문정왕후와 인연이 깊고 잘 아는 윤임, 이정랑 등도 있었다. 그 외 죄없는 수많은 사람들을 죽이고 그 가족들을 노비로 만든 것이 양심의 가책을 받아 그녀는 이들이 꿈에 나타나는 등 많은 심적 고통을 받았던 것이다. 이런 악몽에서 벗어나기 위하여 그녀는 고승을 궁궐 사찰인 내원당으로 불러들여 기도를 드렸는데, 여기에 천거된 스님이 보우(普雨)였다. 그는 언변이 좋고 신체가 건강하고 사람을 대하는 남다른 능력이 있어서 명종과 문정왕후의 신임을 독차지한다.

그리고 이때 수렴청정하던 대비 문정왕후는 44세의 한창 나이로 성(性)에 물이 오른 시기였다. 그녀는 중종(中宗)이 살아 있을 때 칠팔 명이나 되는 중종의 비빈(妃嬪)들 중에서 사랑을 독차지하기 위하여 수단과 방법을 가리지 않은 영리한 요부(妖婦)로 정치(政治)와 성(性)을 같이 아는 여자였다.

그녀는 17세에 왕비가 되고 난 후, 당시 중종의 사랑을 한 몸에 받았던 또다른 요부 경빈(敬嬪) 박씨의 사랑을 잠재우고, 중종의 사랑을 독차지한 여걸이었다. 이는 경빈 박씨나 다른 후궁들의 자식이 한 명에서 세 명인데, 그녀는 명종 등 다섯 명이나 둔 것을 보면 알 수 있는 것이다. 그녀는 성희(性戱)를 능란하게 구사하여 임금을 사로잡은 후에 인종(仁宗)이 된 세자가 왕이 된다는 것을 잘 알고 있었지만, 자기가 낳은 아들 경원대군을 왕으로 만들기 위하여 권모술수를 다한 여장부로, 처세를 잘했으며 인생을 즐겁게 사는 방법을 안 여자였다. 성이 무엇인지 한창 알 나이에 남편 중종이 죽자, 정권을 한 손에 휘어잡았으나 외로움과 피곤한 심신을 달래고 쾌락을 찾기 위하여 그녀는 종교에 의지하면서 보우와 은밀하고 특별한 관계를 유지해온 것이다.

조선왕조실록에는 그녀의 음행(淫行)을 기록한 구절은 찾을 수가 없다. 이것이 궁금하여 필자는 문정왕후의 애정행각에 대하여 집중적으로 조사와 연구를 하게 되었다. 실록에서는 그녀가 강한(剛狠)한 성격으로 감정이 쌓인 사람들을 도륙냈고, 사직의 죄인이라고 혹평했다. 그녀는 중신들이 자기 말을 거역하면 개가 싸우듯이 혼을 낸다고 하여 강한(剛狠)하다고 표현한 것이다. 조선 역사에서 왕비를 이렇게 혹평한 예는 없다. 그녀는 타고난 성격상 신하들을 수중에 넣고 좌지우지한 명실상부한 여왕이었다. 영웅호걸이 여색(女色)을 밝히듯이, 여걸(女傑)도 남색(男色)을 밝히는 것이 고금의 통례이다. 중국의 측천무후나 하희, 서태후 등이 모두 그랬던 것이다. 그러나 조선시대에는 이런 여인이 없는 것으로 알고 있으나 연구 결과는 그렇지가 않았다. 문정왕후에 대한 음행 기록이 없는 것은 그녀가 정숙해서가 아니라, 그녀의 음행을 기록하거나 말을 하면 죽음을 면치 못했기 때문이다. 그 시대 권력은 그녀와 동생인 윤원형이 틀어쥐고 있었기 때문에 감히 그 누구도 그런 사실을 기록으로 남기거나 말을 꺼낼 수가 없었던 것이다. 그러나 보우에 대한 기록은 다르다.

명종실록 17년 10월 3일 기록을 보면 다음과 같은 구절이 있다. 이 대목도 사관은 문정왕후와 윤원형의 눈치를 봐가며 겨우 기록되었을 것이다.

"보우는 요승(妖僧)으로 임금의 마음을 현혹시키고 국가의 재물을 축내고 환관(宦官)과 궁첩(宮妾)들과 교류하여 몰래 도성에 들어와 부녀자들을 간음(姦淫)한다는 소문이 퍼지자, 사람들이 불안해 하고 있었다."

당시 문정왕후의 총애를 한몸에 받은 보우의 당시 행적과 그녀가 보우와 같이 기도를 하는 곳에는 그 누구의 범접도 허락되지 않았다. 또 이들의 관계가 심상치 않다는 것은 보우가 원하는 것은 문정왕후가 다 들어주었다는 사실이다.

그 첫째가 내원당에 관한 것이다. 내원당은 대궐 내에 있는 사찰로 이곳은 왕이나 비빈들이 찾는 절이어서 왕실의 보호를 받고 있었다. 그런데 보우의 청으로 당시 전국에 있는 유명 사찰 중에서 일부가 내원당으로 지정되기 시작한다.

그 당시 전국 사찰의 주지나 스님들은 잡일을 하는 일꾼과도 같았다. 고관대작이나 그의 아들들이 조용히 공부할 방을 요청하면 이를 들어주고 식사 제공 등 여러 가지 심부름을 하기 싫어도 해야만 했다. 이때 스님들은 조정의 보호를 받지 못하고 있었기 때문에, 세도깨나 쓰는 양반들의 요청을 거절하면 트집을 잡아 때리면 맞아야 했다. 그래서 주지들은 자기 절을 내원당으로 해달라고 청탁을 했던 것이다. 보우는 문정왕후의 신임을 받는 것을 이용하여 전국에서 이름 있는 절의 주지를 통하여 이를 알리자 많이 응해 왔다. 문정왕후는 명종에게 얘기하여 전국에 30여 개의 사찰에 대하여 일차적으로 내원당으로 지정하라는 교지를 내린다. 이는 왕실의 안녕과 국가의 발전을 기원한다는 명목이었지만, 사실은 외부 권력이 있는 사람들의 사찰 출입을 통제하기 위한 것이다. 나중에는 내원당이 선종(禪宗)과 교종(敎宗) 양종(兩宗)을 합쳐서 총 395개로 늘어나게 되었다.

처음 나라에서 내원당을 지정할 때는, 절에서 사용하는 경비는 조정에서 지원하지 않았다. 이는 절에서 탁발을 하던지 시주를 받아 자체적으로 해결해야만 했다. 나중에는 조정에서 내원당의 경비까지 지원하게 되었다. 그러자 사간원 사헌부 양사와 신하들의 반대가 매우 심했지만, 문정왕후와 명종은 이를 받아들이지 않았다. 처음에는 각 군현에서 억지로 조금 지원했으나, 점차 공맹사상을 앞세워 이를 거절하여 지원하지 않자, 내수사에서는 백성들의 땅을 강탈하여 그 엄청난 재원을 지원하여 국고가 텅텅 비어 백성들은 초근목피로 연명하고 굶어 죽는 사람들이 비일비재했다고 명종실록에 적혀 있다.

그러면 왜 이렇게 엄청난 무리수를 두어가면서 대비가 내원당을 지원했느냐는 것이다. 이는 문정왕후의 불심이 돈독한 것도 이유가 되겠지만, 그보다는 보우의 청을 들어주지 않으면 안될 사정이 있었던 것이다. 그 당시 그녀에게 부족한 것은 없었다. 한참 성(性)에 물이 오른 대비는 보우의 사랑을 얻기 위하여 물불을 가리지 않고 행동하다보니 사리판단이 흐려진 것이다. 그래서 그녀는 보우가 요청하면 어느 것이나 다 도와주고 선심을 썼던 것이다. 그 실례로 수렴청정하던 문정왕후는 보우를 판선종사(判禪宗事) 도대선사(都大禪師) 봉은사 주지(住持)로 임명한다. 이 직책은 정 2품 판서급으로, 국사와 아무런 상관이 없는 스님인 보우에게 나라에서는 직첩(職牒)을 내리고 국록을 받게 하였던 것이다. 그리고 교종(敎宗)과 선종(禪宗)의 승과(僧科)를 개설한 것이라든지, 스님들에게 부역을 면제해 준 것이라든지, 당시 사대부나 서민들이 이해하지 못할 정도로 특별한 대우를 받았던 것이다. 이는 보우와 문정왕후와의 특별한 관계 때문에 가능했던 것이다. 당시 신하들이 이를 취소하라는 상소가 빗발쳤으나 대비는 물러서지 않았다. 그렇지 않고서는 똑똑한 그녀가 그렇게 무모한 행동을 할 리가 없었던 것이다.

다음에 문정왕후의 바람기를 의심하는 구절은 그녀의 조카 윤춘년이 올린 상소문에서이다. 윤원형과 윤원로가 세력다툼을 할 적에 문정왕후는 오빠 윤원로보다는 동생 윤원형 편을 들었다. 그러자 윤원로는 문정왕후를 아주 음탕하고 나쁜 여자라고 험담을 하고 다녔다. 얼마 후, 윤춘년은 "윤원로가 문정왕후를 여희(驪姬)와 같은 여자라고 했다면서 벌을 주어야 한다."라고 상소를 올린다.

이때 보우는 대궐의 내원당에 자주 드나들어 문정왕후와 염문이 퍼져 있을 때였다. 윤원로는 세간에 이런 추문이 나돌자 "문정왕후가 성애(性愛)의 화신인 하희(夏姬)나 측천무후(測天武后)와 같다"라고 한 것을 윤춘년이 대비의 체면을 생각하여 차마 그런 표현은 못하고 권력의 화신인 여희와 같다는 상소문을 쓴 것이다. 문정왕후가 여희와 같이 행동한 것은 사실이다.

그녀는 자기 아들인 경원대군을 빨리 왕으로 만들기 위하여 병색이 짙은 효자인 인종(仁宗)을 빨리 죽게 하기 위하여 "경원대군과 자기를 임금이 벌을 주려고 한다"라는 헛소문을 퍼뜨려 인종이 석고대죄를 하게 하여 건강을 더 악화시킨 일이 있었다. 이때는 더운 여름이었는데, 그녀는 인종에게 몸을 보양한다는 명분으로 상한 타락죽을 들게 하여 설사로 인하여 왕의 건강이 급속하게 악화되어 죽게되는 원인이 된다. 후세에 이를 문정왕후에 의한 인종 독살설로 전해지고 있다.

이로 볼 때, 윤원로가 여희와 같다고 한 말은 큰 죄가 되지 않는다. 더 심한 말, 다시 말해서 그녀의 치부를 건드리자, 오빠에게 앙심을 품었던 것이다. 이런 여러 가지 상황으로 미루어 볼 때, 윤원로가 그녀를 성의 화신인 하희와 같은 여자라고 한 것을 윤춘년이 상소에서는 여희같다고 좋게 쓴 것이다. 이로 인하여 그녀는 친오빠인 윤원로에게 사약을 내린다.

그리고 명종 17년 12월 16일에는, 문정왕후의 사위인 한경록(韓景祿)은 창녀들과 성관계를 가졌는데, 그 중에 옥복(玉福)이라는 여자가 문정왕후에 대하여 온갖 못할 말을 다 했다고 한다. 그 못할 말이란 무엇인가. 이는 문정왕후의 추문일 수도 있다.

다음에 문정왕후가 남자들과 애정행각을 의심케 하는 것은, 올케인 윤원형의 첩 난정과의 관계에서이다. 그녀는 임금인 명종이 말을 듣지 않으면 혼을 내면서 때렸다고 명종실록에 여러 차례 나온다. 그러면 문정왕후는 지존인 임금을 때려가면서 강력하게 밀어붙였던 일이란 무엇인가? 이는 아마 정난정에 관한 일이 많았을 것이다.

정난정은 첩의 자식이기 때문에 당시 국법으로는 정실부인이 절대로 되지 못한다. 그런데 정난정은 문정왕후에게 온갖 뇌물로 정실부인이 되었다. 이는 국법을 어겨 강상의 제도를 무너뜨리는 처사로 불가능한 일인데도 정난정은 이를 성취한 것이다.

그러면 문정왕후는 난정에게 어떤 약점을 잡혀서, 또 얼마나 절박하고 큰 도움을 받았기에 왕까지 때려가면서 난정을 정경부인으로 만들어주었고, 서얼허통법을 추진했느냐는 것이다. 그것은 문정왕후에게 당장 필요한 욕구를 난정이 채워주었기 때문이다. 난정은 문정왕후에게 성을 상납하는 뚜쟁이 노릇을 하여 자기 목적을 달성한 것이다. 이런 것을 뒷받침하는 구절이 명종실록에 나온다. 명종 18년 1월 17일 편에는 다음과 같은 글이 실려 있다.

"윤원형은 도성에 집이 수십 채가 있었다. 그의 첩 난정도 큰 집을 사들여 그 집 대청을 신당(神堂)으로 만들어 굳게 걸어 잠그고, 그곳에 출입하면서 음탕한 짓을 자행했으나 사람들이 그것을 감히 말하지 못했다."

이 시절은 사대부가(士大夫家) 여인이 다른 사내와 바람을 피우는 음행을 하다가 발각되면 자살하는 것이 예도였다. 그런데 난정이 이런 위험한 짓을 했다는 것은 자기 목숨보다 더 중한 어떤 존귀한 사람을 위해서 그런 일을 하였을 것이다. 당시 모든 권력은 대비와 윤원형이 쥐고 있어서 난정도 천하에 부족하거나 두려울 것이 없었다. 그러나 오직 한 사람의 눈치를 보았는데, 그녀가 바로 문정왕후였던 것이다. 그래서 문정왕후를 위하여 신당으로 위장된 곳에서 그녀가 편히 쉬면서 마음껏 욕정을 풀게 한 것이다. 당시 한창 나이의 문정왕후는 여왕으로 재물이나 권력이나 명예를 다 가지고 있었는데, 오직 못 가지고 있는 것은 바로 남자의 사랑이기 때문이다. 요령 좋은 난정이 이를 이용하여 문정왕후의 환심을 독차지하여 자기 목적을 달성한 것이다.

또 신당을 만든 것은 난정 자신을 위해서라고 생각할 수도 있지만, 남편이 살아 있고 사람들의 이목이 있는 그런 위험한 일을 아무런 방패막이도 없이 혼자서 했다는 것은 이치에 맞지 않는다. 이는 문정왕후가 뒷배를 봐주고 있었기 때문에 가능했던 것이다. 그래서 난정은 자기 소원을 다 들어준 든든한 후견자인 문정왕후에게 은혜를 갚기 위하여 그런 짓을 한 것으로 보아야 더 설득력이 있다. 물론 이런 일은 윤원형도 알고 있었기 때문에 가능하여, 세인(世人)들의 눈에 띠여 이를 알게 된 것이다. 그런데 이를 발설하는 자는 지위고하를 가리지 않고 처단하여 "감히 사람들은 이를 알고도 말을 못한 것이다."라고 한 것이다. 그리고 이때 윤원형은 집안에 수많은 무사들을 두어 자기 신변을 보호하고 있었을 뿐만 아니라, 자기 비위를 건드리는 사람들을 제거했다고 한다. 그래서 당시 윤원형을 탄핵할 사람은 없었던 것이다.

　문정왕후는 학문을 배우고 책을 많이 읽어서, 중국의 여걸인 측천무후를 닮아가려고 했다고 한다. 그래서 인생을 즐겁고 멋있게 지내려고 했던 현실감각이 뛰어난 여장부 겸 요부였던 것이다.

　그러면 왜 문정왕후의 추문이 실록에 언급되지 않은 것일까. 여기에는 그럴 만한 이유가 충분히 있다. 1545년 을사사화가 일어나고 1547년 양재역 벽서사건이 일어나고 윤원형 일당들은 사관들이 이 사건을 어떻게 기록했나하고 사초(史草)를 비밀리에 뒤져본 일이 있었다. 사초는 당대에서는 절대로 건드리지 못하게 국법으로 정해져 있었는데, 이자들은 이를 읽어본 것이다.

　윤원형과 그의 수하들은 이를 기록한 사관 안명세(安名世)를 처형하고, 얼마 후에 안명세의 죽음이 억울하다고 술김에 말한 사관을 지낸 윤결(尹潔)도 처형된다. 그래서 그 후로 사관들은 권신들이 사초를 뒤질거라는 생각에 조정이나 문정왕후를 비판하는 기록을 남기지 못했던 것이다. 이때 안명세나 윤결은 문정왕후와 보우의 추문을 기록했거나 여러 사람이 모이는 곳에서 말했을 것으로 추측된다. 그래서 이들의 입을 봉하여 일벌백계로 삼았던 것이다. 안명세와 윤결의 처형 이후 조정이나 문정왕후를 비방하는 글은 사라졌다.

　이 때도 연산군 때처럼 언로를 막아, 신하들과 백성들은 입과 귀가 있어도 할 말을 제대로 못했던 암흑 같은 세상이었다. 이렇게 권력의 실세와 명망 있는 선비들도 할 말을 하면 죄를 받는데, 하물며 일반 서민이야 말할 나위도 없는 것이다. 경국대전에는 난언죄(亂言罪)에 대하여 언급하고 있는데, 이는 정사를 비방하는 죄이다. 걸려들면 곤장 1백 대에 3천 리 밖 유배형이고, 임금을 모독하는 죄는 참형에 처했다.

이런 지엄한 법이 있기 때문에, 이 시대는 문정왕후에게 아부하는 신하나, 그녀가 잘되기를 바라는 일부 불교계만 살아남는 세상이 되고만 것이다. 말을 잘못해도 귀양을 가는 세상인데, 하물며 문정왕후의 치부를 건드리는 말을 했다가는 살아남지 못한다는 것을 너무 잘알고 있기 때문에, 붓을 든 사람들은 감히 이를 기록할 용기를 내지 못했던 것이다.

이런 이유 때문에 그녀에 대한 추문이나 악행은 전해지지 않고 있는 것이다. 그래서 필자는 이 소설에서 그녀가 했음직한 일들을 사실과 여러 자료들에 따라 최대한 리얼하게 그려보려고 노력했다.

명종 21년 1월 25일 기록에는 다음과 같은 구절이 있다.

"개성 송악산은 지기(地氣)가 영험하다고 하여 사람들이 신당(神堂)을 마구 세워 제사를 지냈다. 문정왕후가 기도하는 것을 좋아하여 내사(內使)의 발길이 끊이지 않으므로 사대부에서 서인에 이르기까지 몰려들어 혼숙한다는 추한 소문이 나돌았다. 이곳에는 경사(京師)의 사녀(士女)들이 앞을 다투어서 복을 빌고 노래를 부르며 한데 섞여 온 성곽을 메웠는데, 그 말류(末流)의 화(禍)가 위로는 궁금(宮禁)으로부터 아래로는 종실, 척실 세도가가 앞 다투어 섬기었다. 윤원형은 이에 고혹되어 흙으로 만든 신상(神像)을 만들어, 이것을 하인들을 시켜서 고가로 팔았다. 윤원형이 신상을 만들어 빌고 이를 팔았는데 그 이득이 수만금이라고 한다."

여기에서 눈여겨 볼 대목이 궁금(宮禁)으로, 이는 대궐을 말한다. 그렇다면 왕이나 대비가 그곳에 갔다는 얘기가 된다. 이때 개성 인근 지역은 임꺽정의 영향권에 속하여 대비가 개성에 갔다면 산적을 만날 수도 있는 것이다. 그래서 남색(男色)을 밝히는 대비와 산적과의 관계를 흥미있게 엮어 볼 수 있는 것이다.

　조선시대 역사에서 남녀 간에 사랑이나 상열지사(相悅之詞)는 많았다. 조선에서는 철저한 남성 우월적 유교적 봉건주의 시대인 남존여비의 사상이 지배하고 있었기 때문에, 모든 정치나 사회제도는 이 틀 안에서 크게 벗어나지 않았다. 그래서 남자가 본부인과 결혼하여 첩을 몇 명을 두건 문제가 되지 않는다. 그런데 여자는 결혼 후, 멋 있는 사내에게 진한 눈길만 줘도 부도(婦道)를 잃었다고 소박을 당했다. 그리고 다른 사내와 사랑을 나눈다는 것은 상상조차 할 수 없는 일이다. 그런데 체질적이나 생리적으로 특별히 음기(淫氣)가 센 여자가 있다. 이런 여자들은 죽거나 망신을 당한다는 것을 알고서도 바람을 피웠던 것이다. 조선시대는 한 여자가 다른 사내와 바람을 피우면 이것은 화제가 되어 소설이나 영화감이 된다. 그 대표적 예가 성종조의 어우동이다. 더더욱 왕비나 사대부가 부인이 다른 남자와 정을 통했다는 것은 상상도 못하는 일이다.

　이런 측면에서 이 소설은, 이시대의 감각으로 새로운 시도에서 서술하였으므로 지나온 우리 역사를 다시 한번 되새겨 보면서 또한 흥미를 느끼신다면 다행이라 생각됩니다.

　많은 질정과 편달을 바랍니다.

2007년 孟春
저자

차례

머리말

차 례

1. 광풍(狂風) _ 19
2. 공신들의 염복 _ 46
3. 비빈(妃嬪)들의 질투 _ 68
4. 사랑을 위한 전쟁 _ 94
5. 한 맺힌 요녀(妖女) _ 130
6. 권력과 밀애(密愛) _ 158
7. 조선의 여왕 _ 188
8. 매맞는 왕 _ 230
9. 음기(淫氣)의 발동 _ 251
10. 대왕사에 있었던 일──273
11. 잃어버린 세월──315

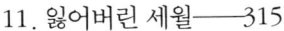

1. 광풍(狂風)

조선의 10대 왕인 연산군(燕山君) 12년 7월 보름날이었다. 말복이 며칠 지난 뒤였지만 무더위는 물러가지 않고 가만히 앉아 있어도 땀이 얼굴과 등줄기에서 줄줄 흘러내렸고, 바람 한 점 없는 날씨가 며칠 간 계속되었다. 사람들의 손에서는 부채가 떠나지 않았고, 더위로 인하여 밤잠을 설치기도 하였다. 사람들은 이번 여름 더위가 연산군 같이 혹독하다고 생각하며 모두 하루 빨리 물러가기를 고대하고 있었다.

오시(午時)가 가까워서 관복을 입고 머리에는 관모를 쓴 한 건장한 사내가 말을 타고 대궐에서 나와서 서대문을 벗어나 북쪽으로 달리고 있었다. 그의 나이는 삼십대 후반으로 보였고, 체구가 커서 말이 힘들어 하는 모습이었다. 그의 얼굴에는 무슨 언짢은 일이라도 있었던지 화가 잔뜩 나 있는 표정이었다. 홧김에 채찍으로 말을 때리자, 말은 속력을 내기 시작했다. 그는 만사가 다 귀찮았다. 혼자 조용한 곳에라도 가 있고 싶어서 말을 한강가로 몰고 있는 것이다. 더위로 말의 몸에서 땀이 흘렀고, 그 사내의 얼굴도 땀과 먼지로 범벅을 이루었다. 강가에 이르자, 그가 말에서 내려 말의 고삐를 놓았다. 강가의 나무 위에서는 쓰르라미가 피를 토하듯 울고 있었다. 그 울음소리가 자기의 심정과 너무나도 같았다.

말이 물을 마시고 옆에 있는 풀을 뜯기 시작했다. 그는 수건을 꺼내서 땀을 닦으며 한 숨을 돌렸다. 그는 다시 무슨 기분 나쁜 생각이 떠올랐던지, 얼굴을 구기며 아무 말 없이 흘러가고 있는 강물을 향하여 소리쳤다.

"이놈의 더러운 세상! 빨리 뒤집혀져야 해. 임금이 죽든지 쫓아내든지 무슨 결판을 내야 해. 그래야 백성들이 마음을 놓고 살 수가 있어."

그는 이렇게 소리쳤다.

"세상에 자기 큰어머니를 겁탈하는 패륜아 자식이 어디에 있단 말이냐? 만백성들에게 모범을 보여야 할 임금이란 자가 이런 짓을 하다니, 어찌 백성들이 따르겠느냐? 너는 왕이라도 마땅히 천벌을 받아야 한다."

이런 소리를 번갈아서 몇 번을 질렀다.

"네가 아무리 왕이라도 쫓겨나야 해. 내가 그렇게 할 거야. 두고 봐라, 이 개자식아."

그는 홧김에 옆에 있는 큰 바위를 들어서 강에 던졌다. 물보라가 사방으로 쳤고 자기 옷도 젖었다. 그렇지만 그는 이에 아랑곳하지 않고 몇 번 더 돌을 던지자, 화가 조금 풀리는 듯했다. 그는 강가에 주저앉아 흘러가는 물을 유심히 바라보았다.

그의 이름은 박원종(朴元宗)으로 경기관찰사와 지중추부사를 겸직하고 있었다.

"내 어쩌다가 너같이 금수만도 못한 자식을 임금으로 섬기고 봉록을 받는 신세가 되었단 말이냐."

그는 주먹으로 자기 가슴을 쳤다.

갑자기 강물 위로 큰누님의 얼굴이 떠올랐다. 그녀의 처량하게 우는 모습이 눈에 선했다. 그는 큰누님의 일을 생각하자, 화가 나서 견딜 수가 없었다. 자기가 비록 큰누님 덕분에 출세의 가도를 달려오기는 했지만, 이제는 그 누님의 추문 때문에 얼굴을 들고 다닐 수가 없었다. 그녀가 바로 현

주상인 연산군의 부왕인 성종(成宗)의 친형 월산대군(月山大君)의 부인이다.

예종이 죽자, 세조의 장손자요, 세조의 총애를 받던 월산대군이 마땅히 왕위를 계승하여야 함에도 불구하고 성종은 세살 위의 형 월산대군을 제치고 정희왕후(貞熹王后) 윤씨와 당대의 권신 한명회(韓明澮) 등의 책략에 따라 자기가 왕이 된 것을 항상 미안하게 생각하여, 대궐의 중요한 연회나 기쁜 일이 있으면 형을 꼭 불러 즐거움을 같이 하였다. 신하들은 왕과 월산대군의 우애를 부러워 했다. 그리고 성종은 생각이 나면 형님과 형수인 박씨 부인을 대궐로 불러 술을 같이 마시곤 했다. 월산대군은 부인 박씨를 사랑했다. 그녀는 천하의 미녀로 심성이 착하고 상냥하여 그들 부부는 금슬이 좋았다.

박원종은 월산대군에게 하나밖에 없는 처남이라, 매부의 후광으로 다른 사람보다 출세가 상당히 빨랐다. 박원종은 누이가 다섯에 여동생이 세 명에 남자는 자기 혼자뿐이었다. 그는 체구가 컸고 힘이 장사였으며, 무술에 능하여 따를 사람이 없었다. 그래서 성종도 박원종이 23세가 되자, 음직(蔭職)으로 왕궁을 수위하는 직책을 주었고, 29세에 당당히 무과에 급제하여 성종의 신임을 받았다. 물론 뒤에서 월산대군이 성종에게 부탁하기도 했다. 박원종은 일찍이 종 3품 승정원의 동부승지와 정 3품 이조 참의 등 요직을 거쳐 종 2품 경기감사로 있었다.

연산군은 임금이 되자 어머니 윤씨가 억울하게 죽은 것을 알고, 어머니가 폐출될 때 조금이라도 연관되어 있는 모든 신하들에게 사약을 내리거나 귀양을 보냈다. 그리고 자기 생모가 부왕의 후궁인 정 소용과 엄 숙의의 모함으로 쫓겨나 사사되었다는 것을 안 연산군은 두 후궁을 살해했고, 이어서 그녀들의 아들까지 살해했는데 이를 역사에서는 갑자사화(甲子士禍)라고 한다. 이 갑자사화는 겉으로는 생모의 폐비사건 복수극이지만, 폐비사건을 일체 말하지 말라는 선왕의 엄명을 어기고 고변한 임사홍(任士洪) 일파가 정권을 잡기 위해 벌인 고의적 참극이었다. 이를 계기로 문신들의 직간(直諫)을 싫어하던 연산군은 자신에게 사사건건 대립하던 사림 세력들을 축출한다. 또 인수대비가 언문교지로 자기 어머니를 죽게 하였다고 한글의 사용을 금하는 등 그 이후로 연산군은 권력을 휘두르며 미치광이로 변해 광적인 폭정을 일삼는다.

도성 안에 있는 원각사는 부처님을 모시는 신성한 사찰인데 이를 폐쇄하고 이곳에 장악원(掌樂院)을 두어 기녀들을 양성하였고, 전국에 미녀들을 뽑아올리기 위해 채홍사(採紅使)를, 청녀(青女) 즉 처녀들을 뽑기 위해 채청사(採青使)라는 관직을 만들어 각도의 미녀들과 채준사(採駿使)를 두어 양마(良馬)를 공출했다. 선비들의 학문 장소인 성균관(成均館)을 폐쇄하여 이곳을 유흥장으로 사용하자, 처음에는 성균관 유생들의 반대 상소가 있었으나 주동자를 처단하고 나서 조용해졌다. 그리고 연산은 세자를 보살핀다는 미명하에 미모가 뛰어난 월산대군의 부인인 큰어머니를 궁궐로 불러들여 겁탈하고 틈틈이 들려 욕정을 채웠을 뿐만 아니라, 부왕의 후궁들도 겁탈했다. 그녀들이 집으로 돌아간다면 가족들을 죽인다고 협박하여 그녀들을 궐내에 잡아두었다. 이런 패륜(悖倫)을 저지른 왕은 우리 역사에 일찍이 없었던 것이다. 이런 사건들이 시정의 호사가들의 입방아의 대상이 되었다.

"이 세상에 주상 같은 패륜아는 없다. 어떻게 큰어머니를 겁탈을 한단 말인가. 후궁들을 수천 명을 두던 수만 명을 두던 상관이 없는데, 자기 백모와 아버지 후궁을 건드렸다는 것은 윤리와 도덕을 중시하는 우리 조선 사회에서는 절대로 용납할 수 없지. 암 없고 말고. 정말 임금은 완전히 미치광이야. 하루 빨리 쫓아내야 해."

박원종을 입술을 굳게 다물었다.

그리고 오늘 누님에게 한 말이 마음에 걸렸다.

사냥을 하기 위하여 금표(禁標)를 세우고 그 구역 안에 살고 있는 주민들 중에 아직도 이주치 않은 백성들을 처리하는 일에 대하여 보고를 드리는 것 때문에 박원종은 연산군을 만났다. 연산군은 도성 밖 사방 백리에 금표를 세워 출입을 통제하고, 이곳에 들어가면 가혹한 형벌을 내렸다. 그래서 광주(廣州), 양주(楊洲), 고양(高陽), 양천(陽川), 파주(坡州) 고을 일부를 혁파하고 사람들을 모두 내쫓아 내수사의 노비들이 살게 하여 통행을 금지케 했다. 박원종은 앞으로 겨울을 생각하여 백성을 이주시키는 일을, 천천히 추진하자고 건의했다가 불호령을 받았다. 다른 사람이 그런 얘기를 했으면 목이 달아났을 터인데도 연산군은 빨리 처리하라고 재촉만 했다. 이는 연산군이 자기 누님에게 지은 죄가 있어서 그런 것이라고 생각했다.

박원종은 연산군을 만나고 나서 누님의 방을 찾았다. 얼굴은 많이 수척해 있었고 눈물 자욱이 보였다. 그녀는 박원종을 붙들고 눈물을 흘리면서 대성통곡을 하는 것이었다.

"세상에 이런 법이 어디에 있단 말인가. 내가 대궐에서 나간다고 하자, 동생과 여동생들과 그 남편들을 모두 죽인다고 협박하니 이를 어떻게 하면 좋단 말이냐? 동생."

"글쎄 그것이 문제입니다. 우리 집안은 이제 박살이 나는 가 봅니다. 너무 원통합니다. 이렇게 치욕스럽게 목숨을 부지하면 무엇해요? 누님, 차라리 자진을 하세요."

누님의 말에 박원종은 심사숙고 끝에 한마디 했다. 이때 사대부가의 부인들은 순결을 더럽히면 자결하는 것이 풍습이었다.

"그래야 할까 보다. 그러나 저러나 저승에 먼저 간 지아비를 무슨 낯으로 본단 말이냐?"

그녀는 다시 목 놓아 울었다. 박원종도 따라 눈시울을 적셨다.

"저도 창피해서 못살겠어요. 어찌나 사람들이 수근대는지."

"그러면 너도 이 사실을 알고 있었단 말이냐? 그럼 진즉에 와서 내게 얘기를 했어야지. 나는 그것도 모르고 있었잖아."

박원종이 울면서 하는 말에 그녀는 반문하면서 박원종을 원망했다. 그녀는 연산군이 사람들의 입을 철저히 막아서 백성들이 모르는 것으로 알고 있었다. 그녀는 하늘이 무너지는 것 같았다.

"그게 뭐 좋은 일이라고 와서 얘기해요. 주상이 자기 백모와 부왕의 후궁을 건드렸다는 소식을 도성 안에 모르는 사람이 없어요. 저도 사직을 하고 고향으로 내려가야겠어요."

"동생, 미안하네. 동생이 낙향을 한다면 주상이 가만 두지 않을 것이네. 이를 어쩌면 좋단 말이냐. 나는 앞으로 오래 살지 못할 것 같다. 네가 내 원한을 씻어다오. 내 치욕스럽고 원통해서 더 이상 못살겠다."

그녀는 다시 박원종의 손을 잡고 울었다.

"글쎄 이 일을 어쩌면 좋아요. 나도 모르겠어요. 누님."

박원종은 눈물을 흘리면서, 누님의 방에서 나왔다.

그리고 곧장 말을 달려 이곳으로 온 것이다.

박원종은 하염없이 흐르는 강물을 바라보고 있었다. 강물이 흐르는 것처럼 자연 그대로 놔두면 좋으련만, 왕은 왜 그리 인륜을 여겨 가면서 평지풍파를 일으킨단 말인가. 이는 연산군이 세자 시절 교육이 제대로 되지 않아서 그렇다고 보았다.

이때 말굽소리가 들려, 박원종은 소리가 나는 곳으로 고개를 돌렸다. 한 사내가 박원종을 보고 말 위에서 손을 흔들었다. 박원종도 따라 손을 들었다. 이윽고 그가 말에서 내려 박원종에게로 다가왔다.

"박 감사, 내 경기 감영에 들렀더니 없더군. 그래서 어디 갔느냐고 물었더니 감영에 들리지 않았다고 하기에, 여기에 있을 줄 알고 곧장 달려왔지."

"잘했네, 친구. 그런데 자네가 여기에 어쩐 일이야. 연회에 참석하지 않았어. 어찌하려고. 참석 여부를 점고할 텐데."

그는 박영문(朴永文)으로 박원종과 동갑 나이로, 29세에 무과에 같이 급제하여 아주 친하게 지내고 있었다. 그들은 과거에 급제하기 전에 이곳 강가에 자주 와서 무술 수련을 했던 것이다. 그리고 울적한 일이 있으면 이곳에 와서 강물을 바라보면서 가지고 온 술병을 기울이며 울분을 터뜨렸던 것이다. 그는 종4품 군기시(軍器寺) 첨정(僉正)으로 있었다.

"어떻게 될 테면 되라지. 죽기 밖에 더 하겠어. 주상은 금수만도 못한 개 같은 자식이야."

"암, 그렇고 말고. 정말 더러운 세상이야. 조선왕조 개국이래 임금이란 자가 백성들을 이렇게 못살게 굴고 음란하며 주지육림에 빠진 왕은 없었는데, 지금 주상은 별종이야. 광기를 부려도 너무 심하게 부리고 있어."

박영문의 말에 박원종이 대답했다.

"오늘도 신하와 그 부인들을 궁궐로 불러들여 잔치판을 벌이면서 신하 부인들 중에 어떤 여자가 예쁜가 하고, 그 음침한 눈초리로 침을 흘리겠지. 개망나니같은 자식."

박영문은 연산군에게 욕을 해댔다.

연산군은 사흘에 한번 소연(小宴)을 열 때마다 당상관 이상 신하와 그 부인들을, 닷새에 대연(大宴)을 열어 모든 신하와 부인들도 참석하라고 하여 여기에서 마음에 드는 여인을 궁궐 한곳에 남게 하여 그녀들을 간음했다. 이로 인하여 나라의 미풍양속이 완전히 땅에 떨어지게 되었다. 그리고 마음이 내키면 수시로 사냥을 다녀 국고를 탕진하여 민생들을 도탄에 빠뜨렸다. 이를 대비나 그 누구도 말릴 수가 없었다. 그러면 연산군은 오기가 발동하여 더 억지를 부리기 때문이었다. 그래서 주위 사람들은 연산군이 하는 대로 지켜보는 수밖에 없었다.

"그 말이 맞아. 맞고 말고. 임금은 개망나니야. 미친개야. 미친개는 때려죽여야 해."

"암, 그렇고 말고."

"하여튼 말세야. 세상이 어찌 되려고 이러는지."

"금표 지역 안에 사는 수많은 백성들이 정말 걱정이야. 머지않아 추위가 닥쳐올 텐데, 그들을 쫓아내면 어디 가서 살란 말인가? 어찌 임금된 자가 이런 천벌을 받을 짓을 할 수가 있단 말인가."

두 사람은 서로 말을 주고받았다. 그들은 한동안 말없이 흘러가는 강물을 바라봤다. 새 한마리가 물속으로 들어가 고기를 낚아채고 솟아올랐다. 박원종도 연산군을 저렇게 만들겠다고 속으로 다짐했다.

"점심, 안했지?"

"아무것도 먹고 싶은 생각이 없네."

한참 만에 박영문이 입을 열자, 박원종이 강을 바라보면서 힘없이 대답했다.

"하기는 그렇지. 밥이 목에 넘어갈 리가 없지. 우리 시원하게 냉면이나 하러 가지. 우리가 늘 다니던 홍제원 그 집 있잖아."

"나는 생각이 없네. 자네나 들게."

박원종은 여전히 강물만 바라보았다. 그는 만사가 귀찮았다.

"그러지 말고 일어나게. 이렇게 괴롭고 힘들 때 잘 먹어두어야, 다음에 큰일을 도모할 때 힘을 쓰지. 그러지 말고 어서 일어나게."

"아니 그러면 자네는 역모(逆謀)를 하자는 건가?"

박영문이 박원종의 손을 잡아 일으켜 세우며 하는 말에, 박원종은 깜짝 놀랐다.

"우리가 꿈꾸는 것은 역모가 아니고, 반정(反正)을 하자는 것이지. 잘못된 것을 바로 잡자는 거야. 우리가 앞에 나서서 거사를 추진하면 반드시 백성들의 호응을 얻을 수가 있어. 반드시 성공할 거야."

"정말, 그렇게 될까?"

박영문의 말에 박원종은 고개를 갸우뚱거렸다. 그는 고관이라 업무가 바빠서 서민들의 마음을 깊게 파고들 여유가 없었다. 그러나 박영문을 중간 관리로 백성들과 접촉할 기회가 많아서 민심을 정확하게 파악하고 있었다.

"되고 말고. 백성들 마음은 이미 연산군에게서 떠났어."

"정말 그래. 그럼 우리가 주상을 몰아내자고 군사를 일으키면 성공할까?

"그렇다니까. 그래서 우리는 먼저 동지들을 많이 모아야 돼."

"알았네. 우리 그렇게 하세. 어디 한번 이 썩은 세상을 바로잡아 보자구."

박원종은 반정을 생각하자, 갑자기 힘이 솟았다.

그들은 일어나서 말에 올라 홍제원까지 단숨에 달려갔다. 그리고 홍제원에서 말을 내렸다. 이때 그 곳 원(院)의 최고 책임자인 유 찰방이 뛰어나왔다. 그리고 그들을 조용한 방으로 안내했다. 찰방(察訪)은 종 6품으로 그때 홍제원(弘濟院)은 경기감영에 예속되어 있었다.

"안녕하셨습니까? 감사나리. 그리고 첨정나리. 식사하시게요?"

"그렇다네. 냉면 두 그릇 잘 말아 주게나."

유 찰방의 말에 박영문이 대답했다.

"약주는요?"

"전에 했던 것처럼, 알아서 가져와."

"예. 잠시 기다리십시오."

유 찰방의 말에 이번에는 박원종이 대답했다. 그는 인사를 하고 방을 나갔다.

얼마 후, 냉면과 술이 나왔다. 그들은 술 한잔과 식사를 나누고 해질 무렵이 다 되어서 말에 올랐다. 박원종과 박영문은 서대문에 들어서자 헤어졌다. 박원종이 자기 집무실로 돌아와 쉬고 있는데, 이 판관(判官)이 들어왔다.

"나리, 연회를 모두 마치고 지금 돌아오는 길입니다."

"수고했네. 그래 연회는 잘 마쳤나?"

이 판관은 말을 하고 박원종에게 고개를 숙였다.

"예, 나리. 그런데 나랏일이 정말 큰 걱정입니다. 오늘도 여전히 두 명의 신하 부인들을 궁궐에 남게 했답니다."

"제 버릇 개 주겠나. 잘 해보라지. 그것이 다 악업을 쌓는 건데, 임금은 왜 그걸 모르지."

"감사나리 말씀이 지당하십니다. 오늘도 정말 가관이었습니다."

이 판관이 오늘 연회에서 있었던 일을 상세히 이야기했다.

경회루에서는 군신(君臣) 간에 연회가 베풀어지고 있었다. 연산군과 중전을 비롯하여 종친(宗親)들과 의정부(議政府)와 육조(六曹)와 모든 부서 관원들과 부인들이 다 모여 있었다. 이윽고 음악이 흐르고 있었는데, 선정적인 것들이었다. 그리고 연산군은 모두에게 술을 들게 했다. 연산군은 술이 서너 잔 뱃속으로 들어가자, 흥이 났던지 자리에서 일어나서 춤을 추고 신하들의 흉내를 내기 시작했다. 그러자 신하들이 배를 잡고 웃기 시작했다. 연산군은 재주와 익살이 넘치는 사람이었다. 그는 한동안 혼자 떠들어 대다가 힘이 들었든지 자리에 앉아 두어 잔을 마셨다. 다시 일어나서 머리에 이상한 모자를 쓰고는 자태가 아리따운 한 여인 앞에 다가가서 눈길을 보내면서 술잔을 따라 주었다. 그녀는 겁이 나서 두 손을 벌벌 떨면서 받아마셨다. 그녀는 결국 궁궐에 남게 되었다. 그런데 신하나 부인들은 이런 일을 보거나 당하면서도 벙어리마냥 아무런 말도 못하고 있었다. 반항하는 말을 하거나, 술잔을 안받는다고 하면 남편과 가족을 죽일 수도 있기 때문에 할 수 없이 받아야만 했다. 그리고 남게 된 여인은 연산군이 겁탈을 해도 반항하거나 싫은 표정을 지을 수가 없었다. 신하들은 임금과 나랏일을 논하여 보조하는 임무가 아닌, 연산군의 완전한 노예가 되어 있었다.

"세상 정말 큰일이로고. 우리 나라에는 이제 도덕과 윤리가 사라지게 되었네. 이러다간 폭동이 일어나거나 도적이 창궐할 것일세. 이는 주상의 피 속에 세조(世祖)의 기운과 유흥을 좋아했던 성종(成宗)의 피가 흐르고 있어서 그런 것이 아니겠나?"

"정말 지당하신 말씀이십니다. 감사나리."

박원종의 말에 이 판관이 대답했다.

"이 판관은 이제 그만 퇴청하게나."

"예, 그럼 저는 이만 물러갑니다. 내일 뵙겠습니다."

박원종의 말에 이 판관은 고개를 숙여 인사를 하고 방을 나갔다.

조선의 제 7대 왕인 세조는 정권을 탈취하고 유지하기 위하여 나이 어린 조카 단종과 사육신을 제거하는 등 악행을 저질렀다. 그는 목적을 달성하기 위해 피도 눈물도 없었다. 그러나 세조와 왕비인 정희왕후 사이에는 장남인 도원대군(桃源大君)과 차남인 해양대군(海陽大君) 등 두 아들을 두었다. 악행에 죄값을 받아서인지 세조 2년에 세자 도원대군이 죽자, 세조와 정희왕후의 실망은 여간 큰 것이 아니었다. 이들은 죄값을 받는다고 생각하여 신미대사(信眉大師) 같은 고승을 모시어 부처님에게 기도를 드렸다. 그리고 이미 도원대군과 세조를 옹립하는데 일등 공신인 한명회의 딸 소혜왕후 사이에 장남 월산대군과 후에 성종이 된 자산대군(者山大君)이 태어난 것을 다행으로 여겼다.

　세조가 죽자, 둘째 아들 해양대군이 즉위하는데 이분이 바로 조선왕조 제8대 임금 예종(睿宗)이다. 이때 예종의 나이는 겨우 13세로, 어리고 국정 경험이 없다는 이유로 모후인 정희왕후는 수렴청정을 하게 된다.

　정희왕후는 한명회 등 대신들과 호흡이 잘 맞아 정치를 잘하여 태평성대를 이루었다. 그러나 불행하게도 예종도 한창 젊은 19세의 나이로 후사가 없이 죽자, 정희왕후는 성군의 자질이 있다며 도원대군의 장남인 월산대군을 제치고 둘째인 성종을 왕으로 책립한다. 이때 성종의 나이는 13세로 다시 정희왕후가 7년 간 수렴청정을 하였다.

　성종의 첫째 왕비는 윤기무(尹起畝)의 딸인 폐비 윤씨로 연산군의 생모였다. 그녀가 사약을 받고 죽자, 정희왕후는 성종의 비를 같은 파평(坡平) 윤씨(尹氏)이며, 먼 친척인 윤호(尹壕)의 여식을 중전으로 맞이하는데, 그녀가 정현왕후(貞顯王后)이다.

　정현왕후는 1461년 처음에는 숙의로 들어왔다가 중전 윤씨가 폐비가 되자, 왕비로 간택된 것이다. 이는 정희왕후가 같은 윤문(尹門)이라 뒤에서 봐준 것이었다. 세조비인 정희왕후는 정현왕후의 할머니뻘이었다.

　성종은 낮에는 요순(堯舜)처럼 정치를 잘 했으나, 밤에는 중국 역사에 음란의 표상인 걸주(桀紂)처럼 변하여 여색을 밝혔다. 야사에서는 어우동(於于同)과도 같이 유흥을 즐겼다는 얘기도 전한다. 이를 연산이 보고 배운 것이다. 성종은 총 16남 12녀의 자식을 두어, 조선조에서 제일 호색한 왕이었다.

　성종이 38세의 한창 나이로 죽자, 보위는 폐비 윤씨의 아들인 연산군(1476년생)이 물려받았다. 왕비는 영의정 신승선(愼承善)의 딸이었다. 연산군은 어렸을 적에 불우하게 지냈던 것을 분풀이라도 하듯이 악정을 자행했다. 잘못을 간하는 신하들을 죽였고, 1498년에는 학문을 싫어하고 언로를 귀찮게 여기는 왕의 성격을 이용하여 훈구파(勳舊派) 유자광(柳子光)과 이극돈(李克墩)은 사림파(士林派)의 대부격인 김종직(金宗直)이 쓴 조의제문(弔義帝文)이라는 사초(史草)를 문제삼아 그의 제자들을 대량으로 죽인 것이 1498년에 일어난 무오사화(戊午士禍)다. 이 무오사화는 사림들이 화를 입어 사화(士禍)이지만 성종실록 편찬과정에서 사초(史草)가 화(禍)를 입은 사화(史禍)라고도 한다. 이를 기점으로 해서 연산군은 무소불위의 권력을 행사하여 계속 폭정을 저질렀다. 사간원 신하들이 선정을 베풀라는 상소를 보자, 이들에게 벌을 주었다. 그리고 나중에는 사간원을 폐지했다. 그리고 매일 경연(經筵)에 참석하라고 하자, 경연청도 폐지했다. 오직 먹고 마시고 놀고 여색을 탐하는데에만 치중했다. 경회루 옆에 새로운 산을 만들어 이를 만세산(萬歲山)이라 이름 짓고, 이곳에 서총대(瑞蔥臺)를 세우느라고 팔도에 있는 장정들을 불러들여 부역을 하라고 어명을 내렸다. 이들은 고역에 시달려 일부는 굶어죽는 사람이 많았는데도 연산군은 이를 모른 척하면서 강행했다. 인부들 중에 일부는 탈출하기도 했다.

그리고 채홍사와 채청사라는 직책을 만들어 사대부나 서민을 가리지 않고 전국에 있는 미인을 뽑아 올렸다. 이들을 운평(運平)이라 하였다. 이들 중에서 사흘토록 열리는 궁중 연회에 기녀로 뽑힌 자를 흥청(興靑)이라고 불렀다. 술을 마시고 마음껏 춤추고 논다는 '흥청거린다'는 말이 여기서 유래되었다. 나중에는 흥청이 만 명이나 되었다. 한강의 동쪽 두모포와 서쪽 망원정, 장단의 석벽, 궁중의 경회루에서 흥청을 데리고 밤낮으로 술을 마시고 춤을 추고 놀았다.

그리고 연산군은 자기 어머니를 대신하여 국모가 된 정현왕후를 미워했고, 그녀의 아들인 진성대군(晋成大君)도 틈만 있으면 죽이려고 트집을 잡았다. 무슨 행사나 사냥 등 출행이 있으면 반드시 진성대군을 데리고 가서 술이 취하면, 그런 협박하는 언질을 주어서 그는 연산을 제대로 바라보지도 못했다. 이런 모습을 보고 연산군은 너무나 즐거운 표정을 지었다.

진성대군은 1488년생이었고, 부인은 영의정을 지낸 신승선의 아들 신수근(愼守勤)의 딸이며 진성대군보다 한살 위로 1499년에 가례를 치렀다. 진성대군 부부는 금실이 좋았다. 진성대군은 매일 매일 연산군이 해코지를 하지 않을까 불안에 떨어서 잠을 이룰 수가 없었다.

"여보 부인, 상감이 자꾸 미쳐가는 것 같아서 불안해서 못살겠소. 우리가 이러다가는 제명에 못죽는 게 아니오."

"주상이 저희 아버지와 오라버니를 봐서 그러기야 하겠어요."

진성대군의 말에 부부인 신씨가 대답했다.

"그래도 모르지, 이거 불안해서 어디 살 수가 있나. 어디 용한 점쟁이 아는 데 없소. 정말 답답해서 죽을 지경이오."

"그렇지 않아도 제가 아는 곳이 있어 점을 봐 왔어요. 당신의 수명은 환갑을 훨씬 넘는다고 했어요."

"그게 정말이오."

진성대군이 부인의 손을 잡았다.

"그렇습니다."

"그럼, 안심이 되네요. 나는 이렇게 예쁜 마누라를 놔두고 일찍 죽는 게 아닌가 하고 얼마나 불안에 떨었는데요?"

"그러니 앞으로는 너무 걱정을 마십시오."

"고맙소."

진성대군은 부인을 껴안았다. 그들은 서로가 진심으로 사랑했다. 의지하는 곳은 그들 부부밖에 없었다.

박원종이 다녀간 다음날, 연산군은 큰어머니 박씨 부인의 방에 들렀다.

"이러지 마시오. 지금 도성 안에는 주상과 나와의 추문이 파다하답니다.

내 창피하여 얼굴을 들고 다닐 수가 없습니다. 통촉하시옵소서."

박씨 부인이 눈물을 흘리며 애원했다.

"그러면 박원종을 파직시키고 사지를 찢어 죽일까요?"

"……"

연산의 말에 박씨 부인은 할 말을 잃었다.

"왜 말이 없어요. 그리고 박원종의 부인과 아들까지 모두 죽여버릴까요?"

"알았소. 그만하시오. 마음대로 하시오."

박씨 부인은 모든 것을 체념했다.

그러자 연산은 연상의 여인에게 자기 욕정을 채우고는 방을 나섰다.

박씨 부인은 너무나 원통했다.

"자기 백모를 범하다니. 세상에 이런 패륜아 자식은 없다. 이 소문을 도성 사람들이 다 알고 있다 하니, 창피하여 내가 어찌 살아가기를 바라겠나. 세상천지에 이런 일은 없다."

그녀는 죽고 싶었다. 세상을 저주하면서 매일 울다시피 했다. 그리고 그달 열아흐렛날 홀로 술을 마시고 밤중에 방 안에서 목을 맺다.

아침에 이를 안 연산은 시신을 사가로 내보내라고 했다. 그러자 그날 밤에 시신은 사가로 옮겨지고 장례를 치루기 위하여 문상객을 받았다. 박원종은 누님의 시신을 끌어안고 흐느껴 울었다. 박원종은 이를 반정(反正)의 신호로 받아들이고 거사를 빨리 해야겠다고 다짐했다. 그는 반정을 일으키기 위하여 유능한 사람들을 끌어 모으기에 혈안이 되었다.

이때 성희안(成希顔)은 종 2품인 이조참판으로 있으면서, 연산군을 지근에서 수행하였다. 연산군은 서강의 마포 망원정(望遠亭)에 자주 놀러갔다. 망원정은 일찍이 세종대왕이 그 형님되는 효령대군께서 가뭄이 극심

1. 광풍(狂風) 33

하여 단비를 바라는 마음으로 희우정(喜雨亭)으로 지었으나, 그 뒤 월산대군이 먼 빛의 경치를 즐긴다는 망원정으로 바뀌었다. 월산대군이 죽고 연산이 이곳에 왔다가 미인인 그의 백모를 처음 범했다고 한다. 성희안은 연산군이 유흥에 너무 탐닉하는 것은 군주가 절제할 일이라고 생각했다. 그는 겉으로는 표현을 안했지만 연산군에 많은 불만을 가지고 있었다. 연산군은 시를 짓는 것을 좋아했다. 그래서 시흥이 떠오르면 즉흥시를 짓고 또 신하들에게도 시를 지으라고 했다. 여기에서 마음에 들면 그에게 상을 내리기도 했다. 대부분 시들은 연산에게 아부하는 시였다. 술이 한잔 들어가 흥이 난 연산이 성희안에게 시를 한 수 지으라고 하자, 성의안은 붓을 들었다.

'성심원불애청류(聖心元不愛淸流)' 라고 적어 연산군에게 바쳤다.

이를 본 연산군의 얼굴은 일그러졌다. '임금은 본시 풍류를 좋아 해서는 안된다' 라는 뜻으로 은근히 나무라는 내용이다.

"경은 짐이 풍류를 즐기면서 유람하는 것을 달갑지 않게 생각하는 것이 아닌가?"

"그렇사옵니다. 지금 백성들은 가뭄에 굶는 사람들이 많사옵니다. 백성의 어버이이신 군왕은 자중하셔야 될 줄로 아옵니다."

연산군은 시를 보면서 부들부들 떨면서, 성희안을 노려봤지만 성희안도 똑바로 보고 조금도 자세가 흐트러지지 않았다.

"이런 고얀 자가 있는가. 그대는 내가 주는 봉록(俸祿)으로 살아가는 게 아닌가?"

"그렇사옵니다."

"그러면서 짐을 비방하고 비위를 건드린단 말인가?"

"신이 주상의 허물을 고하는 것은 신의 봉록 값을 하기 위함입니다. 한 나라를 책임진 임금은, 백성들의 고통을 헤아려야 성군이 되시는 것입니다. 통촉하시옵소서."

성희안은 연산군의 물음에 정색을 하고 바른 대로 대답했다.

"그대는 이 나라의 왕인 짐에게, 풍류를 즐기지 말라는 것이 아닌가?"

"군왕이 풍류를 즐기시는 것은 좋사옵니다. 이는 보름에 한 번, 한 달에 한 번쯤 머리를 식히기 위하여 어쩌다가 성문 밖을 나오셔야지, 이렇게 사흘이 멀다 하고 나오시면, 국정은 언제 살피시옵니까. 통촉해주시옵소서."

"듣기 싫소. 짐의 일은 짐이 알아서 하오. 참판 주제에 짐에게 '감놔라 대추놔라' 하고 있는가. 경은 짐의 앞에 다시는 나타나지 말라."

"황공하옵니다."

연산군이 소리를 지르자, 성희안은 절을 하고 그곳에서 물러나왔다.

얼마 후 그는 종 2품 이조참판에서 오위도총부 산하 종 9품인 부사용(副司勇)으로 좌천되었다. 무려 14단계나 강등된 것이었다. 그는 기가 막히고 분노가 치밀어서 견딜 수가 없었다. 그러나 어쩔 수가 없었다. 그는 연산이 자기를 감시하고 있다는 생각에 신중을 기하면서 때를 기다렸다. 그는 참판도 무난히 잘 수행했는데, 종 9품은 거의 할 일이 없었다. 바쁠 적에는 인간관계나 인생이 무언지 모르고 앞만 보고 달려왔는데, 이제 시간이 한가하다보니 많은 생각을 하게 되었다. 그는 그것을 다행이라고 생각했다. 다른 사람들처럼 사람 같지도 않은 연산군의 면전에서 비위를 맞춰가면서 추하게 사는 것보다, 냄새가 나는 오물 같은 연산에게서 떨어져 있는 것이 그나마 행운이라고 생각했다. 이렇게 그는 쉬면서 앞일을 차근차근 준비하고 있었다.

성희안은 역학(易學)에도 능통하였다. 금년은 연산이 화를 당하는 해이고, 자기는 운이 아주 좋은 해이다. 연산이 이제 권좌에서 물러날 시간이 된 것이다. 그는 이런 판단이 서자, 그동안 수모를 당했던 것이 떠올라 화가 치밀었다. 얼마 후 그는 마음의 안정을 되찾기 시작했다. 그리고 앞으로 다가올 일을 설계하면서, 연산군을 몰아내고 반정을 하는데 앞장서기로 결심했다. 운이 좋아 성공하여 공신이 될 수 있는 것이다.

그는 누구와 같이 이 거사를 꾸미면 성공할 것인가를 조심스럽게 생각했다. 박원종이 제일 적당하다고 마음 먹었다. 그는 힘을 쓰는 무관(武官)이 아닌가. 자기는 붓을 놀리는 문관(文官)이라 칼을 들고 사람을 죽이지는 못할 것 같았다. 칼을 들고 싸우다가는 상대방에게 먼저 목숨을 잃을지도 몰랐다.

한편 박원종은 자기 누이가 연산군에게 추행을 당하여 자살한 것을, 천추의 한으로 여기고 있었다. 그도 이때 연산을 갈아 치우려고 마음먹고, 자기와 뜻을 같이 할 인물을 찾고 있었다. 그렇지만 상대방의 심정을 몰라 섣불리 말을 꺼냈다가 그가 밀고라도 하면 낭패이기 때문에 신중을 기하고 있었다. 그도 성희안이 적당한 인물로 보았다. 그는 성희안과는 조정에서 마주쳐서 얼굴은 이미 알고 있었지만, 같이 근무한 적이 없어 허물없게 대화를 나눈 적이 없었다. 그러나 동병상린이라 이심전심으로 통하고 있었다.

성희안은 이때 같은 동리에 사는 종 4품 군자감(軍資監) 부정(副正) 신윤무(辛允武)를 만나 별로 바쁜 일이 없어서 그와 같이 술 한잔을 하게 되었다. 술을 마시면서 성희안이 박원종의 얘기를 꺼내자, 신윤무가 박영문을 잘 알아 박영문을 통하면 박원종과 같이 자리를 같이 할 수 있다는 것이었다. 성희안은 일이 잘될 것만 같아, 신윤무에게 박원종을 만나게 다리를 놓으라고 부탁했다.

며칠 후 신윤무는 박영문을 만나 이런 뜻을 전하자, 그도 쾌히 승락했다. 신윤무와 박영문이 주선하여 날짜를 정하여, 그들 네 사람은 은밀히 같이 만났다. 박원종과 성희안은 만나자마자, 서로 연산에게 피해를 당한 사람이라 이심전심으로 의사가 통했다. 성희안은 충언으로 직간했다가 강

등당하여 미관말직에서 썩고 있었고, 박원종은 자기 누이가 연산군에게 강간을 당하고 자살하여 원한이 뼈에 사무쳐 있었던 것이다. 박원종은 이때 술로 살다시피 했다.

이 만남이 계기가 되어 성희안은 박원종을 가끔 찾아와 이들은 곧 바로 의기가 투합되었다. 그들은 서로 나이를 말했다. 성희안이 박원종보다 여섯 살이나 위였다.

"앞으로 형님으로 모시겠습니다."

"형님은 무슨 형님이요. 박 공은 품계로 2품이고 나는 9품인 걸요. 우리 그저 친구처럼 편하게 지냅시다."

박원종이 성희안의 손을 잡고 말하자, 성희안이 겸손하게 고개를 저었다.

이어서 성희안은 박원종의 생일을 묻자, 박원종은 이를 알려주었다. 성희안은 만세력을 꺼내어 박원종의 사주를 뽑았다.

"사주가 아주 좋군요. 일인지하 만인지상의 운세입니다. 금년에 거사를 한다면 반드시 성공할 것이오."

"그렇소. 감사합니다."

성희안의 말에 박원종은 다시 성희안의 손을 잡았다. 그리고 박원종은 눈물을 보였다. 이 얼마나 기다렸던 말인가.

"저도 전에 얘기를 들은 적이 있습니다. 성 대감님은 주역과 사주와 관상 등 명리학에 일가견이 있으시다고요. 우리가 거사를 꾸미면 틀림없이 성공하겠습니까?"

"그렇습니다. 틀림없이 성공합니다."

"그러면 안심입니다."

성희안의 미소에 박원종은 한숨을 내쉬었다. 잠시 침묵이 흘렀다.

"박 대감은 수년 이내에 영상이 될 것이오."

"그래요. 감사합니다. 그러면 성 대감의 팔자는요?"

"저도 박 대감에 버금갑니다."

"이거 정말 반갑소이다. 그러면 우리가 반정을 한다면 반드시 성공한다는 말씀이지요. 그렇소?"

"그렇습니다. 우리 뜻있는 인재들을 서로 끌어모읍시다."

"그렇게 합시다. 이제 십 년 묵은 체증이 뚫리는 것 같습니다."

성희안의 말에 박원종은 손을 올렸다 내렸다 했다.

"저는 평생 충성과 의리로 살아왔는데, 지금 주상은 금수만도 못한 자입니다. 주상이란 자가 어찌 자기 백모와 신하된 자의 부인을 겁탈할 수가 있단 말입니까? 지금 백성들은 도탄에 허덕이고 있습니다. 이를 그냥 보고만 있는 것은 나라에 충성을 하는 것이 아닙니다. 대장부가 죽고 사는 것은 천명에 달려 있는데 어찌 이를 망설이겠습니까? 우리 둘이 금년이 대길하다고 하니 주저하지 말고 밀어붙입시다."

"그렇게 합시다. 그렇다고 너무 성급하게 하면 안됩니다. 박 공은 누구를 만나기 전에 저와 일단 상의를 하십시다."

박원종의 거사를 하자는 말에 성희안도 찬성했다.

"성 대감님, 좋은 말씀입니다. 저는 무관이라 성격이 급하거든요."

"하지만 앞으로 치밀하게 계획을 세워야 합니다."

박원종이 호탕하게 웃자, 성희안이 침착하게 대답했다.

"그렇게 하십시다. 성 대감님"

"정말 기분 좋습니다. 박 대감님"

박원종의 말에 성희안이 대답하고 그들은 다시 손을 굳게 잡았다.

그들은 서로 술을 마시면서, 세상 돌아가는 이야기 등 얘기를 나누고 헤어졌다.

그 후에 박영문이 박원종을 찾아오자, 사람들을 포섭하라고 일렀다. 그러자 박영문은 말을 관장하는 사복시(司僕寺) 종 4품 첨정(僉正) 홍경주(洪景舟)를 박원종에게 소개하여 모사를 꾸며 나갔다. 또 박원종은 훈련원(訓練院) 종 6품 주부(主簿)인 정윤겸(鄭允謙)과도 접촉하여 끌어들였다.

박원종은 일이 잘 풀리는 것을 보고 자신감이 붙었다. 그래서 성희안과 지금 조정의 권력의 핵심인 연산군의 처남 좌의정 신수근을 만나는 일에 대하여 상의했다. 그러자 성희안도 좋다고 찬성했다.

며칠 후, 박원종은 신수근의 집을 찾아갔다. 신수근은 박원종이 방에 들어왔지만 달갑지 않은 표정이었다. 어떻게 보면 박원종과 신수근은 사돈지간이 아닌가. 그러면 당연히 반가워 해야 할 터이지만 월산대군의 부인이 자살을 하고 나자, 그 원인이 자기 매제인 연산군에게 책임이 있어 괜히 껄끄러웠던 것이다.

"어쩐 일이시오?"

"내 심심해서 신 대감과 장기나 한판 두려고 왔소이다. 허허허……"

신수근의 말에 박원종은 너털웃음을 지었다.

"그것 참 좋은 얘기요. 잠시 기다리시지요."

신수근은 이렇게 말을 하고 나서, 장기판을 꺼내 앞에 놓았다. 두 사람은 장기판을 다 벌려 놓고 두려든 참이었다.

"우리 장군을 서로 한번 바꿔 두어 봅시다."

"그게 무슨 말이오. 장기란 연장자가 한(漢)을 잡는 법이 아니오."

박원종이 한을 자기 앞에 놓고, 초(楚)를 신수근의 앞에 바꿔 놓았다. 그러자 신수근이 이를 다시 바꿔 놓았다.

"박 공, 이런 무례가 어디에 있소."

"여기에 있소. 장기판에서 장군을 한번 바꾸어 두는 것이 뭐가 대수요. 우리 누님은 주상이 겁탈하여 자살까지 한 판인데."

"그건 나도 너무 안타깝게 생각하오."

박원종의 말에 신수근도 마음이 아팠다.
"긴히 할 말이 있으니, 사람들을 물려주셨으면 합니다."
"알았소."
신수근은 박원종이 녹록하지 않은 사람이라는 것은 이미 잘 알고 있었다. 긴한 말이 있으리라 보고 주위 사람들을 물렸다.
"나는 무관으로 성격이 급한 사람이오. 단도직입적으로 물어보겠소이다. 지금 주상이 어떻다고 보십니까?"
"그게 무슨 말씀이오. 무슨 뜻으로 그렇게 묻는지 모르겠소."
박원종의 말에 신수근은 언뜻 이해가 안되었다. 서슬이 시퍼렇게 살아 있는 주상의 거취를 묻는다는 것은 이미 어떤 각오를 한 것이 틀림없기 때문이다.
"제 말씀은 주상이 만백성의 어버이로 자격이 있느냐는 말이오?"
"아니, 왜 그런 불충한 말씀을 하시는 거요?"
신수근은 박원종의 눈치를 살폈다. 신수근은 가슴이 두근거리고 살이 떨리고 겁이 났다.
"지금 주상은 천하의 악질인 걸주의 악행을 저지르고 있습니다."
"말조심하시오. 이목이 있지 않소. 낮말은 새가 듣고 밤말은 쥐가 듣는다고 했소. 그런 불충한 말을 하다간 옆에 있는 나도 살아남지 못하겠소."
박원종의 말을 듣는 순간, 신수근의 등줄기에서 식은 땀이 죽 흘렀다.
"내 사실대로 얘기하고 있지 않소? 나는 반정을 하려 하오."
"그게 무슨 말이오."
박원종의 말에 신수근은 다시 한번 깜짝 놀랐다. 이렇게 거사를 하겠다고 자기 입으로 털어놓는다는 것은 실성한 사람이 아니면 불가능한 일이기 때문이다.
"우리는 주상을 갈아치우고, 대감의 사위인 진성대군을 왕으로 옹립할 작정이오. 신 대감도 우리의 거사에 참여하시지요?"

"아니 이를 어쩐단 말이오. 나는 그럴 수가 없소. 나는 주상을 배반할 뜻이 없소."

박원종은 자신감에 차서 말을 했지만, 조정의 권력을 한손에 쥐고 있는 신수근은 안절부절이었다.

"그러면 지금 내가 대감의 목을 가져가야겠소."

"그렇게 하시오."

이렇게 말을 하고 신수근은 목을 내밀었다.

박원종은 장검을 뽑았다.

"어서 베시오."

신수근은 눈을 감았다. 박원종은 칼을 내리쳤다. 그러나 신수근의 목 앞에서 칼이 멎었다. 칼바람이 일더니 조용해 지자, 신수근은 감았던 눈을 조용히 떴다. 그리고 신수근은 자기 목을 만져보았다. 목이 붙어 있는 것을 보고 박원종을 올려다보고 말이 없었다. 박원종은 미소를 지었다.

"여기에서 신 대감의 목을 벤다 해도 좋을 것이 없어서 그냥 살려두겠소. 그렇다고 대감이 주상에게 밀고하지는 못할 것이오. 그러면 대감 딸과 사위가 무사치 못할 것이 아니겠소. 허허허……."

"하기는 그렇지요. 잘 보셨소. 지금 주상은 나에게는 매부가 되고, 진성대군은 사위가 되니까요. 우선 가까운 사람부터 챙기는 것이 아니겠소. 나는 밀고는 아니할 테니, 앞으로 일은 박 공이 잘 알아서 하시오."

박원종의 웃음소리에, 신수근은 간이 오그라드는 기분이어서 간신히 말했다.

신수근도 지금 주상이 오래가지 못할 것으로 판단했다. 주상은 임금이 될 자격이 없다고 보았다. 차라리 이런 틈에 사위 진성대군이 임금이 되는 편이 낫다고 생각했다.

"그러시면 되었소. 나는 신 대감만 믿겠소. 우리가 반정에 성공하더라도 신 대감은 살려두겠소."

"고맙소. 잘해보시오."

박원종은 신수근의 집에서 나와 어디로 갈 것인가 생각했다.

내친 김에 일을 저지르기로 결심했다. 쇠뿔도 단숨에 빼라고 하지 않았던가. 망설일 필요가 없었다. 곧장 진성대군의 집으로 향했다. 박원종이 진성대군의 집 대문 앞에서 소리를 쳤다.

"이리 오너라."

"누구신가요."

"나는 훈련원에서 나온 사람이다."

하인이 문을 열어주면서 묻자, 박원종이 자기 신분을 숨겼다.

잠시 후에 대문을 열어준 하인이 박원종을 진성대군이 거처하는 방으로 안내했다. 이 때 진성대군이 방에서 나왔다.

"안녕하셨읍니까. 대군마님."

"그런데 박 공 아니시오. 여기에 웬일이시오."

"저는 지금 대군의 장인영감되시는 신수근 대감댁에 다녀오는 길입니다."

"왜요. 무슨 일이 있습니까?"

"들어가서 얘기하시지요."

"그렇게 하십시다."

진성대군은 박원종을 자기 방으로 안내했다.

이때 부인 신씨가 나와서 인사를 했다.

"누님께서 안됐습니다."

"정말 저의 누님은 너무나 억울하게 돌아가셨습니다. 지금 혼이 구천에서 맴돌고 있을 겁니다. 내 그 생각을 하면 눈물이 납니다."

신씨 부인의 말에 박원종이 눈물을 흘렸다.

"제가 괜히 박 공의 아픈 가슴을 건드려 죄송합니다."

"잠시 기다리십시오. 제가 차를 내오겠습니다."

신씨 부인이 박원종에게 고개를 숙이고 방을 나갔다.

"갑자기 여기에 웬일이십니까?"

"우리는 주상을 몰아내려고 합니다. 그래서 조금 전에 저는 신 대감에게 가서 반정을 할 테니, 참여하라고 했더니 그럴 수 없다고 하더군요. 허허허……."

진성대군의 물음에 박원종은 호탕하게 웃으면서 말했다.

"아니 그런 말씀을 단도직입적으로 하시면 어떻게 합니까? 이 말이 누설되면 어떻게 하시려고 그러십니까. 이거 큰일 났네……."

진성대군의 안색이 백지장처럼 변했다.

"크게 염려하실 필요는 없습니다. 신 대감에게 중전은 누님이 되고, 부인은 따님이 되십니다. 딸 보다 누이가 더 중요하겠습니까? 허허허……."

"듣고보니 그렇군요."

진성대군은 자기 가슴을 손으로 쓸어내리면서 안도의 한숨을 내쉬었다. 그는 박원종의 커다란 뱃장에 놀라움을 금치 못했다. 정말로 대장부다워 보였다. 이제까지 자기가 보아온 사람 중에서 가장 패기가 있었고, 그렇게 말하는 박원종이 존경스러웠다.

"박 공, 그래 성공하실 수 있습니까?"

"그거야 장담은 할 수 없지요. 이런 것을 가르켜서 잘되면 충신이고, 못되면 역적이 되는 게 아닙니까?"

진성대군은 다시 가슴이 두근거리고 온몸이 떨렸지만, 박원종은 너무나 태연했다.

"하기는 그렇지요. 그런데 거사 날짜는 언제로 잡았습니까?"
"곧 잡기로 했습니다."
진성대군의 말에 박원종이 똑똑하게 대답했다.
"저는 박 공의 말씀을 듣고 나니, 온몸에서 식은 땀이 흐릅니다."
"그러니 대군께서는 마음에 준비를 단단히 해두셔야 합니다."
"예, 알았습니다. 우리가 조금 전에 나눈 말씀은, 저의 부인에게는 하시면 안됩니다. 이를 알면 너무나 걱정을 합니다. 그리고 여자들의 입은 믿을 것이 못됩니다."
"알았소이다. 그러나 큰 일을 하려면 때에 맞춰서 모험을 해야 합니다. 지금이 바로 그 때입니다."
박원종은 입을 굳게 다물며 말했다.
이때 부부인이 소반에 차를 들고 들어왔다.
박원종과 진성대군은 사람들이 먹고 사는 얘기와 서총대를 짓는 것에 대하여 얘기했다.
박원종은 차를 마시고 나왔다.
그리고 박원종은 기다리고 있는 성희안을 만났다. 박원종이 신수근과 진성대군 만난 이야기를 하자, 성희안은 배를 잡고 웃었다. 그리고 성희안도 이조판서 유순정(柳順汀)을 만난 이야기를 했다.
성희안이 유순정을 찾아가 반정 얘기를 꺼냈다. 그들은 참판과 판서로 같이 근무하여 서로를 잘 알고 있었다.
"지금 주상은 황음무도(荒淫無道)한 폭군이오. 우리는 거사를 준비하고 있으니 참여하시지요."
"나의 목을 베어가시오."
성희안의 말에 유순정이 목을 내밀었다.
"우리는 진성대군을 새 임금으로 옹립할 작정이오. 그러니 부디 합심하여 거사를 꾸며 봅시다."

"좋소이다. 그렇다면 나도 합심할 것이오."

이렇게 하여 유순정도 거사에 참가하기로 약속했다.

그들은 기분이 너무 좋았다. 술을 마음껏 마시고 헤어졌다. 그들은 반정을 차근차근 준비해 나갔다. 모두들 연산군의 폭정에 더 이상 참고 기다릴 수 없다고 하면서 협조를 약속했다. 그러나 박원종과 성희안은 어떤 자가 밀고를 하지 않을까 불안에 떨었다. 그러나 이 모든 것을 운명에 맡기는 수밖에 없었다. 진인사대천명(盡人事待天命)이라는 말이 자기들 가슴속에 와 닿는 순간이었다.

2. 공신들의 염복

박원종과 성희안 등이 반정 준비를 할 즈음, 이때 뜻하지 않은 사건이 발생했다. 남쪽으로 귀양간, 이과(李顆), 유빈(柳濱) 등이 반정을 일으킨다는 정보가 들려왔기 때문이다. 만약 그들이 반정에 성공한다면 죽을 쑤어서 개주는 꼴이 되기 때문이다. 그래서 성희안과 박원종은 거사 날짜를 서둘러 잡아야만 했다.

1506년 9월 2일에 연산군이 장단의 석벽으로 놀러간다는 정보를 입수했다. 그날 진성대군을 새 왕으로 추대하고 연산군이 돌아오면 성문을 열어주지 않고 제거하기로 계획을 세웠다. 그러나 어찌 된 일인지 연산군이 강놀이 계획을 취소하고, 호위군사들을 증원하고 경계를 철저히 하는 등 반정에 대한 대비책을 세우고 있다는 정보가 들어왔다.

성희안과 박원종과 유순정 등 반정 3인방은 어쩔 줄 몰라 불안하고 속이 타기 시작했다. 만약 일이 잘못되면 죽음을 당하기 때문이다.

"박 공, 우리는 거사 모의는 했지만, 아직 군사를 동원한 적이 없습니다. 이런 때에는 간신배라는 평은 있지만, 당대의 일등 모사꾼인 유자광(柳子光) 대감에게 자문을 받는 것이 어떻겠습니까?"

"그는 의리가 부동한 사람이오. 믿을 수가 없습니다."

성희안의 말에 박원종이 고개를 갸우뚱거렸다.

"그러면 이렇게 하시죠. 이번 거사에 협조하면 살려 주고, 그렇지 않으면 처치하기로 합시다."

"그거 참 좋은 생각이오."

성희안은 군사들을 데리고 유자광을 찾았다. 낌새가 이상하면 제거하기 위해서였다. 그러나 의외로 유자광은 이에 찬성하는 것이었다.

"그러면 그 동안 어떤 준비를 했소이까?"

"우리는 만반의 준비를 계속해 왔습니다."

유자광의 질문에 성희안은 그 동안 있었던 일을 간추려서 말했다.

"그러면 빨리 실행에 옮겨야 합니다. 박원종 대감에게 가서 같이 논의합시다."

"알았습니다. 어서 가십시다."

유자광의 말에 성희안은 그 집을 나와 박원종에게로 향했다.

"안녕하셨소. 무령군 대감."

"고생이 많소. 박 공."

박원종이 먼저 유자광에게 인사를 하자, 유자광도 인사를 했다. 무령군은 유자광의 군호였다.

"우선 군사들을 집합시켜야 하니까, 장소가 넓은 훈련원으로 갑시다."

"그곳에 사람들이 많이 모이면, 연산군이 의심할 텐데요."

유자광의 말에 박원종이 반대했다.

"그렇지가 않습니다. 우리가 반정을 한다는 소문이 퍼져나가면, 사람들이 구름처럼 모여들 테니까 오히려 더 유리합니다."

"듣고 보니, 그렇군요. 확실히 무령군은 혜안을 가지고 계십니다."

박원종과 성희안은 유자광의 말에 고개를 끄덕였다.

그들은 훈련원으로 갔다. 그곳에는 후일 천하의 요물 정난정의 아버지인 주부(主簿) 정윤겸(鄭允謙)이 나와서 그들을 맞이했다. 유자광이 의견을 제시하면 반정 집단에서는 유자광의 의견에 대체적으로 따랐다.

그들은 유자광이 노신(老臣)답게 일을 빈틈없이 처리하는 데에 감탄을 금치 못했다. 그리고 왕을 몰아내자는 격서(檄書)를 작성하여 사람들에게 돌렸다. 그러자 연산군에게 불만을 품은 신하들과 군사와 일반 백성들이 모여들었다.

9월 1일 밤 축시(丑時)에 거병하기로 했다. 거사하기 전에 그들은 하늘에 제사를 올리고 격서를 읽었다. 문안은 성희안과 유자광이 초안했다.

그리고 박영문은 군자감에서 가지고 온 무기를 나누어 주고 이어서 곧 출병하였다. 박원종이 선두에 섰고, 그 뒤를 성희안, 신윤무, 홍경주, 박영문, 유자광 등이 군사들을 이끌고 훈련원을 나섰다. 그들은 우선 전옥서(典獄署)로 달려가 죄수들을 풀어주어, 그들도 반정에 참가시켰다. 박원종은 군사들을 이끌고 광화문(光化門) 밖에 진을 쳤다.

한편 박원종은 진성대군의 사저에 군사를 보냈다. 군사 수십 명이 갑자기 몰려오는 것을 보고 진성대군은 거사가 탄로가 난 것으로 알았다. 거사를 꾸미고 있다는 것은 박원종이 다녀간 후에 성희안이 다시 찾아와 얘기를 하여 알고 있었던 것이다. 그런데 한밤중에 군사들이 몰려오자, 잘못된 것으로 알고 자살하려고 했다. 그러자 신씨부인이 진성대군의 손을 잡았다.

"군사들이 우리를 잡으러 오는 것 같지는 않습니다. 우리를 지켜주려는 군사일 수도 있사오니 잠깐만 지켜보시지요."

"당신 말에 일리가 있소."

그들은 창문을 통하여 밖을 내다보았다. 군사들이 자기 집 쪽으로 향하고 있는 것이 아니고 밖을 보고 있었다.

"저것 보세요. 우리를 해치려고 온 군사가 아닌 듯합니다."

"당신 말이 맞았소."

그들은 안심을 했다.

잠시 후에 한 장수가 대문을 두드렸다. 하인이 나가서 문을 열어주었다.

"나는 반정에 참가한 심순경(沈順徑)이라는 장수이다. 대군께서 안에 계시는가?"

"내가 진성대군이요."

"저하. 지금 포악무도한 왕을 내치려고, 지중추부사 박원종 대감과 이조판서 유순정 대감이 군사들을 광화문에 집결시켜 대궐을 공격하고 있는데 일이 잘되어가고 있습니다. 그래서 저희들이 대군마님을 호위하고 있는 겁니다."

장수는 군례를 올리면서 진성대군에게 보고를 하는 것이었다. 진성대군은 그말을 듣고 안심했다.

"고맙소, 이제 안심이 되오. 고생이 많소."

"우리는 나라를 바로 세우고자 하는 일입니다."

"장한 일이오."

"제가 대군을 지켜드릴 테니, 안으로 들어가 편히 쉬십시오."

"나는 그대만 믿소."

"걱정하지 마십시오. 저하."

심순경이 군례를 올리자, 진성대군은 그의 손을 잡아 치하하고 방 안으로 들어갔다.

이날 한밤중에 광화문 앞에는 반정인사들이 계속 모여들었다. 이를 보고 박원종과 성희안 등과 군사들의 사기는 충천했다. 그런 줄도 모르고 연산군은 이때 취흥에 빠져 있었다.

한편 박원종은 신윤무에게, 연산군을 충동질하여 갖은 악정을 저지르게 한 좌의정 신수근과 동생 신수영, 간신 임사홍을 처치하도록 지시했다.

그리고 성희안은 우의정인 김수동(金壽童)의 집으로 향하여 반정의 정당성을 예기하자, 그도 참가했다. 그리고 연산군을 치는 격문을 우의정인 김수동이 읽기 시작했다.

"태조가 나라를 세운 이후 세종과 성종이 나라를 덕과 예로 다스려 사람들이 태평성대를 누렸는데 뜻밖에 금상이 즉위하고 나서, 포악하고 금수와 같은 일을 저지르는 것을 서슴치 않았다. 부왕의 후궁을 때려죽이고, 충언을 간하는 신하들을 살해하고, 신하의 아내를 간통하고, 선왕의 능침을 사냥터로 만들고, 채홍사와 채청사를 만들어 전국의 부녀자를 끌어모아 황음무도한 짓을 하니, 이는 왕으로서 할 짓이 아니다. 그래서 우리는 성군의 자질이 있는 진성대군을 옹립하여 나라를 바로잡기로 일어섰으니, 우리 모두 목숨을 아끼지 말고 금수만도 못한 폭군을 처치하고 새 나라를 세웁시다!"

김수동이 격문을 다 읽자, 모두 만세를 불렀다. 그리고 박원종이 출동명령을 내렸다. 그러자 궁궐에서 활을 쏘고 저항했다. 이때 많은 사람들이 죽었다. 그러자 성희안과 박원종과 유자광은 계략을 세웠다. 박원종이 앞에 나섰다.

"나는 지중추부사 박원종이다. 지금 임금은 금수와 같은 포악무도한 사람이다. 나의 누이는 주상이 겁탈하여 자살했다. 아무리 여색을 밝힌다고 하더라도 자기 백모와 자기 아버지 후궁을 범한 예는 고금 역사에 없다. 이런 패륜을 저지르고 백성들에게 고통을 안겨주는 왕을 그대들이 끝까지 따르다가는 개죽음을 면치 못하게 될 것이다. 그대들이 허망하게 죽으면 처자식이 불쌍하지 않은가? 어서 문을 열고 우리에게 투항하라. 그러면 살려준다. 앞으로 일각의 시간을 주겠다. 빨리 투항하라!"

박원종이 말을 하고 얼마 있자, 궐문을 열고 군사들이 투항하기 시작했다. 그리고 이때 영의정 유순(柳洵)도 참가했다. 그러자 군사들의 사기는 충천했다. 박원종은 군사를 몰아 저항하는 군사들을 처단했다. 그리고 연산군이 있는 처소로 향했다. 그곳에서 연산군이 중전 신씨와 같이 떨고 있었다.

"참, 꼴보기 좋소. 그 꼴이 무엇이오."

"면목이 없소. 박 공."

박원종은 칼을 빼들고, 연산군을 노려보면서 말했다.

"당신은 당신이 지은 죄를 잘 알 것이오. 우리 누님의 영혼은 어쩔 것이오. 대답해 보시오."

"죽을 죄를 지었소. 목숨만 살려주시오."

박원종의 말에 연산군은 빌었다.

"나는 이 칼에 당신의 더러운 피를 묻히고 싶지 않소. 군사들은 저자를 방에 가두고 철저히 감시하라."

"예."

박원종의 말에 호위부장이 대답했다.

박원종은 반정 인사들과 같이 정현왕후 자순대비가 머무르고 있는 대비전으로 갔다.

"신들은 폭정으로 민생들이 도탄에서 빠진 것을 구하기 위하여 반정을 일으켰습니다. 대소 신민들은 진성대군이 성군의 자질이 있어, 왕으로 추대하여 종사의 계책으로 삼고자 하오니 대비께서는 허락하여 주십시오."

박원종과 성희안과 영의정 유순은 고개를 숙였다.

"변변치 못한 어린 자식이 종사의 중책을 감당할 수 있겠소. 세자도 장성하니 그가 뒤를 이을 만하오."

"그것은 아니됩니다. 세자가 폐출된 아버지를 위하여 복수라도 한다면 더 큰 혼란이 올 수가 있습니다. 그래서 우리 군신들은 이미 진성대군을 왕으로 추대하기로 합의를 보았습니다. 이조판서 유순정과 도승지(都承旨) 강혼(姜渾)이 진성대군을 모시러 갔습니다."

자순대비의 말에 영의정 유순이 대답했다.

"알았소. 진성대군을 왕으로 삼게 하고, 임금을 폐하여 연산군(燕山君)으로 강등시키시오."

"예."

자순대비의 말에 영의정 유순과 박원종 등이 고개를 숙였다.

이윽고 진성대군이 가마를 타고 입궐하였다. 진성대군은 곤룡포(袞龍袍)를 입고 면류관(冕旒冠)을 쓰고 부부인 신씨와 같이 경복궁에서 즉위식을 거행하였다. 신하들과 백성들은 만세를 불렀다. 이분이 바로 조선의 제11대 임금 중종(中宗)이다.

"연산군은 죄를 받은 몸이니 대보(大寶)를 받아와야 합니다."

"그렇게 하시오."

영의정 유순의 말에 중종이 대답했다.

그래서 영의정 유순과 승지와 내관을 보냈다. 대보란 옥새(玉璽)를 말한다.

이때 연산군은 모든 것을 체념하고 있었다.

"전하, 정말로 안됐습니다. 조금만 백성들을 생각했더라면 이렇게까지는 되지 않았을 것입니다."

"나도 내 잘못을 절실히 깨닫고 있었소. 그래 웬 일이시오, 영상 대감?"

유순의 말에 연산군이 반문했다.

"대보를 받으러 왔습니다."

"내 그럴 줄 알았소. 상서원으로 가서 대보를 가져오시오."

연산군의 말에 시녀는 옥새를 가져다가 승지에게 주었다.

옥새가 중종 임금 앞에 놓여져 이제는 명실공히 임금이 된 것이다. 그들은 옥새를 받는 중종에게 만세를 불렀다. 조선왕조 개국이래 처음으로 신하들에 의해 임금이 교체되는 반정(反正)이 이루어진 것이다.

"폐주를 지금 당장 궁궐 밖으로 내쳐야 합니다."

"당연히 그래야지요. 어디가 좋겠소."

유순과 박원종과 성희안이 주청을 드렸다.

"다른 곳은 말을 타거나 걸어야 하니 강화도 교동이 좋을 듯합니다."

"그렇게 하시오."

유순과 박원종과 성희안의 말에 중종은 대답했다.

그날 연산군은 마포까지 말을 타고 갔다. 그러자 사람들이 몰려들어 돌을 던지기 시작했다. 연산은 이를 부채로 가려서 막았지만, 한두 개에 맞아 얼굴에서 피가 흘렀다. 그곳에서 배를 타고 강화에서 유배생활을 하게 되었다.

그리고 연산군의 눈과 귀와 혀가 되어 악행을 저지른 숙용 장녹수, 숙용 전전비, 숙원 김귀비 등을 처형했다. 그리고 무오사화와 갑자사화 때 억울하게 당한 죄인을 풀어주고 적몰한 가산도 돌려주었다. 또한 연산군에게 아부하여 출세를 했거나 악행을 저지른 사람들은 처형하거나 귀양을 보냈고, 가산도 적몰했다. 적몰한 가산 중에는 장녹수 것이 절반이 넘었다.

9월 3일 오전에 영의정 유순과 우의정 김수동은 중종을 배알했다.

"박원종, 성희안, 유순정 등 반정공신 3인방은 충의(忠義)를 내세워, 당시 아무도 나서지 않는데 위험을 무릅쓰고 앞장서서 반정을 하여 큰 공을 세웠으니 마땅히 포상을 해야합니다."

"당연히 그렇게 해야지요."

중종도 그렇게 하려고 하던 참이었다.

그래서 박원종은 좌참찬이 되었고, 성희안은 형조판서, 유순정은 우의정이 되었고, 김수동은 좌의정이 되었다.

이어서 9월 8일에는 논공행상을 논의하였다.

1등 공신은 박원종, 성희안, 유순정, 신윤무, 박영문, 홍경주, 유자광 등 8명으로, 이들에게는 3계급을 승차하고 전답 150결(45만 평)을 상으로 주었고, 특별히 삼공신 박원종, 성희안, 유순정에게는 큰 가옥 두 채를 하사했다.

2등 공신은 심순경과 유순, 김수동 등 13명으로, 이들에게는 2계급을 승차하고 전답 100결(30만 평)을 상으로 주었고, 3등은 심정, 강혼, 윤탕노, 정윤겸, 예조판서 송일 등 31명으로, 이들에게는 1계급을 승차하고 전답 80결(24만 평)을 상으로 주었고, 4등은 윤여필, 윤금손, 김극성, 이우 등 54명으로, 이들에게는 1계급을 승차하고 전답 60결(18만 평)을 상으로 주었다.

이들은 나라를 편안하게 했다고 하여 정국(靖國)공신이라고 불렀다.

이때 공신책록에 관한 모든 것은 박원종과 성희안과 유순정과 박영문이 하였다. 박원종은 박영문을 믿고 많은 정보를 입수하여 그의 의견에 따르고 있었다. 박영문은 욕심이 많았다. 뇌물을 바치면 공신에 올려주었고, 뇌물을 바치지 않으면 공신에 끼워주지 않은 사람이 몇 명 있었다. 그렇지만 불평을 품은 사람들은 이를 말할 수가 없었다. 이 일이 발단이 되어 박영문은 후에 탄핵을 당하는 계기가 된다.

그리고 중종은 연산군 시절에 전국에서 끌어온 홍청들에게 사대부가와 양민의 여식들에 한하여 원하는 사람들은 집으로 돌려보냈다. 그리고 갈 곳이 없거나 원래부터 기생인 여자들은 공신들에게 나누어 주었다. 박원종에게는 특별히 젊고 예쁜 3백 명의 홍청을 주었고, 성희안과 유순정에게도 3백 명씩, 그리고 나머지 공신들에게도 수십여 명씩 골고루 보내주었다.

박원종과 성희안과 유순정에게 하사한 홍청들은 공신으로 하사받은 집으로 가 있게 했다. 이때 피리를 불고 장고를 치며 취주악대가 지나갈 때, 백성들은 이를 구경하느라고 야단법석이었다. 저 많은 여자들이 정국공신의 하사품이란 말에 모두 혀를 내둘렀다.

"아니 저 수백 명 되는 여자들을 하사받은 것은 고금에 없을 거야"

"아니 저 많은 여자들을 어떻게 다 거느려. 팽조(彭祖)라도 오십을 못 넘기겠다."

"한 여자와 하룻밤을 잔다고 해도 일년이 걸릴 게 아냐? 그런데 이 놈의 팔자는 무어야. 아직 가슴에 품을 여자 하나 없으니."

"야, 누구는 좋겠다. 여복이 많아서."

보는 사람들마다 한마디씩 던졌다. 이들이 지나가는 모습은 정말 가관이었다. 이처럼 많은 기생을 한꺼번에 하사받은 것은, 우리 역사 이래 전무후무했던 것이다.

박원종의 하사받은 집에 도착한 여자들은 마당에 가득 찼다. 인솔자는 그녀들을 줄을 세워 번호를 붙여 숫자를 확인하고 안심했다. 그 중에서 단 한명이라도 없어지면 책임을 져야 했기 때문이다.

"여기서 조용히 쉬도록 한다. 용변을 보고 싶은 사람들은 저기 변소가 있으니까 갔다오도록 하라."

인솔자의 말이 떨어지자마자, 그녀들은 화장실로 가느라고 난리법석을 피웠다. 화장실에 다녀온 여자들은 다시 모여 자기가 거처할 방으로 안내되었다. 하인으로부터 임금에게서 하사받은 집에 홍청들이 와 있다는 소식을 전해 받은 박원종의 부인 윤씨는 하녀 두 명을 데리고 그 곳으로 향했다. 그녀는 홍청들이 들어 있는 방문을 열어 보고는 깜짝 놀란다. 그 방 안에는 십여 명이 옹기종기 앉아 있었다.

"아니 저런, 웬 여자들이 저렇게 많은가?"

"주상께서 공신들에게 하사한 여자들입니다."

윤씨 부인의 말에 오 집사가 대답했다. 그는 박원종의 충복이었다.

"그래요."

그리고 다음 방을 열어 보았다. 그곳에도 여자들로 꽉 차 있었다. 다음 방도 마찬가지였다.

"아니 왠 여자들이 이렇게 많아. 모두 몇 명인가"

"삼백 명이라고 합니다."

"그럼 이 집안에는 모두 여자들로 꽉 차 있단 말인가?"

"그렇사옵니다."

"아이구, 이를 어쩌면 좋아. 나는 이제 생과부가 되게 생겼네."

그녀는 방바닥에 주저앉아 한숨을 쉬었다.

"왜 그러십니까? 마님."

"그러잖아도 영감이 열흘에 한번 내 곁에 올까말까 하는데, 이제 저렇게 시퍼렇게 젊은 여자들이 3백 명이나 된다니, 나는 이제 서방을 잊어버리고 무슨 낙으로 살아가겠나. 그리고 영감은 저 많은 여자를 거느리려면, 이제 뼈만 남게 될 것이 아니오. 주상도 너무하시네."

그녀는 한숨을 내쉬었다.

이때 여자들이 이방 저방에서 장난을 치면서 법석을 피우고 있었다. 오 집사가 조용하라고 하자, 이내 잠잠해졌다. 그녀들은 그동안 연산군 밑에서 집단생활을 해서 그런지 잘 견뎌내고 있었다.

이윽고 벽제 소리가 들리고, 박원종이 집안에 들어섰다.

"지금 퇴청하시는 길이십니까?"

"그렇다네."

오 집사의 말에 박원종이 대답했다.

"내당 마님이 여기에 와 계십니다. 그리고 홍청들도 와 있습니다."

"음, 그래. 여자들은 어디에 있나."

"방에 있습니다."

박원종이 마루에 올라 이방 저방 문을 열어 보고는 자신도 깜짝 놀랐다. 그리고 입이 함박만큼 벌어졌다. 그는 사랑채로 들어가 의관을 벗었다.

이때 안방에 있던 윤씨 부인이 들어왔다. 그녀는 남편이 와서 방안에 가득 찬 여자들에게 눈길을 주는 것이 달갑지 않아 사랑방에 들기를 기다렸던 것이다.

"당신도 와 있었구려. 그런데 왜 얼굴도 내밀지 않아요."

"대감, 참 좋으시겠구려. 이제는 임금 부럽지 않겠네, 그려."

박원종의 말에 윤씨 부인은 토라졌다.

"글쎄, 주상도 너무 심하셨소. 저 많은 여자들을 나더러 어떻게 하라고."

부인의 투정에 박원종은 싱긋이 웃었다.

"다른 사람에게 주던지 내보냅시다."

"글쎄요. 그렇게 하면 그것은 불충이 되는 것이오."

"그러면 저 많은 여자들을 다 거느리고 사시겠다는 말씀이세요. 아이구, 나는 이제 생과부가 되게 생겼구려."

"그럴 리가 있소. 조강지처를 버리면 내가 벌 받지."

"정말이죠. 다른 소리하면 안돼요."

"그럼."

박원종은 이렇게 말을 하면서 부인을 껴안았다.

식사를 하고 나자, 윤씨 부인은 돌아갔다. 잠시 후에 오 집사가 들어왔다.

"저 여자들을 어떻게 할까요."

"글쎄, 수십 명이야지. 저 많은 여자들을 어떻게 하지. 자네가 우선 좀 추려보지."

오 집사의 질문에 박원종은 난처한 표정을 지었다. 여자가 너무 많이 있어서 즐거운 비명을 지르고 있는 것이다.

"글쎄요. 전부 한결같이 미인이 돼 놔서요. 저는 자신이 없습니다."

"그럼, 연산군에게 정을 받은 애들을 골라 오게."

"예."

오 집사는 대답을 하고 사랑채에서 나와, 그녀들을 모두 마당에 모이게 했다. 그녀들이 금방 모였다.

"여기서 연산군에게 정을 받은 여자는 손을 들어 보게."

그녀들은 무슨 불이익이라도 당할까 봐 손을 들지 않았던 것이다.

"일을 시키려고 그래. 어서 들어 봐."

그러자 다섯 명이 손을 들었다.

"너희들은 나를 따라와."

그녀들은 오 집사의 뒤를 따랐다.

"대감마님, 기녀들을 대령시켰습니다."

박원종은 방을 나섰다.

"인사드려야지. 박원종 대감이시다."

"처음 뵙겠습니다."

"앞으로 잘 지내보자구."

오 집사의 말에 그녀들이 고개를 숙이자, 박원종이 그녀들의 손을 일일히 잡아주었다.

"저희들에게 분부만 내려주십시오. 어떤 일이라도 다 하겠습니다."

한 여자가 나서서 이렇게 말했다.

"저 여자들 중에서 한 30명만 추려야 하는데 어떻게 해야 되겠나."

"우선 저희들이 보아서 괜찮은 애들을 5, 6십 명을 뽑을 테니까, 다음에는 대감님이 직접 고르십시오. 같이 가시지요"

"그러지. 그게 좋겠네. 그런데 여기에서 조장을 뽑아야 하는데. 나이가 제일 많은 사람이 좋지 않겠나?"

"그건 대감마님 의견대로 하십시오."

박원종이 주위를 둘러보며 말하자, 조금 전에 말한 여자가 대답했다.

"누가 나이가 가장 많은가?"

"저희들은 서로 인사를 나눈 적이 없어서요."

"그렇겠군."

그녀의 말에 박원종이 고개를 끄덕였다. 박원종은 나이를 순서대로 물었다.

"조금 전에 제일 나이 많은 애가 누구였지. 손들어 봐."

"접니다."

박원종과 말이 오가던 여자가 손을 들었다. 그녀가 그중에서 미색도 제일 뛰어났다. 박원종은 그녀에게 눈길을 주자, 그녀가 살포시 미소를 지었다. 그 모습이 박원종의 가슴을 녹이는 것 같았다.

"이름이 무어라고 했지"

"월화(月花)라고 하옵니다."

박원종의 말에 그녀의 목소리 또한 애교로 휘감았다.

"정말 경국지색이군. 나이는?"

"올해 스물다섯이옵니다."

"그래, 좋다. 월화가 나이가 제일 많으니 앞으로는 책임자가 돼서, 내말을 전달받아 일을 수행토록 할 것이다. 알겠느냐?"

"예."

박원종의 말에 그녀들은 일제히 대답했다.

"애들이 모여 있는 곳으로 가자."

박원종의 말에 월화가 앞장을 섰고, 박원종과 오 집사가 그녀들이 모여 있는 곳으로 갔다. 앉아 있던 여자들이 모두 일어났다.

박원종은 여자들을 보자, 빙긋이 웃었다. 그러나 한편으로는 저 많은 여자들을 어쩌나 하는 생각에 겁에 질렸다.

오 집사와 월화가 앞으로 박원종에게 직접 시중들 여자 60여 명을 선발하고 나서 박원종에게 보고했다.

"선발된 애들은 이집에 머무르게 하고, 나머지 애들은 임사홍의 집으로 가 있게 하게. 그리고 월화 옆에 서 있는 네 명은 오 집사를 따라갔다 오게."

"예."

박원종의 말에 오 집사는 대답하고 박원종에게 인사를 했다.

"너희들은 나를 따라와."

오 집사가 앞장을 서자, 그녀들이 뒤를 따랐다.

박원종은 물끄러미 그녀들이 가는 것을 흐뭇하게 바라보았다.

"우리는 본댁으로 가자."

"예."

박원종이 수행집사인 김 집사에게 말하자, 그가 대답했다.

본댁에 도착하자, 윤씨부인이 나와 맞이했다.

"참 좋으시겠소. 이제까지 꽃밭에서 놀다 온 소감이 어떻소."

"어떻기는 무엇이 어때."

"나는 이제 찬밥 신세가 되었구려. 모두 그냥 돌려보냅시다."

"임금님이 하사한 애들을 그렇게 하면 불충이 되는 것이오."

"다른 사람들은 첩 하나 두기도 어려운 판에, 당신은 첩이 삼백이니 천하에 염복은 타고난 사람이오. 하는 수가 없지. 이년의 팔자는 왜 이리도 박복한지. 다른 사람들은 애들을 잘도 낳아 잘도 키우건만 나는 지지리도 복이 없어 낳은 자식도 괴질로 죽고 나서 애도 없으니, 나는 누굴 믿고 산단 말이요. 내 신세가 이제는 너무나 처량하게 되었네."

그녀는 눈물을 흘렸다.

"내가 언제 당신을 서운하게 한 적이 있소. 너무 섭섭하게 생각치 마오. 당신도 여자 하인이 많이 생겼으니 나쁠 거야 없지 않소."

"그걸 말이라고 해요. 저애들은 나에게 조금도 쓸 데가 없어요. 저는 양천댁 한 명이면 돼요. 당신이나 재미 많이 보구려. 나중에는 아마 해골만 남겠구려. 그렇다고 나더러 약 달여 달라니 어쩌구 그러지 말아요. 어림도 없어요."

"알았소. 그러지 말고 어서 안으로 들어갑시다."

박원종은 그녀의 손을 잡았다. 그리고 방으로 들어가 부인을 안아주었다.

다음날 박원종은 입궐하여 반정 뒷처리를 하면서, 시간이 날 때마다 미녀들이 어떻게 생겼나 궁금해졌다. 그는 마흔 살로 한창 나이였다.

그는 일이 끝나자, 서둘러 퇴청하여 월화가 있는 집으로 갔다. 벽제소리가 나자, 월화와 오 집사가 나와서 인사를 했다.

"안녕하셨습니까?"

"그래, 별일 없었나."

월화가 인사를 하자, 박원종은 월화의 등을 두드렸다.

"예. 우선 진지부터 드시고요."

"그러지."

잠시 후에 두 여인이 진수성찬을 차려 나왔다.

밥을 맛있게 먹고 숭늉을 마시고나서, 박원종은 한동안 월화를 바라보았다. 정말 미인이었다.

"저기 대기하고 있는 여자들은 어떻게 할까요. 심사를 하셔야지요."

"글쎄, 나는 경험이 없어서, 연산군은 어떻게 했나. 월화는 잘 알 게 아닌가?"

박원종은 월화의 눈치를 보았다.

"모두 옷을 다 벗기고 나체로 했습니다."

"나는 그럴 수는 없지. 치부는 가리게 하게."

"예."

그녀는 대답을 하고 밖으로 나갔다. 이윽고 아래만 가리고 열명씩 들어왔다. 박원종은 눈이 현란했다. 한결같은 미인들이라 선발하기가 아주 힘들었다. 그래서 원형으로 돌게 하자, 조금씩 우열이 드러나 보이는 것이었다. 그중에서 반을 걸러 30명이 되었다. 이들은 모두 절세미인이고 가무를 잘하는 명기들이었다.

"어떻게, 선발한 애들은 마음에 드십니까?"

"그럼. 정말 마음에 들지. 그런데 너무 많아서. 그러면 나는 앞으로 저 여자들을 어떻게 해야 되나. 자네 의견을 말해 보게."

월화가 말하자, 박원종이 반문했다.

"제 생각에는 앞으로 몇개 조로 나누어, 대감님을 모시게 하는 것이 좋을 듯합니다."

"왜 그런가?"

월화의 말에 박원종이 물었다.

"나중에 대감님을 모실 적에 그것이 제일 편하고 좋을 듯합니다."

"그것은 자네가 알아서 하게."

"알겠습니다. 그러면 우선 5개 조로 나눈 후에 오늘부터 모시겠습니다."

"그것도 자네가 알아서 하게."

"예."

월화는 고개를 숙여 인사를 하고 여자들이 모여 있는 곳으로 갔다. 박원종은 그녀를 물끄러미 바라봤다. 그는 이것이 꿈인지 생시인지 몰랐다. 이 집은 얼마 전까지 신수근이 살던 집으로 장안에서 가장 큰 집이었다. 전에 한번 여기에 온 적이 있었는데 이렇게까지 호화로운 줄은 몰랐다.

　월화는 그녀들을 우선 6명씩 5개 조로 편성했다. 각 조마다 조장도 뽑았다. 조장은 대부분 연산군에게서 정을 받은 여자들이 되었다.

　"오늘은 일조가 모신다. 나머지 조는 자기 방으로 가서 쉬어라."

　"예."

　월화의 말에 그녀들이 방에서 나갔다.

　"대감마님, 우선 목욕실로 가시죠."

　"이 집에는 목욕실이 있는가?"

　"예, 있습니다. 그리고 목욕물도 데워 놨습니다. 들어가시죠. 이쪽으로."

　"으음, 신수근이 살던 집이라, 과연 다르군."

　월화가 말을 하면서 앞장섰다. 그리고 욕실 문을 열었다.

　"옷을 벗고 탕 안으로 들어가십시오."

　"전부 말인가?"

　월화의 말에 박원종이 머뭇거렸다.

　"예. 다 벗으십시오."

　"연산도 그랬는가."

　"예. 그랬습니다. 처음에는 어색하실 겁니다. 그러나 몇 번 하시면 곧 아무렇지도 않을 것입니다."

　"알았네. 그러나 오늘은 처음이라 쑥스러워서 속옷은 입기로 하세."

　"좋으실 대로 하십시오."

　박원종은 겉옷을 벗고 속옷만 입은 채 탕안으로 들어갔다. 그러자 여자들이 속옷도 벗겨 수건으로 등을 밀어주었다.

　"아이, 시원하다. 시원해."

　여자들은 구석구석 온몸을 골고루 닦아주었다.

　"이제는 머리를 이쪽으로 두십시오. 머리를 감겨드리겠습니다."

"알았네."

박원종이 머리를 밖으로 내밀자, 월화가 머리를 감겨주었다.

"이제 나오십시오."

"알았네."

박원종은 일어나서 목욕실을 나왔다.

그러자 두 명이 앞뒤에서 물기를 닦아주었다. 그리고 월화가 옷을 주자, 박원종은 잠옷을 걸쳤다. 이어서 침실로 안내되었다.

"목욕을 하셨으니, 시원하게 약주 한 잔 하시어야지요?"

"그렇게 하지."

월화는 술과 안주를 대령했다.

한 여자가 술을 따르자, 박원종은 이를 마셨다. 그리고 술을 따른 여자가 안주를 집어 박원종의 입 안에 넣어주었다. 그러자 박원종은 안주를 받아먹었다. 그리고 박원종은 술을 따른 여자에게 술잔을 돌리고 술을 따라주었다. 그녀는 술을 마시고 박원종에게 술잔을 넘겼다. 술은 다음 여자가 따랐고 안주도 먹여주었다. 그리고 박원종은 술을 따른 여자에게 잔을 돌렸다. 맨 나중에는 월화가 따르고 받아 마셨다.

"아아, 이제 취기가 돈다."

박원종이 머리를 좌우로 흔들었다.

"대감마님, 여기에 누우십시오."

"왜 그러는가?"

월화의 말에 박원종이 되물었다.

"안마를 해드리려고요."

"그거 좋지."

박원종이 요 위에 눕자, 그녀들은 달려들어서 안마를 시작했다. 팔과 다리에 네 명이, 한 명은 머리를 안마하기 시작했다.

"아이, 시원하다."

박원종은 쌓였던 피로가 싹 가시는 듯했다. 그리고 왜 그런지는 몰랐지만, 젊은 여자의 몸에서 나오는 냄새와 기(氣)가 자기 몸속으로 들어와서 그런지 힘이 솟구치는 것같았다.

"드러누우십시오."

월화의 말에 박원종은 드러누웠다. 그러자 월화가 척추 부위를 적당하게 눌렀다. 다른 여자들은 목과 어깨, 허리 등 각 부위를 안마했다.

"다시 돌아누우십시오."

"왜 그러는가?"

"이제는 애무해드릴 게요."

박원종의 말에 월화가 비음이 섞인 목소리로 대답했다. 박원종은 천장을 보다가 눈을 감았다. 그녀들 다섯 명이 달려들어 각자 자기가 맡은 부분을 애무하기 시작했다.

그러자 박원종은 신음소리를 냈다. 그리고 남성이 고개를 들었다.

"어느 애가 가장 마음에 드십니까?"

월화의 말에 박원종이 턱으로 한 여자를 가르쳤다. 제일 예쁘고 어려 보였다.

그러자 다른 여자들은 방을 나섰다.

박원종이 그녀의 옷을 벗겼으나, 그녀는 옷을 손으로 잡았다.

"왜 그러느냐?"

"소녀는 숫처녀입니다."

"내 알았다. 마음을 놓아라."

사내의 부드러운 목소리에 그녀는 그만 손을 내리고 옷고름을 풀었다. 사내는 호기심 가득 처녀 아이를 품에 안았다. 그녀는 아프다고 간혹 비명을 질렀으나 사내의 흥분기만 돋구었다. 사내는 욕심을 다 채우고 요 위가 붉게 된 것을 보고는 그녀의 등을 두들겨 주고 한번 더 안아주었다. 그녀는 사내의 몸을 조심껏 닦아주고는 방을 나왔다.
"월화."
"예."
박원종이 부르는 소리에 월화가 들어왔다.
"저 애는 아직 너무 어리구나. 나는 네가 좋구나."
"대감은 정력도 좋으셔."
그녀는 이렇게 말하고 속곳바람으로 능수능란하게 전신을 다시 애무하기 시작했다.
드디어 참다 못해 사내가 여산에 올라 힘을 썼다. 그녀는 기교를 마음껏 부렸다. 사내는 이제까지 평생 느껴보지 못한 황홀경에 빠진 기분이었다. 그리고 경련을 일으켰다. 여자가 남자의 몸을 닦아주고, 방을 나가 목욕하고 들어와 잠에 떨어진 사내 옆에 누었다.
다음날 사내가 일어나자, 여자가 안마를 해주었다. 그러자 사내는 다시 정력이 살아나, 여자를 눕히려고 했다.
"이따가 입궐을 하셔야 하지 않습니까? 잠시 참으시옵소서. 아직 젊은 2십여 명의 미인들이 대감님을 기다리고 있습니다."
월화가 사내의 손길을 막았다.
"목욕을 하십시오."
"그러지."
월화의 안내로 박원종은 목욕실로 갔다. 여자가 목욕을 시켜주었다.
박원종은 흐뭇한 미소를 지었다.
누이가 죽었을 때에는 세상이 그렇게 저주스러웠는데, 이제는 저주의 대상인 연산군을 몰아낸 공으로 공신이 되어 수백 명의 여자와 수십만 평의 땅도 하사받아 이렇게 호강을 할 줄은 몰랐다.

그는 행복에 젖었다. 목욕실에서 나오자, 모든 것을 여자들이 알아서 해 주었다.

이윽고 식사가 나왔다. 식사도 여자들이 옆에서 밥도 떠먹여 주고 반찬도 입에 넣어 주었다. 그는 말만 하면 다 되었다. 그는 너무나 행복하게 지냈다.

그리고 그는 죽은 큰누님이 너무 불쌍하여 산소를 찾아 성묘를 하고 극락왕생하기를 기원했다.

몇 달 후 여자들은 친지와 친척들에게 나눠 주었다. 그래도 많은 여자들이 남았다. 그녀들은 잡일을 시키고 장가 못 간 노비와 모두 결혼시켜 주었다.

3. 비빈(妃嬪)들의 질투

이 때 중종반정의 삼공신인 박원종, 성희안, 유순정은 임금으로부터 너무 많이 하사받은 홍청들 때문에 한편으로는 기쁨을 감추지 못하면서 한편으로는 골치를 앓고 있었다. 그리고 다른 공신들도 숫자는 적었지만 갑자기 많은 전답과 여자들이 생기자, 호의호식을 하며 여색을 탐하게 되어 인생을 마음껏 즐기고 있었다.

그러나 공신이 안 된 사람들은 이들을 너무나 부러워하다가, 나중에는 질투로 변했다. 그렇지만 그들도 반정이 시작되었을 적에 이럴까 저럴까 머뭇거리는 사이에, 그렇게 된 것을 알고 후회한들 소용이 없었다. 그들 중에 일부는 반정이 성공하지 못할 것으로 본 사람도 있었다. 만약 반정에 끼었다가 잘못되면 제명에 못죽을 수도 있었던 것이다. 그래서 이들은 편하게 팔자소관이라고 웃어넘기고 있었다.

이때 모든 권력은 삼공신이 쥐고 있었다. 이들은 성격이 곧고, 의리가 있었고 순리에 따라 일을 처리해서 국정은 안정되었다. 이들은 갑자기 많은 재물이 생겨서 관직을 이용하여 재물을 취하지 않아서 정치는 안정되었고, 또 나라를 위하여 자기 몸을 아끼지 않았다. 공신들로 이루어진 정국은 얼마 동안 아무 탈이 없었다.

그런데 문제는 중전 신씨였다. 중전은 처형된 신수근의 딸로 내명부(內命婦)와 외명부(外命婦)를 지휘하고 감독해야할 막중한 임무가 있었다. 내명부란 궁궐 내 여자들의 직급으로 정1품인 빈(嬪)에서 귀인(貴人), 소의(昭儀)와 상궁(尙宮) 등 종 9품까지 있었고, 외명부란 남편의 직급에 맞게 여자도 관직이 내려져 있었다. 1품 벼슬아치의 부인은 정경부인(貞敬夫人)이고, 당상관 부인은 숙부인(淑夫人)이고, 당하관 부인은 숙인(淑人)이며, 9품 벼슬을 하는 부인은 유인(孺人)이라고 불렀다. 그런데 비록 여자로서는 최고로 높은 중전이지만 역적의 딸이라, 내명부와 외명부의 공신 부인들은 그녀와 같이 어울려 궁중 의식에 참여하기를 상당히 꺼렸다. 그래서 삼공신과 다른 신하들이 이를 주상에게 거론하게 되었다.

"거사할 때 저희들이 신수근 형제를 제일 먼저 제거한 것은, 반정을 성공하기 위해서 입니다. 그런데 지금 신수근의 딸이 중전으로 있습니다. 중전이 궁궐 안에 계시면 내외명부 일을 꾸려나갈 수가 없고, 인심이 불안해지고 종묘사직에 죄가 됩니다. 전하께서는 힘드시겠지만, 사사로운 정을 끊고 중전을 대궐 밖으로 내보내셔야 합니다."

"경들의 뜻을 모르는 바가 아니오. 그러나 중전은 내가 사가에 있을 때 혼인해서 수년 간 같이 살아온 조강지처요. 그러니 어찌 매정하게 내칠 수가 있겠소. 그리고 중전은 아주 심성이 착하여 물의를 일으킬 사람이 절대 아니오. 그러니 너무 염려치 마시오."

모든 신하들이 계속 주청을 하자, 중종도 난색을 표시한다.

"신들도 그 점을 너무 가슴 아프게 생각하고 있습니다. 그런데 종묘사직을 위해서는 어찌 할 수 없는 일입니다. 폐주 연산군을 보시면 아실 것입니다."

"여러 중신들이 간청하고 종사가 막중하다고 하니, 내 다시 한번 생각해 보겠소."

신하들의 진언에 중종은 이렇게 넘어가려고 했다. 대전에서 오갔던 이 말은 내관의 입을 통하여 바로 중전 신씨의 귀에 들어갔다.

중전 신씨는 눈물을 흘렸다. 신하들의 말이 틀린 것이 하나도 없었기 때문이다. 이제까지 같이 살아온 끈끈한 정을 생각하여, 주상이 봐주어 자기가 버티려고 하면 할수록, 일을 더 크게 벌어지게 될 것만 같았다. 그녀는 계속 눈물을 흘렸다.

중종이 국사를 파하고 중궁전에 들렸을 적에 중전은 눈물을 너무 흘려서 눈이 퉁퉁 부어 있었다.

"전하, 신첩을 내치시옵소서. 중신들의 말이 조금도 그른 것이 없사옵니다. 전하."

"걱정마시오. 내가 중신들을 잘 설득할 테니, 조금 더 참고 견뎌봅시다. 내가 사정한다면 그들도 생각이 달라질 것이오."

중종은 중전이 불쌍하여 감싸안아 주었다.

"전하, 그것은 아니되실 말씀입니다. 저들은 저의 아버지와 오빠들을 모두 살해했습니다. 저는 살아 있는 것만으로도 다행이라고 생각합니다. 신첩을 내치시옵소서."

신씨는 중종의 품에 다시 안겼다.

"나는 그럴 수가 없소, 중전. 지금 이 위기를 슬기롭게 잘 넘깁시다. 너무 성급하게 결론짓지 마시오."

"그것은 아니되옵니다. 신첩의 말대로 하셔야 합니다. 그렇지 않으면 공신들이 무슨 트집을 잡을지 모르는 일입니다. 그리고 저는 대비 뵙기가 너무나 민망합니다. 대비 앞에서는 얼굴을 제대로 들 수가 없사와 너무나 불편합니다. 중전은 내명부를 다스려야 하는데 저는 그럴 자격이 없사옵니다. 차후에 국정이 안정되면, 저를 불러주십시오."

"나는 중전과 헤어지는 것이 싫소."

"싫어도 그렇게 하셔야 합니다. 으흐흐……"

중종의 말에 중전 신씨는 눈물을 흘렸다.

그들은 마지막 밤이 지나가는 것을 아쉬워했다.

다음날 아침 해가 떠올랐다. 중종은 대전으로 나가지 않았다. 그러자 삼공신과 영의정 유순 등 삼정승 육판서들이 떼로 몰려와서 중전을 내치라는 것이었다. 중종은 그들이 자기를 지존인 왕으로 만들어준 공신이라고 하지만, 정들은 부인은 내치라는 말을 하려고 온 신하들을 보자 화가 났다.

"경들은 너무 인정이 없소. 짐은 삼공신에게는 수백 명의 여자들을 내려주었고 다른 공신들도 수십 명씩 하사했소. 그런데 나는 하나 있는 여자도 데리고 못산단 말이오. 너무 하지 않소."

"그것은 그렇지가 않습니다. 중전이 역적 신수근의 딸이기 때문에 불가하다는 것입니다. 며칠 후 저희들이 처녀 간택을 해드릴 것이오니 전하께서는 원하시는 대로 간택하십시오."

박원종이 앞에 나서서 말했다. 중종은 그가 너무나 무서웠다. 박원종은 거구에 말을 할 때는 눈에서 살기를 느꼈다. 그래서 중종은 할수없이 오늘 중으로 중전을 대궐 밖으로 내보낸다고 약속을 했다.

중종은 계속 신씨와 같이 있었다. 그들은 시간 가는 것이 너무나 안타까웠다. 그러나 가는 시간을 어떻게 붙잡을 수가 없었다. 그들은 서쪽으로 기우는 해를 보고 더욱 초조해졌다. 그러나 신씨는 상궁에게 도성 밖을 나갈 가마 등 물건을 준비하게 했다. 이렇게 떠날 준비를 하는 것을 옆에서 지켜보는 중종은 가슴이 찢어지는 것 같았다. 차츰 해가 빛을 잃어가고 있었다. 그리고 해가 넘어가서야 신씨가 가마를 타고 대궐을 나섰다. 중종은 대궐 문까지 따라 나서면서 울었다. 그는 왕이고 뭐고 다 집어치우고 싶었다. 중신들도 옆에서 이를 보고 눈시울을 적시고 있어서 이들에게 어떤 싫은 소리도 할 수가 없었다. 중종은 이들의 심정도 이해할 수가 있었다. 종사를 위해서는 할 수 없는 일이라고 생각했다. 그러자 한결 마음이 편해졌다.

도성을 나간 신씨는 인왕산 옆에 있는 세조의 사위인 정현조의 집에서 머물게 되었다. 그녀는 중종이 너무나 보고 싶었다. 그러나 볼 수가 없었다. 첫날은 뜬 눈으로 날밤을 세웠다. 이어서 며칠 간은 한숨과 눈물로 시간을 보냈다. 이런 심정은 중종도 역시 마찬가지였다. 그는 마음이 너무나 허전했다.

신씨는 남편 중종이 보고 싶어서 인왕산에 올라갔다. 그리고 대궐을 바라보니 장안은 물론 경복궁 근정전까지 한눈에 보이는 것이었다. 그녀는 사랑하는 남편을 볼 수가 있다는 희망에 가슴이 부풀어 올랐다. 그러나 지아비는 멀어서 보이지 않았다. 그녀는 오랫동안 그곳을 쳐다보면서 남편을 생각하면서 눈물을 흘리고 있었다. 그녀는 매일 그곳에 올라가 대궐을 바라보면서 눈물을 흘렸다. 그리고 남편도 자기를 바라보고 있을 것이라고 생각하여 입고 있던 치마를 벗어서 바위에 걸쳐놓았다. 그리고 하염없이 흘러내리는 눈물을 주체할 수가 없었다.

이때 임금도 강제로 헤어진 신씨가 보고 싶어서 정현조가 사는 인왕산 쪽을 매일 하염없이 몇 시간 동안 바라봤다. 정사고 뭐고 다 귀찮아 대충 넘어갔다. 그런데 어느 날부터 큰 바위 위에 하얀 치마가 걸려 있는 것이 아닌가. 중종은 그것이 신씨 부인의 치마라고 생각했다. 그래서 중종은 내관을 시켜서 그것이 무엇인지 알아보라고 지시를 내렸다.

"그것은 중전마마의 치마라고 하옵니다. 중전마마는 전하가 보고 싶어서 산에 올라가서 전하가 이를 보시라고 일부러 걸어놓았다고 하옵니다."

"음, 과연 그랬었군. 나도 그럴 것이라고 생각했는데. 얼마나 중전 가슴이 아플까. 내가 정말 못할 짓을 했군 그래."

내관의 말을 듣고, 중종도 눈물을 흘렸다. 부인도 자기와 같은 심정이라는 것을 알고 더욱 보고 싶었다. 그러나 볼 수가 없어 더욱 애가 타서, 중종은 그것을 보는 것만으로 낙을 삼아야 했다. 그래서 그 뒤부터 사람들은 그 바위를 치마바위라고 불렀다.

박원종과 성희안은 중종이 부인 신씨를 보고 싶어서 틈만 나면 궁전 밖에 나가 인왕산에 걸려있는 치마를 바라보고 있다는 사실을 알았다. 그래서 부하를 시켜서 치마를 걸지 못하게 했다. 그렇지만 신씨는 계속 산에 올라갔다. 이를 말릴 수는 없는 일이었다. 그래도 중종은 매일 부인의 치마를 보는 것을 낙으로 삼았는데 갑자기 치마가 보이지 않자, 너무 허전하고 또 신씨의 신변에 무슨 이상이 생겼나 걱정이 되었다. 그래서 내관에게 이를 알아보라고 지시했다.

신하들이 치마를 못걸게 했을 뿐, 다른 이상은 없다는 보고를 받고 안도의 숨을 내쉬었다. 그래도 중종은 매일 틈이 나면 치마바위를 멍하니 바라보곤 했다.

박원종과 성희안과 유순정 등 삼공신은 중종의 이런 모습이 너무나 불쌍하고 건강을 해칠까봐 생모인 자순대비를 찾았다.

"그 동안 강녕하셨사옵니까? 대비마마."

"덕분에요. 어서 오시오."

이들의 절을 받고 대비도 인사를 했다.

"문후 자주 여쭙지 못하여 죄송합니다."

"괜찮소. 그런데 어쩐 일이시오."

대비가 그들의 눈치를 살폈다.

"주상이 폐출된 신씨를 못잊어, 매일 치마바위를 보면서 신씨를 생각한다고 합니다. 이는 주상이 배필이 없어서 그런 것입니다. 중전을 간택하심이 옳은 줄로 압니다."

"나도 그렇게 생각하고 있었소. 내 주상에게 이를 전하겠소."

"감사합니다."

삼공신은 차를 마시면서 자순대비와 대화를 나누고 물러나왔다.

다음날 아침 중종이 아침 문후 인사를 왔다.

"주상, 나도 신비가 가엾소. 그런데 인연이 되지 않는 것을 어찌 하겠소. 그래서 애기인데, 종실의 후사를 위해서 간택을 하는 것이 어떻겠소."

"저는 그 사람 생각이 나서, 그럴 생각은 조금도 없습니다. 저는 중신들이 너무나 야속하다고 생각합니다."

대비의 말에 중종은 일언지하에 거절했다.

"나도 주상의 심정을 모르는 바가 아니오. 중신들이 좋아서 그리했겠소. 그들의 깊은 사려를 이해해야만 하오. 그리고 종묘사직을 생각한다면 그런 말을 꺼내서는 절대로 안되는 것이오. 이를 명심하시오."

"……"

"왜 대답이 없소. 인연이 안되는 것을 자꾸 생각하면 몸만 상하는 것이오. 내가 권하는 대로 하시오. 자신보다는 종묘사직을 먼저 생각해야 한다는 것을 명심해야 하오."

"알겠습니다. 어마마마께서 시키는 대로 하겠습니다."

대비가 사리를 계속 따지자, 중종도 이해를 한 것 같았다.

"잘 생각하셨소. 바로 금혼령(禁婚令)을 내려서 좋은 가문의 정숙한 처녀를 중전으로 맞으시오. 아마 훌륭한 규수들이 많이 있을 겁니다."

"알았사옵니다."

중종은 인사를 하고 물러나왔다.

다음날 금혼령이 내려졌고, 양가집 규수들이 추천되었다. 얼마 후 규수들과 그 어머니는 궁궐로 들어와 왕대비인 정현왕후에게 얼굴을 선보였다. 그 중에서 일차로 열명이 선발되어 닷새 후에 다시 2차 간택이 있었다. 그중에서 최종 네 명을 간택했다.

첫 번째 규수는 경상도 정병(正兵)인 박수림의 딸이었는데, 박수림과 박원종은 먼 친척이 되었다. 그녀가 그 중에서 제일 요염했다. 그러나 눈에서는 색기가 여실하게 보였다. 다음은 정국 4등 공신 윤여필(尹汝弼)의 딸이었고, 다음은 정국 1등 공신 홍경주의 딸이었고, 마지막은 유순정과 친척이 되는 나씨였다.

마지막 간택 날에는 중종도 이에 참석하여 자기 의견을 말하여, 최종적으로 이들 네 명이 정해진 것이다.

이들은 거처할 집을 배정 받아 궁궐의 법도를 배우게 되었다. 이들은 관찰사와 동급인 종 2품 숙의(淑儀)라는 직첩을 받았는데, 이는 파격적인 대우로 나이는 15세에서 17세까지였다. 연산군이 끔찍이도 총애하던 장녹수도 종 3품 숙용(淑容)에 지나지 않았다. 이는 주상을 생각하여 삼공신들이 직급을 높여 준 것이었다. 그중에서 숙의 윤씨가 제일 정숙하고 인자해 보였고, 나씨가 제일 어렸다. 숙의 박씨는 성격이 강해 보였다.

며칠 후 합동으로 가례를 치렀다. 그리고 그녀들은 합동으로 대비에게 인사를 했다.

"오늘부터 곤전(坤殿)의 법도를 잘 익히도록 하시오. 이 중에서 내년에 한 명을 중전으로 간택할 것이니 처신들을 잘하시오."

"예."

자순대비 정현왕후의 말에 모두 함께 대답하고, 자기 처소에 돌아갔다. 다음날부터 후궁들은 자순대비 윤씨에게 잘 보이기 위하여 갖은 방법을 동원했다. 그 중에서 숙의 박씨가 가장 두드러지게 아부를 했다. 그녀의 아비가 후궁들의 부친 중에서 가장 직급이 낮았다. 그래서 그녀는 말과 몸으로 대비에게 잘 보이려고 애를 썼다. 그리고 숙의 홍씨는 무뚝뚝한 편으로 고집이 세었다. 숙의 나씨는 착하고 솔직한데 건강이 좋아 보이지 않았다. 그중에서 제일 마음씨와 자태가 고운 후궁은 숙의 윤씨였다. 그리고 자순대비는 시어머니인 세조비 정희왕후가 자기를 잘 봐주어서 중전이 된 것을 기억하고 있었다. 또 정희왕후가 앞으로 간택할 기회가 되면 종문인 파평 윤씨에서 중전을 간택하라고 한 말을 잊지 않고 있었다. 대비는 중전감으로 숙의 윤씨를 처음부터 점찍어 두고 있었다. 게다가 윤여필은 자기 친정 오라비와 잘 어울리고 있어서 가장 마음에 두고 있었다. 촌수로 따지면 숙의 윤씨가 조카뻘이었다.

그런데 문제는 주상에게 있었다. 후궁들이 네 명이나 있어 그중에서 마음에 드는 한 명을 골라 침수에 들 수 있는 데도, 주상은 숙의들 근처에 가지도 않았다. 중종은 여전히 폐비 신씨를 그리워 하면서 가끔 밖으로 나와 인왕산을 바라보고만 있었다.

박원종, 성희안과 유순정 등 삼공신이 후사를 낳으시라고 말하면, 그런다고 말만 할 뿐 실행에 옮기지 않았다. 자순대비가 말을 했으나 소용이 없었다.

자순대비는 아침 문후차 들린 주상에게 이런 말을 했다.

"주상, 혹시 몸에 이상이 있는 것이 아니오. 한참 젊은 나이에 하루에도 서너 명의 여자를 데리고 잘 판에 숙의들을 들인 지가 벌써 몇 달이 되었는데, 합방을 했다는 소리를 못들었어요. 내 어의에게 얘기해서 탕약을 지어 올리라고 할까요?"

"어마마마, 그런 것이 아닙니다. 저는 얼마 전에 조강지처를 버린 몸입니다. 그 여자와 너무 정이 들어 죽도록 보고 싶었습니다. 그리고 그녀가 너무 불쌍하여 다른 여자들을 어떻게 가까이 할 생각을 합니까? 저는 아직 다른 여자 생각이 조금도 없습니다."

대비의 말에 중종이 고개를 옆으로 돌리며 말했다.

"내 수차 얘기하지 않았소. 자신보다는 종묘사직을 생각하시라고요. 그걸 아직도 모르신단 말이오. 정말 너무 한심하오. 주상."

"제가 그걸 왜 모르겠습니까? 저도 인간입니다. 정이란 그렇게 쉽게 잊혀지지 않는 법입니다. 그것이 금수와 다른 것이 아닙니까?"

대비의 말에 중종은 정을 이야기했다. 대비는 주상이 성적(性的)으로 아무런 이상이 없다는 말에 안심이 되었다.

"하기는 그렇소. 그러면 때를 좀 더 기다려 봅시다. 호호호……."

"알았습니다."

대비의 웃음에 중종은 인사를 하고 물러나왔다.

중종은 그날부터 매일 경연(經筵)에 나와 학문을 닦았다. 중종은 신씨부인에 대한 그리움을 학문으로 잊으려 애쓰고 있었다. 신하들은 임금이 연산군처럼 황음(荒淫)하지는 않았으나 너무 억제하는 것 같았다. 그렇게 하다보니 해가 바뀌었다.

여전히 중종은 학문에만 열중했다.

4월쯤에서 박원종 등 3공신은 자순대비를 찾았다.

"전하께서 학문에만 열중하시느라고, 부인들을 멀리하고 있습니다. 이는 그중에서 누구를 선택할 것인가 고민하는 것 같습니다. 그래서 네 명의 숙의 중에서 한명을 중전으로 간택하는 것이 상책이라고 봅니다."

"나도 그렇게 생각하고 있었습니다. 그동안 후궁들의 동태를 계속 살펴봤어요. 바로 중전을 간택하기로 하겠습니다."

3공신의 말에 자순대비는 이렇게 대답했다.

3공신은 자순대비와 같이 차를 마시고 나왔다.

이 말은 바로 네 명의 숙의들의 귀에 들어갔다. 그녀들은 초초한 마음으로 기다렸다. 결국은 윤여필의 딸인 숙의 윤씨가 중전으로 간택되었다. 그녀의 어머니는 1등 공신 박원종의 여동생이었고, 또 뒤에서 자순대비가 봐주었기 때문이다. 윤여필과 박원종은 처남매제지간이었다. 나머지 세 명의 여인들은 눈물을 흘렸다. 숙의 박씨는 숙의 윤씨와 자순대비를 저주했다.

　중전이 된 윤씨는 중궁전으로 이사를 했다. 그날 밤 중종은 처음으로 중전과 합방을 한 것이다. 닷새 후에는 후에 숙의 박씨, 다음 닷새 후에는 숙의 나씨, 닷새 후에는 숙의 홍씨의 처소에 들려서 사랑을 나누었다. 중종은 그녀들이 각기 나름대로 특색이 있다고 생각했다.

　중종은 정사도 열심히 보았다. 그리고 경연에 참석하여 학문도 열심히 익혀 성군(聖君)의 자질을 보이고 있었다. 그리고 자신은 연산군의 전철을 밟지 않으려고 몸부림쳤다. 그래서 중종 3년 무진년에 승정원에 다음과 같은 어명을 내렸다.

　"자고로 임금된 자는 신하들로부터 자기 허물을 듣는 것을 좋아하지 않는다. 신하로서 임금의 허물을 알고서도 간하지 않는 것은 충직한 신하가 아니요, 또 허물을 알고서도 비위를 맞추는 자는 아첨하는 신하이다. 옛날에 당태종이 밖으로는 신하의 바른 말을 받아들이는 척했으나 실제로는 그렇지 못했다. 나는 그런 것을 싫어한다. 만약 짐의 잘못이 있으면 외정(外政)의 신하들은 모두 말해야 할 것이다. 하물며 승정원에 있는 사람들은 말해서 무엇 하겠는가. 나의 잘못을 숨기지 말고 말하라. 비록 지나친 말이 있더라도 책임을 묻지 않을 것이다."

　중종은 이렇게 언로를 활짝 열어 놓았다. 그러자 신하들과 비빈들과 백성들까지도 자기 할 말을 다했다.

　이렇게 언로를 터놓자, 고변사건이 자주 일어나 난세에 가까웠다. 그리고 비빈들의 질투도 심하여 이를 통제할 수가 없었다. 중전 윤씨가 이를 휘어잡아 잘 다스리면 될 터인데, 그녀는 온순하여 다른 사람에게 싫은 소리를 못했다. 그래서 가장 기(氣)가 센 경빈 박씨가 임금의 사랑을 가장 많이 받고 설치고 있다는 소문이었다. 대비는 이것이 걱정되었다. 중전에게서 아들이 제일 먼저 생산되어야 종사에 가장 도움이 되기 때문이다. 후궁의 몸에서 장남이 먼저 나오면, 골치 아픈 일이 생기는 것을 많이 보았던 것이다.

이때 의관(醫官) 김공저(金公著)는 의술에 남다른 비방이 있어서, 박원종과 성희안과 유순정 등이 정력이 세어지는 약을 지으러 온 적이 있었다. 그는 이들을 진찰하고 약방문을 작성하고 지은 약을 배달하기 위하여 그들의 집에 가보고서는 기생들을 수십 명씩이나 데리고 사는 것을 보고 저으기 놀랐다. 그녀들은 중종반정 때 하사받은 여자라는 것도 알고 있었다. 그는 임사홍이나 신수근의 집에 가본 적이 있어서 그들의 형편을 잘알고 있었는데, 삼공신은 이들 보다도 훨씬 더 사치스럽게 살고 있었다. 이를 보니 속이 뒤집혔다. 그리고 간신 유자광도 일등 공신이 되어 거들먹거리는 것은 눈꼴이 시어서 볼 수가 없었다.

"나쁜 놈의 자식들. 이제 보니 박원종, 유자광, 노공필 이놈들이 나라를 좀먹고 있어."

그는 그들 집을 나와서 이렇게 중얼거리면서 길을 걸었다. 노공필은 이때 우찬성으로 봉직하고 있었다. 그는 이 자들을 생각하면 괜히 속이 상했다. 그러다가 전부터 알고 지내던 박경(朴耕)을 만났다. 그는 책을 발간할 때 교정을 보는 강목교수청에서 일을 하고 있었다. 그들은 주막에 들러 술을 먹으면서 이들에게 욕을 신나게 해댔다. 옆에서 이를 듣고 있었던 미치광이 같은 조광보도 이를 듣고 동조했다. 그들은 마음껏 취하여 횡설수설했다. 이들은 술을 먹으면 '박원종과 유자광과 노공필 등 조정 대신 놈들이 빨리 죽어야 한다' 라고 악담과 욕을 해댔다.

이 말은 사람들의 귀를 통하여 호군(護軍) 심정(沈貞)과 상을 입어 쉬고 있는 승지 남곤(南袞)의 귀에 들어갔다. 1507년 1월 소인배인 심정과 남곤은 이들의 불손한 말을 승정원에 제일 먼저 고변하기 시작했다. 여기에서 훗날 남의 일을 잘 고변하는 사람들을 일러 '곤정이 같은 사람'이라고 하게 되었다.

그러자 국청(鞫廳)이 설치되어 추관(推官)들이 이들을 심하게 고문하여 허위자백을 받아내 사사했지만, 조광보는 미치광이라 하여 풀어주었다. 평소 박경과 김공저와 알고 지내던 사람들도 이때 귀양을 갔다.

9월에는 이과(李顆)의 옥사가 일어났다. 이과는 성종 22년 17세의 나이로 문과에 급제하여 대사헌 재직 시에 연산군에게 바른 말을 하다가 해남으로 귀양을 갔다. 이과는 박원종이 거사를 일으키기 전에, 반정의 정당성을 알리는 격서(檄書)를 만들어 이를 돌려 귀양지에서 거병을 모의했다. 그가 군사들을 이끌고 올라온다는 소문을 듣고, 박원종이 앞당겨서 반정을 일으켜서 성공한 것이다. 엄밀하게 따지면 그도 당연히 공신에 올라야 했다. 그런데 그에게는 직급만 복직시켜 주어, 그가 불평을 하는 것은 당연했다. 그리고 반정에 참가했으나 공신이 못된 자들도 있어 공신책록에 대하여 불평불만이 많았다. 그들 중에는 내금위 군관인 손유와 이찬 등이 있었다.

"어떤 놈들은 좋겠다. 공신이 되어 연산군이 데리고 놀던 기생년들을 데리고 흥청거리고 놀아서. 그 삼공신놈들은 제명에 죽지 못할 거야."

이들은 술좌석만 같이 하면 박원종 등 삼공신을 욕해대기 시작했다.

이들의 말에 유심히 귀를 기울이는 사람이 있었다. 그는 노영손(盧永孫)으로 서얼(庶孼)의 자손이였으나 아주 영리했다.

노영손이 불평하는 자들을 자세히 보니, 그 중에 이과도 끼어 있었다. 순간 노영손은 열기가 치솟았다. 전에 술을 먹고 추태를 부리다가 이과에게 여러 사람 앞에서 치욕을 당한 적이 있었기 때문이다.

노영손은 이를 항상 가슴에 담고 있었다. 이과가 귀양을 가자, 시원하다고 생각했다. 노영손은 이때 내금위 갑사로 있었다. 그런데 이과가 손유와 이찬과 같이 어울려 다니는 것을 보았다. 노영손은 이과를 계속 밀착하여 약점을 캐기 시작했다. 그리고 그가 성종의 일곱째 아들인 견성군(甄城君)과 같이 술을 하는 것을 보고 밀고를 했다.

"중종이 아버지 성종의 능침에 성묘를 가려고 할 때, 대사성 이과와 내금위 군졸들이 주상을 시해하려고 한다."

노영손은 승정원에 이렇게 밀고했다. 그리고 거사 날짜까지 말하는 것이었다.

승정원 승지들은 내금위 갑사와 군관들이 거사를 모의했다면 주상을 시해할 수 있다고 생각했다. 그들은 이를 중종에게 보고하여 역모사건으로 다스리게 했다.

그러자 국청을 설치하여 그들의 노비 등 주위 사람들을 매질하여 허위자백을 받아내어, 옥사를 크게 일으켜서 이과와 손유와 이찬도 고문에 못이겨 견성군을 왕으로 추대하고 했다는 자백을 받아냈다. 그리고 견성군도 잡혀왔다. 중종은 견성군의 성격을 잘 알고 있었다. 모사를 꾸밀 위인이 아니었다. 손유와 이찬은 모른다고 했다. 그러나 박원종, 유순정, 유순 등은 견성군도 처형해야 한다고 강력하게 주장했지만, 중종이 이를 받아들이지 않았다. 이과, 손유, 이찬은 능지처참이 되었고, 견성군은 처음에는 귀양을 가게 되었으나, 나중에 삼공신의 주청으로 사사되었다. 이로 인하여 노영손은 공신칭호가 내려졌고, 박원종, 유순정 등은 다시 공신이 되었다.

이들의 죄는 난언죄(亂言罪)에 해당되었다. 그런데도 박원종과 유순 등 공신들은 이를 역모사건으로 몰고간 것이었다.

그리고 박원종은 공신책록과 관련하여 유자광에게 속은 것이 분했다. 반정에 성공하여 박원종이 공신목록을 책정할 때였다.

"저는 나이가 많아 공신에 참여하고 싶은 생각이 없습니다. 대신 저의 아들을 넣어주십시오."

이렇게 하여 그의 아들 유방(柳房)이 공신 명단에 올랐다. 공신 명단이 거의 확정이 되어가자, 유자광이 다시 박원종에게 간청을 했다.

"저도 이번 거사에 가담하여 어떻게 보면 공을 세웠다고 할 수 있습니다. 그런데 성희안 대감의 매부 신수린(申壽麟)은 반정에 전혀 참여하지도 않았는데, 성 대감이 그의 어머니가 하도 생떼를 써서 공신록에 올랐다고 합니다. 그렇다면 저도 공신 명단에 들게 해주십시오."

듣고 보니 유자광의 말도 맞았다. 그래서 유자광도 공신이 되어 부자간에 공신이 된 것이다. 이를 보고 사람들은 공신 책록이 잘못되었다고 시비를 걸었다. 그렇지만 박원종 등 삼공신은 무슨 일에도 하자는 있다고 하여 간신히 무마되었지만 여전히 불씨는 남아 뒷날 문제가 된다.

성희안의 누이는 공신 목록을 작성한다고 하자 동생을 찾아갔다.

"동생, 공신이 되면 자자손손 잘 먹고 살게 된다는데, 우리 신 서방도 공신 목록에 좀 넣어 주게."

"매부가 이번 거사에 공이 있어야 넣어 주지요. 만약 이를 넣어 주었다가는 저는 다른 사람들에게 약점을 잡혀 위험에 빠져요. 그런 일은 아예 꿈도 꾸지 말아요."

성희안이 정색을 하자, 그의 누이는 더 이상 말도 못하고 돌아갔.

그러나 그녀는 여전히 공신이 탐이 났다. 그래서 친정 어머니를 찾아가 부탁을 했다. 처음에는 거절했다가 하도 강하게 나오는 바람에 그녀의 어머니도 굴복하고 말았다. 그래서 성희안에게 얘기를 꺼냈다. 성희안은 자기 누이에게 했던 것처럼 이를 반복했다. 그러자 어머니는 곡기를 끊으면서까지 간청했다. 성희안도 어찌 할 수가 없어서 박원종과 상의하여 4등 공신에 끼어 넣어 어마어마한 은전을 받게 된 것이다.

그런데 신수린이 입을 다물고 조용히 있었으면 좋았을 터인데, 이를 자랑스럽게 친구들에게 주책없이 얘기했다. 그러자 친구들은 그를 멸시하여 입방아를 찧어대기 시작했다. 신수린은 성희안의 어머니가 화를 내고 들어누어서 공신이 되었다고 해서, 노와공신(怒臥功臣)이라는 별명이 붙어 다녔던 것이다.

박원종은 유자광이 성희안의 약점을 잡고 물고 늘어지는 바람에, 어쩔 방법이 없어 넘어갔지만 나중에 생각하니 괘씸했다. 그리고 유자광이 공신이 되었으니 무슨 음모를 꾸밀지 몰랐다. 유자광은 심성이 악독해서 처음부터 싹을 자르는 게 상책이라고 생각했다. 그래서 측근들을 모았다.

"우리는 앞으로 유자광 대감을 조심해야 합니다. 유 대감은 일등 공신에 올랐지만, 언제 무슨 계략을 꾸며 우리를 모함할지 모르는 위인입니다. 이시애난을 평정한 죄없는 남이장군을 역모로 몰아 죽였고, 무오사화를 일으켜서 김종직 대감을 죽인 간악한 사람입니다."

"알았습니다. 우리도 조심하겠습니다. 유자광은 늙은 귀신입니다. 나이가 들어서 이제는 쓸모가 없습니다."

박원종이 승지 등 젊은 관원들에게 이런 말을 하자, 그들도 이를 받아들였다.

유자광이 도총관(都摠管)으로 입직을 서게 되었다. 입직을 서고 일어나서 식사를 하고 더워서 부채를 폈다. 그런데 부채에 이상한 글자가 보였다.

"아니, 누가 내 부채에 이런 글자를 써놓았지."

"아니, 왜 그러세요. 대감."

유자광의 말에, 같이 식사를 했던 관원이 물었다.

"이것 좀 보게."

"어디요."

그도 같이 보았다.

위망입지(危亡立至) 즉 위험하고 망하는 일이 곧 닥쳐온다.

"아니, 그러면 주상에게 그런 일이 다가온다는 말씀이 아닌가요?"

"나는 모르는 일이요."

젊은 관원의 말에, 유자광은 난처한 표정을 지었다.

"유 대감님은 정말 나빠요. 젊어서는 남이 장군을 모함하여 죽였고, 연산조에서는 무오사화를 일으켜 김종직 대감을 죽이더니, 이제는 뭐가 부족해서 주상까지 비방하시는 겁니까?"

"아니야. 내가 그럴 리가 있나. 나를 믿어 주게."

유자광은 펄쩍 뛰었다.

"나는 이것을 가지고 대감을 탄핵하겠어요."

"그것은 모함이야. 그러면 안되지. 그 부채를 이리 주게."

"그건 곤란합니다. 저희 큰 아버지도 무오사화 때 화를 입었걸랑요."

"……"

그의 말에 유자광은 할 말을 잊었다.

그러자 유자광은 선수를 쳤다. 중종을 찾아가 관직을 사퇴하고 고향으로 내려간다고 한 것이다. 그러나 중종은 이를 허락하지 않았다. 그래서 유자광의 부채를 손에 넣은 관원은 이를 보관하고 기회만 엿보고 있었다.

그리고 이때 고성현령 안극종과 창녕현감 심광종이 폭력을 행사한다고 사헌부 간원의 탄핵에 의하여 파면을 당했는데, 유자광은 이것이 부당하다고 상소를 올렸다. 이때 양사 간관들이 유자광이 부채에 위망입지라는 글자를 써놓고 주상과 다른 사람들이 잘못되기를 빈다고 상소를 올렸다. 그러자 중종은 유자광을 귀양보내라고 명한다. 유자광은 귀양가서 눈이 멀고 나서 2년 후에 죽었다.

그리고 어떤 절에서는 선비들이 와서 무예를 닦는 것을 보고 반역의 무리라고 무고했고, 심지어는 서당에 다니는 아이들이 병정놀이를 하는 것을 보고 반역을 한다고 무고하기도 했다.

이처럼 무고가 많이 일어나는 것은 만백성들의 심성이 바르지 못한 것으로 판단한 중종은 이에 대한 대책을 강구하라고 어명을 내리자, 신하들은 대책을 적어 올렸다.

중종은 이를 신하들과 검토하여 어명을 내렸다. 그러자 양사(兩司)에서는 남을 무고하는 자는 엄벌에 처한다는 어명으로 된 방을 붙이자, 무고하는 일이 한동안 사라졌다.

이때 박영문은 공조판서로 있었다. 중종반정 때 공은 있었지만 뇌물을 바치지 않아 공신이 되지 못한 사람들로부터 상당한 불평이 터져 나왔다. 박영문이 공정하게 심사를 했다면 자기도 공신이 되어 여자와 수많은 땅을 하사 받아 편안하게 잘살 텐데, 목숨을 걸고 반정에 참가하여 공을 세우고도 봉록을 못 받았으니 분통이 터지는 것은 당연한 일이었다. 이런 관원들의 뜻을 종합한, 대사헌 박열(朴悅)과 대사간 성세정(成世貞)이 주동이 되어 탄핵하자, 박영문은 공조판서에서 물러나 한직으로 밀려나가게 되었다. 이때는 박원종이 강력하게 변명을 해주어 박영문은 화를 당하지 않고 잘 넘어갔다.

그 후에 박원종은 주색으로 인하여 병석에 누워 있어서 등청하지 않는 날이 많았다. 나중에는 결국 박원종도 영의정을 사직하고 집에서 쉬게 된다. 그러자 영의정은 좌의정인 김수동이 이어받게 된다.

그리고 이때 삼포(三浦)에서 일본 노비들이 반란을 일으킨다. 삼포란 동래의 부산포, 웅천의 제포, 울산의 염포를 말한다. 이곳은 세종 시대에 부산포에는 350명, 제포에 1500명, 염포에 120명이 살았다고 한다. 그런데 중종 때에는 인구가 늘어서 세 곳을 합쳐서 근 4,5천 명이 되었다. 이들은 세종조에 세력이 약했을 적에는 숨을 죽이고 가만히 있다가 세력이 커지자, 자기들을 귀찮게 하는 관리들을 살해했다. 그리고 중종반정이 일어나자, 자기들의 요구사항을 조정에 강력하게 건의했다. 그러나 이 요구사항이 받아들여지지 않자, 5월 4일 이들은 폭동을 일으켜 제포와 부산포가 함락되고 많은 백성들이 살해되었다고 5월 8일 장계가 올라온 것이다.

그래서 조정에서는 유담년(柳耼年)을 경상우도 방어사로, 황형(黃衡)을 경상좌도 방어사로 임명하여 약간의 군사를 거느리고 출병케 했고, 다음 날 박영문에게는 도순찰사를 삼아 출전케 했다. 다음에 군사를 총괄하는 최고 관직인 도체찰사(都體察使)를 누구로 삼느냐는 것이었다.

중종은 유순정이 적임자라는 말을 들어서 그에게 그 직책을 임명했다.

"도체찰사라는 직은 지혜가 많고 판단이 빠른 사람이 해야 합니다. 신보다는 우의정 창산군(昌山君) 성희안 대감이 적격이라고 봅니다."

유순정은 어명을 거절하지는 못하고, 이를 성희안에게 떠넘겼다.

"아닙니다. 저보다는 청천군(菁川君) 유순정 대감이 군사에 대하여 잘 알고 있어, 그가 적임자라고 생각합니다."

이렇게 성희안도 유순정을 걸고 넘어졌다.

"그만하시오. 우리 그러면 박 대감에게 가서 상의해 봅시다."

"황공하옵니다."

중종은 이렇게 말하고 어가를 박원종의 집으로 향했다.

병석에 누어 있던 박원종은 간신히 일어나서 앉았다.

"평성군(平城君), 빨리 일어나 짐을 도와주시오."

"죄송합니다. 신은 오래 살 것 같지 않아서 주상전하에게 큰 죄를 지었습니다. 신을 용서하십시오."

중종이 박원종의 손을 잡으면서 말하자, 박원종은 눈물을 흘렸다. 박원종의 공신 군호는 평성군이었다.

"아니오. 짐이 평성군이나 창산군이나 청천군에게 병을 준 것 같소. 연산군에게서 넘어온 홍청들을 수백 명씩 주었으니, 그 많은 여자들을 한사람이 어찌 감당하겠소. 짐이 실수를 하여 평성군을 제명에 죽지 못하게 한 것 같소. 미안하오."

"저도 여색 때문에 병을 얻은 것을 잘 알고 있었습니다. 제가 여색을 멀리 했어야 했는데, 미련하여 그것이 잘 안됐습니다. 주상의 잘못은 하나도 없사옵니다. 주상의 성은에 너무 감사하고 있습니다."

"그 때는 짐도 나이도 어리고 경륜이 없어서 사리 판단이 어두웠소. 여기 계신 삼공신에게는 무엇이라도 다 주고 싶었소. 심지어는 내 살까지 베어주고 싶은 심정이었소."

"성은이 망극하옵니다."

중종의 말에 세 사람 모두 눈물을 흘렸다.

"그런데 창산군이나 청천군은 이번 삼포왜란(三浦倭亂)에 싸우러 가기 싫은 모양입니다."

중종이 서로 책임을 전가한 것을 두고 얘기했다. 그러자 유순정과 성희안은 고개를 들지 못했다.

"그렇다면 두 분 다 보내십시오."

"둘 다 보내라니요?"

"청천군을 도원수로 삼고, 창산군을 도체찰사로 삼으시옵소서."

"그거 참 좋은 생각이오. 두 분 들으셨소?"

박원종의 말에 중종은 두 사람을 보고 말했다.

"죽을 죄를 지었습니다. 신들에게 벌을 내려주시옵소서."

"됐소. 어서 일어나 앉으시오."

중종은 두 사람을 다독거렸다.

중종과 유순정과 성희안은 박원종이 어서 빨리 쾌차하기를 빌었다.

그리고 며칠 후에 그들 두 사람은 왜란이 일어난 남쪽으로 떠났다.

그러나 박원종은 그 해 4월 중순에 죽고 말았다. 종종은 너무나 슬퍼했다. 그래서 3일 간 정사를 보지 않고 박원종의 명복을 빌었다.

삼포왜란은 5월 말에 정벌하여 종료되었다.

그 이후로 중종은 신하들의 의견을 수렴하여 독서당을 설치하고, 충효사상을 고취시키기 위하여 『오륜행실도』와 『여씨향약』을 간행했고, 심성을 바르게 하는 책인 『소학(小學)』을 읽게 하고, 권선문을 지어 권선징악 사상을 고취시켰다. 또 효자, 효부나 열녀를 전국에서 찾아 포상하자, 사람들의 마음이 순하고 선량해지기 시작했다. 또 굶는 사람들을 위하여 동쪽과 서쪽에 진휼청(賑恤廳)을 설립하자, 사람들은 죽는 것을 면하게 되었다며 중종의 덕을 칭송했다.

그리고 중종 7년 7월 영의정인 김수동이 56세로 죽었다. 다음에는 유순정이 영의정이 되자, 그도 2개월 만에 풍이 와서 죽고 말았다.

이때 세상에는 이상한 소문이 돌았다.

"영의정 집무실에는 귀신이 붙어서, 영의정이 되면 5, 6개월을 넘기지 못하고 죽는다."

이런 소문에 성희안은 겁이 났다. 다음에는 자기 차례였기 때문이다.

"창산군을 영의정으로 삼고 싶소."

"저는 다음에 하겠습니다."

중종의 의사 타진에 성희안은 싫다고 말했다.

"아니 왜 그러시오. 서로 영의정을 하려고 하는 판에 무엇 때문에 사양하는 것이오?"

"전하, 지금 도성에는 이상한 소문이 돌고 있습니다. 영의정 집무실에는 귀신이 붙어서 영의정이 되면 5, 6개월을 못 넘기고 죽는다 하옵니다."

"음 그렇소. 그럼 안 되지요. 그러면 도사나 고승을 불러 제사를 지내야겠군요."

중종은 이렇게 말하고 고승과 도사를 모셔다가 제를 올리게 했고, 무당을 데려다가 굿을 했다. 그리고 나서 성희안은 중종 8년(1513년) 4월에 영의정에 올랐다. 그러나 그도 삼 개월 만인 7월에 죽고 말았다.

중종은 무서워서 몸을 떨었다.

"이러다가는 나를 보필한 원훈대신들이 모두 다 죽는 것이 아닌지 모르겠네."

그는 통탄하며 슬픔을 금치 못했다.

성희안이 죽고 나자, 의정부 관노(官奴)로 있는 정막개(鄭莫介)는 깊은 생각에 잠겼다. 그는 의정부의 관노로 있으면서 정치 돌아가는 판을 어렴풋이 알게 되었다. 그는 박영문 대감에 대하여 조정의 많은 신하들이 커다란 불만을 품고 있다는 것을 알고 있었다. 박영문은 욕심이 많았고, 또한 전번에 대사헌과 대사간으로부터 탄핵을 당하여 한직으로 있다가 삼포왜란 때에 공을 세우고 돌아왔지만 여전히 찬밥 신세였다.

이때 박영문이 자주 찾아갈 사람이라곤 친구인 신윤무 밖에 없었다. 이때 신윤무도 병조판서를 재내다가 건강이 좋지 않아 집에서 쉬고 있었다.

정막개는 박영문의 뒤를 집중적으로 캐기 시작했다. 박영문은 문신들이 미웠다. 평소에는 참다가도 술이 한잔 들어가면 가슴에 쌓였던 울화가 폭발하는 것이었다.

"좌의정 송일, 전에 나를 탄핵한 대사헌 박열, 대사간 성세정 이놈들, 네 놈들은 제명에 죽지 못할 것이다."

이 말이 꼭 나오는 것이었다. 그리고 어느 날 박영문이 신윤무의 집에서 나오는 것을 보고 정막개는 밀고할 것을 결심했다. 그런데 겁이 났다. 무고가 될 수 있기 때문이다. 그날 밤 꿈에 자기가 결박당하여 수레에 실려서 형장으로 가는데 수레가 준마로 변하여 자기가 준마를 타고 있는 꿈을 꾸었다.

3. 비빈(妃嬪)들의 질투 89

이 꿈을 해몽가에게 부탁했더니 길몽이라는 것이었다.

"박영문과 신윤무가 역모를 꾸민다."

정막개는 승정원에 밀고 했다.

이를 보고 받은 도승지 이사균(李思鈞)은 이를 중종에게 보고했다. 중종은 깜짝 놀랐다. 그들이 불평불만은 있을지는 모르지만 역모를 꾸밀 이유가 없었던 것이다.

중종은 이것이 무고 같아서 직접 추국을 하려고 했으나, 좌의정 송일이 이를 만류했다.

"고변한 자를 보호해야 합니다. 만약 이를 보호하지 않는다면 누가 고변하겠습니까? 그러다가 진짜 반역이 일어날지도 모르는 일이옵니다."

"그래도 무고로 인하여 없는 죄를 뒤집어쓰면 당사자와 자손들은 억울하지 않는가? 심하게 다루지 마시오."

"옳으신 분부이십니다. 그러면 우선 제가 박영문이나 신윤무의 노복을 문초하겠습니다. 그래서 이들이 실토하면 형을 가하겠습니다."

"그렇게 하시오."

이렇게 말하고 중종은 추국장에서 나왔다. 송일은 박영문의 여복에게 매질을 했다.

"박영문과 신윤무가 역모를 꾸민다는 말을 들었지."

"제가 그것을 어찌 압니까?"

"이런 고얀 년이 있나. 곤장을 매우 쳐라."

그러자 그녀는 매에 견디지 못하여 역모를 꾸몄다고 허위자백을 했다. 이로 인하여 박영문과 신윤무는 능지처참되고 그의 아들들은 교살되고 처자식들도 종이 되고 집은 적몰되었다. 그리고 성종의 열셋째 아들인 영산군(寧山君)이 역모에 가담했다고 하여 나중에 사사되었다.

이로 인하여 정막개는 관노에서 정 3품 상호군이 되었다. 박영문의 집과 땅 등 재물은 정막개에게 하사되었다. 정막개는 꿈에 박영문이 나타나 저주하여 밤에 잠을 잘 수가 없었다. 그의 얼굴은 하루가 다르게 수척해졌다. 그리고 집은 사복시 근처 냇가에 있었는데, 동네 아이들이 나타나 돌과 기와장을 던지면서 욕을 했다.

"종놈 막개야. 너는 네가 출세하여 잘살려고 죄없는 사람을 고변하여 잘 먹고 잘사는구나, 그 관복이 가소롭다. 이 악질 놈아."

정막개는 이렇게 놀리는 애들을 피해 다니느라고 집에 가기가 싫었다. 그러다가 발작이 일어나 밥을 먹지 못하여, 결국을 막대처럼 말라 죽었다. 이는 그가 양심의 가책을 받아 죽은 것이었다. 중종은 이 소식을 듣고 눈물을 흘렸다.

"죄 없이 죽은 이과와 박영문과 박경이 불쌍하구나. 저들은 구천에서 짐을 얼마나 저주할까. 나의 자손들도 피눈물을 흘리는 일을 당하겠구나."

중종은 그들의 명복을 빌고, 다음부터는 다시 그런 일이 일어나지 않도록 하겠다고 다짐했다.

중종은 폐출된 조강지처 신씨부인을 생각하여, 중전 윤씨와 후궁들이 세 명이나 있었지만 가까이 하고 싶은 생각이 없었다. 그래서 신씨가 폐출되고 3년 간을 금욕했다. 한창 젊은 나이에 이는 대단한 의지력이었다. 3년이 지나고 나서부터 대비가 간청하는 바람에 마음에 문을 열고 다시 여자를 가까이 하기 시작했다. 그러자 자손들이 태어나기 시작했다.

중종이 22세인 중종 4년 9월 15일에 숙의 박씨가 첫아들인 복성군(福城君) 미(嵋)를 낳았다. 그러자 중종은 숙의 박씨에게 경빈 박씨로 직첩을 올려주었다. 숙의는 종 2품이나 빈은 정 1품이었다.

그리고 다음해에 중전 윤씨와 숙의 홍씨가 임신을 했다. 자순대비와 중종은 이들이 아들을 순산하기를 기원했다. 중종 6년 신미(辛未)년(1511) 6

월 15일에 숙의 홍씨가 해안군(海安君)을 낳자, 희빈 홍씨로 봉했다. 경빈 박씨는 이를 질투했다.

"희빈도 아들을 낳았으니 중전도 왕자를 생산해야지요."

"글쎄, 낳아 봐야지요. 그게 마음대로 돼야지요."

"하기는 그렇지요."

"중전은 마음씨가 고와서 틀림없이 왕자를 낳을 것입니다."

"감사합니다."

중종과 대비는 중전에게 건 기대는 컸다.

그러나 6월 29일에 중전은 공주를 낳고 말았다. 자순대비와 중종과 중전은 서운함을 금치 못했다. 중종과 자순대비는 중전 장경왕후(章敬王后)를 방문하여 위로해 주었다.

"걱정하지 마시오. 다음에 대군을 낳으면 될 것이오."

"면목이 없습니다. 후궁들은 아들을 낳았는데, 저는 후사를 이을 대군을 낳지 못해서 죄송합니다. 열성조에게 죄를 지은 것 같습니다."

"산후 조리나 잘하시오."

"성은이 망극합니다."

중전 장경왕후는 눈물을 보였다.

중종과 자순대비는 그녀를 위로했다.

그러나 경빈 박씨와 희빈 홍씨는 고소하다고 생각했다.

그리고 중종 7년(1512)에 경빈 박씨는 혜순옹주을 낳았다. 희빈 홍씨는 좋아했다. 그리고 중종 8년(1513)에는 희빈 홍씨가 금원군(錦原君)을 낳았다. 그러자 종종은 희빈 홍씨를 자랑스럽게 여겼다. 자기 아들을 둘씩이나 낳아 주었기 때문이다. 그러나 중전 윤씨는 매우 불안에 떨었다. 그렇지만 그녀는 경빈이나 희빈처럼 질투는 하지 않았다.

중종 9년 10월에 숙의 나씨가 해산을 하다가 죽었다. 경빈 박씨가 이를 도와주면 살 수가 있었는데 이를 방치하여 죽은 것이다. 그런데도 경빈 박씨는 아무런 처벌도 받지 않았던 것이다. 숙의 나씨가 죽자, 경빈 박씨와 희빈 홍씨는 좋아 했다. 그리고 한 달 후에 경빈 박씨도 혜정옹주를 낳았다. 그러자 희빈 홍씨가 좋아 했다.

장경왕후는 불안하고 속이 너무 답답했다. 그러나 그녀는 몸이 허약했다. 그래서 중종은 내의원 어의에게 탕약을 지어 올리라고 했다. 그래서 그런지 장경왕후는 다음 해에 임신하여 중종 10년(1515) 2월 25일 세자인 인종(仁宗)을 낳고, 7일 후인 3월 2일에 세상을 떠난 것이었다.

그러자 조정에서는 국상을 선포하고 왕비의 죽음을 슬퍼하였다. 중종은 아들을 낳다가 먼저 간 중전을 생각하여 3년 간 후궁들의 방을 찾지 않았다. 대단한 절제력을 가진 성군이었다. 중종은 박원종과 성희안과 유순정의 생각이 나서 주색을 삼가한 것이다.

4. 사랑을 위한 전쟁

중종의 정비인 장경왕후가 세상을 떠나고 몇 달이 지난 1515년 7월 경, 파평(坡平) 윤씨(尹氏) 시조 윤신달(尹莘達)로부터 19세인 윤지임(尹之任)은 둘째 증조할아버지 사윤(士昀)의 제사를 지내기 위하여 대문을 나섰다. 그의 첫째 증조 할아버지는 사분(士盼)이고, 둘째가 사윤, 셋째가 직계 증조부 사흔(士昕)이었으며, 넷째인 막내 증조할머니가 세조비인 정희왕후(貞熹王后)였다. 사윤은 현재 부원군 윤여필(尹汝弼) 대감의 직계 조부였다. 사윤의 자손들은 자식이 늦어, 사윤은 여필의 조부였지만, 지임의 직계는 자손이 빨라 사흔이 증조부였던 것이다. 그래서 여필은 지임에게 재당숙이 된다.

윤지임은 몇 년 전에 본처가 사망하여, 탈상을 하고 나서 지금은 측실 집에서 기거하고 있었다. 제사는 종손의 집에서 지내기 때문에 종손인 윤여필의 집으로 가기 전에 본가로 들려서 자기 아들과 딸을 데리러 가고 있는 것이다. 그는 서둘러서 발걸음을 재촉했다. 원래 사대부가에서는 제사를 사대봉제사로 고조까지 지내는데 자기 자식들은 5대가 되어 제사에 참예하지 않아도 되었지만 그곳에 가면 부원군 윤여필 대감과 일가를 만날 수가 있어서 자기 자식들의 장래를 위하여 자존심이 상했지만 자식들을 데리러 본가로 가고 있는 것이다.

　이때 본가에서는 지임의 막내 딸 원향이는 아버지가 오시기를 기다리고 있었다. 원향 뿐만 아니라, 그의 오빠들과 동생도 마찬가지였다. 그녀는 금년에 나이가 15세였다. 그리고 아버지와 어머니는 동갑으로 금년 41세였다. 그런데 그녀가 11살 때 어머니가 돌아가시고 난 후, 그녀는 집에서 여자가 갖추어야 할 부도(婦道)를 배우면서, 서책을 가까이 하고 있었다. 그녀는 자기 머리가 오빠들보다 더 좋다고 생각했다. 자기는 서책을 보면 즉시 뜻을 깨우치고 외우는데 오빠들은 그것이 잘 안되었다. 오빠들이 들으면 서운하겠지만, 자기 학문 실력은 오빠들만큼이나 아니 그 이상이 된다고 생각했다. 아버지는 어머니가 돌아가시고 나서 측실을 얻고 나서, 측실 집에서 머물 때가 많았다. 그러나 명절이나 제사 때에는 일가들이 제일 먼저 큰 종가댁 제사를 지내고 나중에 장손인 자기 집에 들려 제사를 지냈던 것이다.

　원향은 이 세상에서 5대조 할아버지인 정정공(貞靖公) 윤번(尹璠) 할아버지 자손만큼 번창하고 잘 풀린 집안도 드물다고 생각했다.

　파평 윤씨 13세인 윤척(尹陟)은 고려 말 홍건적을 격퇴한 공으로 영평군이라는 군호를 받는다. 그에게는 아들 다섯이 있었는데, 그중에서 셋째 승순(承順)과 다섯째 승례(承禮)가 가장 출세를 했고 자손도 번창했다.

　14세인 승순의 장남 곤(坤)은 소정공(昭靖公)으로 불리는 인물로, 제 2차 왕자의 난 때 태종을 도와 3등 공신이 되었다. 15세인 곤(坤)은 아들 여섯이 있었는데, 첫째는 희이(希夷) 둘째는 희제(希齊), 셋째는 삼산(三山)이었다. 16세인 희제의 첫째 아들은 경(坰)으로, 그에게는 영의정을 지낸 필상(弼商)이 있었고, 둘째 아들 은(垠)의 장남은 사로(師路)이다. 사로는 세종의 부마로 부인은 정현옹주이다. 그러므로 사로와 세조는 어머니는 다르지만 처남과 매부가 된다. 이로 인하여 사로는 한명회 신숙주와 같이 세조를 도와 사육신을 다스린 공으로 좌익(佐翼) 1등 공신이 된다. 그리고 소정공의 셋째 아들 삼산(三山)의 셋째 아들 호(壕)는 두 아들과 딸이 하나 있었다. 그 첫째 아들은 은노(殷老), 둘째 아들은 탕노(湯老), 그리고 딸이 성종비인 정현왕후였다. 은(垠)과 호(壕)는 사촌이므로 정현왕후와 사로는 육촌이 된다. 그리고 사로는 첫째 아들 반(磻)의 부인에 한명회의 딸을 며느리로 받아들이고, 둘째 아들 린(磷)의 딸은 중종반정을 일으킨 박원종과 결혼을 하게 된다. 그리고 박원종의 넷째 여동생은 판도공(版圖公)의 자손인 윤여필의 부인이 되고, 여섯째 여동생은 예종의 2남인 제안대군의 부인이 된다. 이렇게 소정공과 판도공 자손들은 다른 명문거족과의 결혼으로 인척관계를 맺고 있었다.

그리고 14세인 승례는 판도공이라 불리는 인물로 그에게는 4남이 있었다. 고려시대 중에서 원(元)나라의 영향을 받던 시절에는 호조(戶曹)를 판도(版圖)라고 불렀다. 승례는 판도판서를 지내서 통상 판도공이라고 불렀다. 그의 아들 중에서 넷째 아들이 번이었다. 파평 윤씨 15세인 정정공 번(璠)은 세조의 장인으로 아들 세 명을 두었다. 첫째가 사분(士盼), 둘째가 사윤, 셋째가 사흔이었으며, 막내딸은 세조비인 정희왕후가 되어, 이들 삼형제는 세조와 처남 매부가 된다. 그래서 당연히 세조의 어려운 일을 발벗고 나선다. 그 중에서 둘째 오빠 사윤은 단종을 척출한 공으로 정난 2등 공신이 되었고, 성삼문 등 사육신을 제거하여 좌익 3등 공신으로 책정되어 많은 토지를 받아 출세도 하고 윤택하게 살았다. 사윤의 장남은 우보(于甫)였고 그의 장남이 여필로 그의 딸이 얼마 전에 타계한 장경왕후이다. 여필은 할아버지 사윤의 집과 땅을 그대로 물려받아 먹고 사는데에는 여유가 있었다. 여필의 장남이 뒷날 대윤(大尹)의 중심 인물인 윤임(尹任)이다. 그리고 번의 셋째 아들 사흔은 성종 즉위를 보좌한 공으로 좌리(佐理) 2등 공신이 된다. 사흔에게는 두 아들이 있었는데 첫째는 숙겸(叔謙)

으로 출세에 연연하지 않다가 자손 없이 일찍 죽었고, 둘째 아들 계겸(繼謙)은 남이의 옥사를 다스린 공으로 익대(翊戴) 3등 공신, 그리고 성종을 옹립한 공으로 아버지 사흔과 같이 좌리 3등 공신이 된다. 계겸의 첫째 아들은 욱(頊)으로 내자시 판관을 지내다가 1485년에 죽었고, 둘째는 선(瑄)으로 사과(司果)를 지냈고, 셋째는 임(琳)으로 진사에 합격하여 사의(司義)를 지내다가 1528년에 죽는다. 욱(頊)의 외아들이 지임이다. 지임은 을미년(1475) 생으로 열한 살 때, 아버지가 돌아가시고 어머니 정씨 밑에서 18세에 동갑나기인 이씨를 부인으로 얻었다.

지임은 할아버지 사흔이 살던 집을 그대로 물려받았고 토지도 많아서 먹고 사는데에는 아무런 지장이 없었다. 그는 출세를 하고 싶은 욕심이 없었다. 편안하게 살면서 자식들이 잘되기를 바라는 것뿐이었다.

지임에게는 5남 2녀가 있었다. 첫째 아들이 원개(元凱)로 1493년생으로 금년 나이가 23세로 부인 이씨와 결혼하여 본가에서 살고 있었고, 둘째 아들 원량(元亮)은 1495년생으로 21세로 장씨와 결혼하여 장남과 같이 본가에 살고 있었고, 셋째 원필(元弼)은 1496년 생으로 금년 20세로 장가를 갈 나이가 되어 혼처를 구하고 있고, 다음이 장녀 원옥(元玉)은 1499년생으로 17세로 작년에 정식(鄭式)이라는 한미한 선비집으로 시집을 갔다. 다음이 넷째 아들로 원로(元老)는 1499년생으로 18세로 학당에 다니고 있었고, 차녀 원향(元香)은 15세로 매우 영리하여 집에서 열심히 책을 읽고 있고, 막내가 아들로 원형(元衡)인데 열세 살로 서당에 다니고 있었다.

지임은 서둘러서 본가로 향했다. 막내 딸 원향이가 보고 싶어서였다. 그 애는 재치가 있었고 총명했고 배포도 있었다. 원향이 태어날 때 방안에서는 향기가 났다고 한다. 그래서 이름자에 향자를 넣어 지었다. 장안에서 유명한 점술가가 그 애 사주를 보고 사내로 태어났으면 기가 막히게 좋으나 여자로서는 팔자가 기구할 수 있는 여걸 사주라고 한 것이다. 이 사주의 주인공 원향이 후에 중종의 계비인 문정왕후(文定王后)이다.

　장남 차남 3남은 심성이 착하고 성실했지만 머리가 별로 좋지 않았고 욕심이 없었다. 그리고 자기를 닮아서 그런지 별로 학문에 노력을 하지 않는 편이었다. 그래서 과거를 보면 계속 낙방이어서, 아직까지 소과(小科)인 사마시(司馬試)도 합격하지 못했다. 그런데 4남 원로는 욕심도 많았고 노력도 했지만 머리가 따르지 않았고, 막내 원형은 머리도 좋고 재치도 있었지만 재는 것이 많았다. 자식들 중에서 가장 영리하고 재치도 있고 뱃짱 있는 애는 사내가 아닌 막내딸 원향이었다.

　"그 애가 사내로 태어났으면, 정승 판서를 지낼 터인데……"
　지임은 한 숨을 내쉬었다.
　"그것도 팔자인 것을 어찌 할 수가 없지. 나도 과거에 관심이 없지 않았던가."
　자기도 그 힘든 과거 공부를 한다고 생각하면 골머리가 아파왔던 것이다. 이를 생각하여 그는 아들에게 공부를 강요하지 않았다. 그래서 그런지 셋째 아들까지는 학문이 늘지가 않는 것이었다. 그러나 원로는 열심히 하여 아버지로부터 칭찬을 받곤 했다.

　그런데 원향이는 비록 여자지만 자기 이름 석자 정도는 쓸 줄 알아야 한다고 생각하여, 자기가 직접 천자문을 가르쳤는데, 사흘이 안 되서 그것을 다 암기하는 것이었다. 이때 원로에게 소학을 가르치는 데 옆에서 같이 가르쳤다. 원로는 이해를 하거나 암기가 늦었는데 동생인 원향은 이해도 빠르고 즉석에서 다 외우는 것이었다. 그럴 때 마다 아버지는 원향이를 칭찬했다. 그러자 원로는 하나밖에 없는 여동생 원향을 미워하고 일부러 골탕을 먹이려고 했다. 또한 원형이는 형들보다도 머리도 좋았고 노력도 많이 했다. 큰형 원개와 작은 형 원량이 가르쳐주기 때문이었다.

　지임은 부인 정씨를 사랑했다. 그렇지만 자식을 일곱을 낳고 돌림병으로 갑자기 죽고 말았다. 한창 나이에 혼자 살 수가 없어서, 그는 집을 사서 측실과 같이 살고 있는 것이다. 어느덧 측실에게서도 자식이 넷이나 되었다. 그러자 농사지은 곡식은 대부분 측실 집으로 가져가 본가에서는 생활하는데 상당히 곤란을 겪고 있었다. 그래서 정실 자식들은 측실 자식들을 미워하고 있었다. 이것이 지임의 가슴을 아프게 하고 있었다.

"그렇다고 한참 젊은 나이에 혼자 살 수는 없지 않은가."

그는 자기 현실을 정당화하려고 했다. 그 당시 풍속은 첩을 두는 것은 흉이 아니었다. 그리고 풍류를 안다고 하여 부러움의 대상이었던 것이다. 그래서 사대부치고 첩이 없는 사람이 거의 없었다. 그렇지만 지임은 본처 자식에게 미안한 생각이 들었다. 그러는 동안 어느새 본가 대문에 도달했다.

"김 서방, 김 서방."

지임이 안으로 소리치자, 하인이 나왔다.

"안녕하셨어요. 대감마님."

"그래 별일 없었느냐?"

"예."

대문을 열어주자, 지임의 묻는 말에 하인이 대답했다.

지임은 안으로 들어갔다. 아이들 여덟 명이 말타기 놀이를 하고 있었다. 지임은 이를 지켜보았다. 그 중에는 원향이도 끼어 있었다. 원향이와 원로와 원형이가 한 편이었고 다른 편은 동네 애들이었다. 원향이와 다른 편 아이가 가위바위보를 했다. 처음에는 같은 것을 내다가, 세 번째 원향이가 이겼다.

"와, 이겼다. 너희들 한번 당해봐라. 옆드려."

원향이가 이렇게 말을 하면서 맨 앞에 섰다. 그러자 반대편 아이들이 말타기를 위해 고개를 숙이고 줄을 섰다. 원향이는 같은 또래 여자들 보다는

4. 사랑을 위한 전쟁　99

사내들과 어울려서 말타기나 자치기 등을 하며 같이 놀았다. 여자들과 노는 것 보다는 사내들과 어울려 노는 것이 더 재미가 있었던 것이다.
　원향이가 말을 탈 준비를 했다. 그녀는 달려가 사내들 등 위에 올라탔다. 그리고 원로, 다음이 사촌 마지막에 원형이 올라탔다. 다시 가위바위보를 했다. 이번에도 원향이 이겼다. 다시 올라탔다. 가위바위보에서 원향이가 졌다.
　"에이, 바보."
　"그럼 오빠가 해봐. 오빠가 하면 계속 졌잖아. 그래서 나보고 하라고 해놓고서는, 내가 졌다고 그래 꿀밤은 왜 줘."
　원로가 준 꿀밤이 아팠던지 원향은 투덜거렸다.
　"아버지."
　원향은 아버지를 보고 달려왔다.
　"너는 말만한 처녀가 사내들과 같이 어울려서 말타기놀이를 하느냐?"
　"재미있잖아요."
　"그래도 시집을 갈 나이인데 신부 수업을 해야지."
　"그건 걱정하지 마세요. 밥짓고 빨래하는 것은 하인들이 알아서 할 것이고, 저는 시부모와 남편을 잘 섬기고 아이만 잘 낳으면 되지요."
　아버지의 말에 원향은 시원스럽게 대답했다. 처녀가 아이를 낳는다는 말을 서슴치 않았다.
　"너는 어떻게 말하는 것이 전과 조금도 변한 게 없느냐?"
　"그야 사는 이치가 뻔한 게 아니겠어요. 아버지."
　원향은 아버지의 팔을 잡으면서 웃었다. 그러는 지임은 더 이상 할 말이 없었다. 원향은 어느 누구에게도 말로서는 지지 않을 것이라고 믿었다.
　"하기는 그렇지. 나는 어린 네 말재주를 못 당하겠다. 들어가자."
　"예."

이때 원로와 원형이 다가와서 아버지에게 인사를 했다.
"안녕하셨어요."
"그래, 그간 잘 있었느냐?"
"예."
"공부는 열심히 했고."
"예."
원로가 대답했다.
"원로 오빠는 공부는 안하고 요새 장기를 두거나 춘화(春畵)를 보고 있대요."
"뭐라고?"
원향이 놀리는 소리로 말하자, 지임이 원로를 노려봤다.
"그게 사실이냐?"
"공부를 하다가 머리가 아프면 머리를 식히느라고 그랬어요."
원로가 머리를 긁적였다.
"너는 안되겠다. 매를 맞아야겠다. 매를 가지고 사랑 채로 들어오너라."
"예."
지임은 사랑방으로 들어가자, 큰아들과 둘째 셋째가 들어왔다.
"큰애야, 그리고 둘째야. 원로가 장기를 두고 춘화를 본다는데 그게 사실이냐?"
"장기를 오래 두기에 그러지 말라고 얘기는 했는데…… 춘화를 본다는 거는 전혀 모르겠는데요?"
"원형이는 아느냐?"
"저와 같이 장기는 두었지만 춘화가 뭐예요. 금시초문인데요."
아버지의 질문에 원개는 막내 원형에게 떠 넘겼다. 원형은 원로와 같이 이를 보았다. 그러나 원로가 '아버지나 형님이 춘화를 봤느냐고 물으면,

절대로 그런 일이 없다'고 하라는 말을 기억하여 거짓말을 한 것이었다.

"어떻게 된 거냐?"

"원형이는 잘 몰라요?"

아버지의 말에 원로가 대답했다.

"그래, 그 춘화는 어디에 있느냐?"

"친구에게 빌린 거예요. 벌써 갖다 주었어요."

아버지의 말에 원로가 대답했다.

"알았다. 부원군댁 제사에 갈 준비를 해라."

"저희들은 준비가 다 되었습니다."

지임의 말에 원개 등 삼형제가 대답했다.

부원군이란 윤여필을 말한다. 그는 지임의 재당숙으로 고조 할아버지나 고조 할머니 제사는 같이 지냈던 것이다. 그리고 윤여필이 중종반정에 성공하고 정국 공신이 된 이후는 친척들을 초대하여 생일잔치를 계속 베풀어 왔던 것이다. 윤여필은 사윤의 종손이고, 지임은 사혼의 종손이라 생일잔치에는 사분의 종손인 경인(慶仁)을 반드시 불렀던 것이다.

윤여필은 번의 자손 중에서는 제일 성격이 강직하고 불의와 타협하지 않았던 것이다. 그리고 윤여필은 증조부나 증조모 제사 때나 명절 때 등 언제 보더라도 지임은 때가 묻지 않은 점이 좋았다.

"원로와 원형이도 준비해라. 그래 원향이 너도 가겠느냐?"

"예, 저도 가겠습니다."

"그럼 준비를 해라."

"예."

그들은 사랑방을 나와 자기 방으로 갈 때였다.

"원향아, 너는 다른 것도 아니고 내가 춘화 본 것을 아버지에게 일러바치면 어떻게 하냐. 이 여우야?"

"오빠가 얄미우니까, 그렇지."

원로가 원향에게 꿀밤을 주었다. 원향을 머리가 아팠던지 얼굴을 찡그렸다.

"내가 왜 얄미워."

"자기가 잘못하고서는 딴 사람에게 떠넘기잖아."

"그래 그건 미안하다. 그리고 너는 희한하고 요물단지 같은 여자인 측천무후(則天武后)나 하희(夏姬) 얘기는 왜 그리 몇 번을 계속해서 보니."

"재미있으니까 그렇지."

"그게 뭐가 재미있니. 흉측하지. 그 하희라는 여자는 남자를 아홉 명을 잡아먹었고, 측천무후는 남첩 삼천 명을 두었다는 게 재미있어. 너도 그렇게 되고 싶냐. 쪼그만게 발랑 까져 가지고서는."

원로가 원향에게 다시 꿀밤을 주었다.

"그럼 오빠는 책도 읽지 못해."

원로의 말에 원향이 대들었다. 책이나 말로는 안될 것 같았다. 그래서 원로는 이야기 방향을 돌린다.

"너는 여자가 돼서 집에서 살림을 배워야지, 왜 그리 쏘다니는 것을 좋아하냐?"

"그럼 언니처럼 집안에 꼭 처박혀 있었으면 좋겠어. 집안 어른 생일잔치나 제사 때 참관하여 보고 배워야 제대로 신부 수업을 하는 것이 아니겠어요."

원로의 말에 원향이 되받았다. 원로는 원향이를 누를 수가 없었다.

"그리고 너는 음식을 만들 때, 왜 그리 많이 줏어 먹니? 먼젓번에 보니까 조기 세 마리를 너 혼자서 한꺼번에 다 먹더구나."

"그거야 음식을 만들다 보면 맛있는 고기나 생선을 먹을 수도 있지요. 나는 고기가 맛이 있는데, 뭘 먹는 걸 가지고 그래요."

"그것도 어느 정도껏이야지."

"오빠는 그렇게 꽁생원 같이 쪼잔하게 부엌일까지 신경을 써요. 아예 부엌 살림을 하시든지 고추를 떼시오, 떼요."

"하여튼 너는 입으로는 내가 못 당한다니까. 요개."

"아야."

원로가 말을 하자, 원향이가 되받았다. 다시 원로가 꿀밤을 세게 주자, 눈물이 핑돌았다.

원로와 원형은 같은 방으로 들어갔고, 원향은 뒷채로 올라갔다. 그들은 옷을 갈아입기 시작했다. 원향은 원로가 자기 약점을 잡고 물고 늘어지는데 기분이 상했다. 반찬을 만들 때 맛을 볼 정도로 조그만 집어 먹어야 하는데, 그녀는 맛이 있어 먹다보면 지나칠 때가 있어서 올케들이 핀잔을 주었다. 원향은 이를 고치려고 했지만 그것이 잘 안되었다. 자기 약점을 꼭 꼭 쑤시는 원로 오빠가 정말 미웠다. 이 때 원형의 목소리가 들렸다.

"누나, 다 됐어."

"응. 나갈게."

이어서 원향이 나왔다. 그들은 대문 쪽으로 걸어갔다. 이미 아버지와 형님들과 형수님들이 기다리고 있었다. 그들이 보이자, 하인들도 나와서 서성거리고 있었다. 한 하인이 대문을 열었다.

"잘 다녀오십시오."

"그래."

하인들이 인사를 하자, 지임은 대답하고 대문을 나섰다. 한참 후 그들은 윤여필의 집 대문에 들어서자, 하인들이 인사를 했다. 그들은 사랑채로 들어갔다. 그곳에는 이미 일가친척이 많이 와 있었다. 지임은 나이 많은 손위 항렬 어른들에게 아이들과 같이 큰절을 올렸다. 그리고 그 아래 아저씨뻘 되는 친척들에게도 모두 인사를 했다.

"안녕하셨어요. 부원군 대감."

"이게 누구야, 지임이 조카 아냐?"

지임이 절을 하자, 윤여필도 같이 맞절을 했다.

"예. 접니다. 그동안 안녕하셨지요."

"그럼. 덕분에 잘 있었지. 아이들도 같이 왔네."

여필은 지임의 말에 대답을 하면서, 아이들을 바라봤다.

"같이 절을 올려야지. 부원군 대감에게."

"예."

지임의 말에 그의 아들과 딸들이 함께 절을 했다. 여필은 장손이었지만 지임보다 겨우 9살 더 많았다.

"형님 안녕하셨어요."

"어어 임(任)이 아니냐."

윤임이 지임을 보고 인사를 했다. 그들은 8촌 사이였다.

"너희들도 인사를 해야지. 부원군 대감의 장자 아저씨이시다."

"예, 알고 있습니다. 절 받으십시오."

"절은 무슨 절. 그냥 앉게."

"그래도 절은 해야지."

지임의 말에 원개 이하 원향도 같이 절을 했다. 임도 맞절을 했다. 윤임은 금년 29세였다.

원개 원형 형제들은 자리에 앉았다.

"너는 참 예쁘게 생겼다. 이름이 뭐라고 했지. 자꾸 들어도 잊어먹는단 말야."

"원향이라고 하옵니다."

여필이 원향을 보고 묻자, 원향이 대답했다.

"금년 몇 살이라고 했지."

"열다섯입니다."

"원향이가 그렇게 학문을 잘한다고 했나."

"잘하기는요. 잊어먹지 않으려고 계속 서책을 보고 있습니다."

여필은 원향을 보고 묻자, 원향이 대답했다.

"그래 지금 무슨 책을 읽고 있느냐?"

"『당서(唐書)』와 『송서(宋書)』를 보고 있고요, 자수도 하고 있습니다."

"그러면 사마천(司馬遷)의 『사기(史記)』는 읽어 보았느냐?"

"예."

윤여필이 묻는 말에 원향은 또박또박 대답했다.

"장하군, 조카는 정말 대단한 재원을 두었네."

"글쎄요. 재원이면 뭐 합니까. 여자라 과거를 볼 것도 아닌데. 그래서 제가 뭐라 그 어려운 책을 읽느냐고 하면, 책 읽는 게 재미있고 그 속에 세상의 이치가 들어 있다고 하며 자꾸 읽는 걸 말릴 수도 없는 노릇입니다."

"하기는 그렇지. 자기가 좋아서 하는 것을 어떻게 말리겠나."

"그렇다고 살림도 못하는 것은 아니옵니다."

윤여필과 윤지임이 말하는 틈에 원향이 끼어들었다.

"음 그래 잘했다. 이거 받아라."

"감사합니다."

여필이 서랍을 열고 동전을 주자, 원향은 이를 받아 주머니에 넣었다. 원향은 이 재미에 제사를 지낼 때나 잔치 때마다 따라오는 것이었다.

"원향이는 숫기가 좋네."

"그런 편입니다."

여필의 말에 원향은 고개를 숙이자, 지임이 대신 대답을 했다.

여필은 원개를 바라봤다.

"큰애인가."

"예. 장자 원개입니다."

"결혼도 했고 나이도 찼으니 이제 과거를 봐야지."

"예, 준비하고 있습니다."

윤여필의 물음에 원개가 대답했다.

여필은 막내 원형이까지 신상에 대하여 일일이 물었다. 그는 일가친척을 위하여 최선을 다했다.

"너희들은 인사를 했으니까, 이제 나가봐라."

"예, 일어나지."

원개의 말에 모두 일어났다. 그리고 큰방으로 갔다. 그곳에는 이미 사분과 사윤의 후손들이 모여 있었다.

"야, 또 재 왔다."

어떤 애가 고개를 옆으로 돌렸다.

"그래 잘 있었니."

"응."

원향의 말에 그가 고개를 숙였다.

"사내자식이 그렇게 숫기가 없어서 무엇에 쓰냐. 벌써 몇 개월 지난 일인데. 우리 오랫만에 만났으니 악수나 하자."

"응."

원향이가 손을 내밀자, 그가 손을 잡았다.

그는 원향과 동갑으로 원형을 때렸다가, 그녀가 따귀를 때려 서로 싸웠던 아이였다. 싸우는데 원향은 사내에게 조금도 지지 않았다. 그래서 어른들이 말렸다. 이는 그 사내애가 잘못하여, 결국 그애가 원향과 원형에게 사과를 했던 것이다. 이렇게 원향이는 누구에게 당하고는 절대로 못사는 성미였다.

원향이는 그 방을 나와 안방으로 들어갔다.

"안녕하셨어요."

"어서 오게."

원향은 안방마님인 부부인 박씨에게 인사를 했다. 그녀는 정국 일등 공신 박원종의 여동생으로, 천하에 미녀였다.

그곳에는 나이 많은 여인들이 방에 꽉 차 있었다. 원향은 여자 아이들이 있는 방으로 갔다. 자기 또래 처녀들이 대여섯 명 있었다. 한 여자가 수를 놓는 것을 보고, 수에 대한 얘기가 오고 있었다.

"잘 있었니."

"응."

원향의 인사에 한 여자가 대답했다.

"수를 놓고 있네. 정말 예쁘다. 너는 어찌 그렇게 수를 잘 놓니."

"다 배운 거지. 너는 수를 안놓니."

원향이 수놓는 아이에게 묻자, 그 애가 반문했다.

"왜 안놔. 나도 놓지. 그러나 나는 수놓는 것보다 책을 보는 것이 더 재미있다."

"그래 무슨 책을 읽는데."

"『당서』와 『송서』를 읽지."

한 처녀가 묻자, 원향은 대답을 하면서 속으로는 거드름을 피웠다.

"그런 책도 있어. 나는 이제 『소학』을 읽는데."

"나는 천자문 정도 밖에 잘 몰라. 우리 아버지가 그러시는데 여자가 공부를 많이 하면 팔자가 사납대. 글자를 배워 이정표 정도 읽을 줄 알면 된다고 하셨어."

"맞아. 그 어려운 공부를 왜 해. 그러려면 차라리 잠이나 자지."

"너는 잠만 자니까, 그렇게 살만 찌지."

소학을 읽었다는 처녀가 두 번 말을 하고 다른 뚱뚱한 처녀의 말에, 원향은 아니꼬운 눈초리로 쳐다보았다.

"그럼 너는 공부를 그렇게 열심히 한다면서 너는 우리보다 살이 더 쪘다."

"나는 너희들처럼 그렇게 많이는 안쪘지."

살찐 아이가 쳐다보자, 원향이 그녀를 노려봤다.

"오십보 백보지 뭐."

"그래, 네 말이 맞다."

그녀들은 서로 옥신각신하다가, 자기 집안에서 있었던 얘기를 했다. 그리고는 집안 어른인 장경왕후의 죽음에 대한 얘기가 나오자, 모두 애도의 뜻을 표하기도 했다.

"그러면 앞으로 주상께서는 다시 새 장가를 드실게 아닌가?"

"그렇지."

한 처녀가 이렇게 말하자, 다른 처녀가 거들었다.

"맞아, 바로 그거야."

그 말을 듣는 순간 원향이는 무슨 텔레파시라도 통하는 양 자기도 모르는 사이에 손뼉을 쳤다.

"무슨 좋은 일이라도 있어."

"아냐."

한 여자가 묻는 말에 원향은 둘러댔다.

'음, 나도 어쩜 왕비가 될 수 있어. 대비인 정희왕후도 우리 집안 할머니가 아닌가. 나도 그런 자질이 있다고 하지 않았나. 나를 낳을 때에 온 집안이 향기가 돌았고 어떤 역술가는 내가 왕비 사주를 타고 났다고 했지 않았던가. 여걸 사주라고 했다나. 나도 그럴 자격이 충분히 있어.'

그녀는 이런 생각에 혼자 미소를 지었다.

이윽고 상이 가득하게 음식이 차려져 나왔다.

"자, 모두 같이 먹자고."

원향이 제일 먼저 젓가락을 잡았다.

그렇지만 다른 애들은 체면을 차리느라고 가만히 있었다.

"그러지 말고 이리 와서 같이 먹어."

원향이 다른 처녀의 손을 잡아끌었다. 그러자 그녀도 다가와서 같이 먹었다.

이렇게 원향은 어디를 가든지 간에, 활달하고 앞에 나서며 자랑하고 우쭐대는 것을 좋아했다. 그러자 같이 있었던 처녀 중에는 원향을 싫어하는 애도 있었다. 그러나 원향은 이를 아랑곳하지 않았다.

식사 후에 원향은 『삼국지』에 나오는 얘기도 해주었다.

그 중에서 제갈량이 동남풍을 불게 하고 조조의 마음을 꿰뚫어보고 관운장을 시켜서 화룡도에서 목숨을 살려달라고 애원하는 조조를 놓아주는 장면 등을 생생하게 얘기하자, 다른 애들은 넋을 놓고 듣고 있었다. 자기보다 두서너 살 위 처녀들도 원향의 말솜씨에는 당할 재간이 없었다.

어느새 축문 읽는 소리가 들렸고, 조금 후 음복이 시작되었다. 그들은 같이 맛있게 먹으면서 여전히 원향이가 얘기의 주도권을 잡고 있었다.

"누나, 가제."

이때 원형이가 밖에서 소리를 치자, 원향이는 이야기를 멈췄다.

"다음에 보자. 잘 가."

"우리도 가야지."

다른 집 아이들도 같이 일어났다.

그리고 안방으로 들어갔다.

"안녕히 계십시오. 마님"

원향이 부부인 박씨에게 인사를 했다.

"음, 가려고."

"예."

"잠깐 기다리게."

박씨 부인은 하인을 불렀다. 하녀가 보따리를 가지고 왔다.

"가지고 가게."

"번번히 감사합니다."

하녀가 보따리를 주자, 원향은 이를 받아 들었다.

"어머니가 계시면 고생을 하지 않을 터인데. 안됐어."

"그러나 저는 이를 팔자로 받아들이고 열심히 노력하고 있습니다."

"그래야지. 원향이는 씩씩해서 좋네. 그래고 양평공 자손인데 잘 해내야지."

"감사합니다."

원향은 박씨 부인에게 인사를 하고 마당으로 나갔다. 양평공이란 사혼 할아버지를 말하는 것이다.

밖에는 사람들이 웅성거렸다. 원향이는 보는 사람들마다 고개를 숙여 열심히 인사를 했다.

"어느 집 딸아이지."

"양평군 자손 지(之)자 임(任)자 여식입니다."

원향이는 웃으면서 인사를 잘하여 모두로부터 호감을 샀다. 특히 이때 여필은 원향이를 머릿속에 박아두고 있었다. 다음에 중전 간택이 있으면 추천 명단에 첫째로 꼽고 싶었다. 자기 딸인 장경왕후가 돌아간 다음에는 세자를 위하여 저렇게 용기 있고 활달한 여자가 필요했던 것이다. 자기 딸은 비록 중전이었지만 후궁인 경빈 박씨나 희빈 홍씨에게 눌려서 가슴 조이며 지낸 것이 너무나 애처롭고 가슴이 아팠던 것이다.

집에 돌아온 지임은 만족했다. 오늘 부원군 윤여필에게서 자기 딸이 창찬을 받았기 때문이었다. 지임은 그날 본가에서 잠을 자고 다음날 측실 집으로 갔다.

 지임은 생일 때에도 일가친척을 초청하지 않았다. 벼슬도 하지 못하여 체면이 서지 않았고, 또한 생일잔치를 하려면 많은 재물이 필요했기 때문이다.

 이들 정정공 번의 자손 중에서 장손들은 설날이나 추석 때 제사를 지내야하기 때문에 반드시 만나게 되었다. 또 시제(時祭)를 지낼 때는 좋으나 싫으나 일년에 몇 번은 반드시 만나게 되어 있었다. 어쩌다가 무슨 일이 있거나 아파서 참석치 못하면 일가 사람들이 찾아와서 안부를 묻는 통에, 종가일이라면 죽을 병에 걸리지 않으면 참석해야만 했다. 그리고 이들은 왕가와 친척이 많고 공신을 많이 배출하여 자부심을 가지고 살았던 것이다.

 명절 때는 순서에 따라 제일 먼저 사분의 장손인 경인의 집에서 차례를 지내고, 다음에는 사윤의 장손인 여필의 집에서, 다음에는 사흔의 장손인 지임의 집에서 차례를 지냈기 때문에, 이들 정정공 자손들은 서로 얼굴을 잘 알고 있었다. 제기나 차례 음식 어디 하나 나무랄 데가 없었고, 특히 어머니가 열한 살 때 돌아가신 이후 원향이가 영리하고 깔끔하게 일을 치루는 것을 보고 일가들은 원향을 칭찬하지 않는 사람이 없었다. 그리고 원향이의 글재주가 뛰어난데 감탄을 하고 있었다. 그들은 원향이가 너무 설친다고 생각하다가도 미소를 띠면서 항상 상냥하여, 어떻게 보면 애교를 떤다고 보아 나쁘게 보려던 것도 좋게 보아 넘기는 것이었다. 일가에서 원향의 칭찬이 자자했다.

 원향이는 나중에는 『육도삼략(六韜三略)』이나 『손자(孫子)』 등 병서(兵書)에 관한 책도 많이 읽었다. 다 읽고 나서 이를 오빠 원개나 원량에게 물어도, 그들은 이를 잘 이해하지 못했다. 그리고 나중에는 그런 책을 보지 말라고 타일렀다.

"여자가 『소학(小學)』 같은 마음을 수양하는 심서(心書)를 읽어야지, 남을 죽이고 제거하는 병서(兵書)를 읽어서야 되겠느냐?"

결국 원향은 핀잔만 들었다.

그러나 원향은 자기가 보고 싶은 책은 거의 다 보았다. 그리고 친척이나 친구 집에 들려서 자기가 못 본 책이 있으면, 이를 빌려다가 밤을 세워가면서 읽었다.

이를 보고 아버지와 오빠들이 걱정하여 말리기 시작했다. 그러나 이를 원향이가 받아들이지 않아 그녀는 책을 보는 것을 멈추지 않았다. 그래서 원향이의 학문 실력이나 상식은 과거를 봐도 합격할 수준에 도달했다.

중종 12년(1517) 정초가 되자, 중종의 모후 자순대비는 중전의 간택을 서둘렀다. 중종은 아들을 낳고 타계한 장경왕후가 측은하여 3년 동안 여색을 되도록 경계하면서 살아왔던 것이다. 어머니 자순대비가 계속 재촉하여 새로운 중전을 맞이하기로 한 것이다.

이때 어떤 신하는 경빈 박씨나 혜빈 홍씨 중에서 중전으로 뽑자고 주장하는 인물도 있었으나, 중론이 새 중전을 간택하자는 여론이어서 그렇게 시행하고 있는 것이었다. 이어서 금혼령이 내려졌다. 그리고 전국에서 훌륭한 규수가 추천되었다.

자순대비는 부원군 윤여필을 불렀다. 윤여필은 자순대비가 왜 불렀는지 이유를 짐작하고 있었다. 중전 간택에 관한 일이라고 생각했다.

"중전을 간택해야 하는데, 세 살된 대군을 생각하여 우리 윤문(尹門) 중에서 골랐으면 하는데, 마땅한 규수감이 없소."

"글쎄요. 어떤 규수를 말씀하시는지요."

자순대비의 말에 윤여필이 시침을 뚝 따고 반문했다.

"타계한 장경왕후는 기가 약하고 너무 어질어서 경빈이나 희빈에게 눌려 살았어요. 중전이 후궁들을 다스리고 휘어잡아야 하는데 오히려 당하고만 지냈어요. 그래서 이번에는 대도 세고 영리하고, 활달한 규수였으면 좋을 것 같은데, 그런 규수가 어디 없겠소."

"찾아보면 있겠지요. 우리 파평 윤문 여자들 가운데 미인과 훌륭한 인물이 많잖아요."

"호호호. 나와 정희왕후를 두고 하시는 말 같은데, 듣기 싫지는 않군요. 하여튼 꼭 찾아보세요. 나는 소정공 자손 중에서 찾아볼 테니까, 부원군은 정정공 쪽에서 알아보시오."

"예, 그렇게 하겠습니다."

윤여필은 대답을 하고 대비전에서 물러나왔다. 지임의 여식 원향이 머리에 떠올랐지만 대비 앞에서 섣불리 말을 꺼낼 수가 없어서 참았던 것이다.

윤여필은 마땅한 규수를 쉽게 물색할 수가 있었다. 경상관찰사를 지낸 윤금손의 여식과, 이미 잘 알고 있는 윤지임의 딸이 좋다고 대비에게 명단을 주었다. 대비는 이를 고이 간직하고 있었다.

보름 후부터 전국의 사대부가 규수와 부모가 대비전에서 선을 보게 되었다. 물론 원향이도 거기에 끼어 있었다. 일차로 열다섯 명을 뽑았고, 2차에서 일곱 명으로 압축했다. 여기서 윤금손의 여식과 원향도 뽑혔다. 삼차로 간택을 하는 날이 돌아왔다. 이때 원향이는 감기몸살이 심하여 앓아누워서 일어나지 못하고 있었다. 윤지임은 애간장이 탔다.

윤지임은 윤여필을 찾아가 이를 알리자, 윤여필도 이를 걱정했다. 윤여필은 곧장 궁궐로 급히 달려갔다. 대비전에서는 이미 세 명의 숙의를 선택해 놓고 있었고, 최종 한 명은 윤금손의 여식과 윤지임의 여식 중에서 중전을 결정하기로 했다는 것이었다.

"대비마마의 윤문을 생각하시는 마음이 하해와 같습니다."

"나도 세조비 정희왕후에게 은혜를 입은 몸입니다. 정희왕후가 '앞으로 그대가 중전을 간택하는 위치에 있으면 윤문을 생각하시오' 라는 말에 따르는 것뿐입니다."

윤여필의 말에 자순대비 정현왕후가 대답했다.

"아, 그런 일이 있었사옵니까?"

"그렇소."

"감사합니다. 그러면 저의 외손자도 안심할 수가 있습니다."

외손자란 왕자를 말하는 것이었다.

"나도 그 점을 많이 생각하고 있었소."

"감사합니다."

대비의 말에 윤여필은 고개를 숙였다.

"우선적으로 세자가 될 대군을 잘 지켜주는 처녀여야만 합니다."

"사실 그렇사옵니다. 그런데 제가 윤지임의 여식을 잘 아옵니다. 그 규수라면 대군을 잘 지켜줄 것입니다."

"그럴 수도 있겠군요. 그러면 제사나 명절 같은 때 자주 보았겠군요."

"그렇습니다. 머리가 영리하고 사서삼경도 막히는 게 없습니다."

윤여필은 전에 있었던 일들을 숨김없이 말했다.

"그래요. 그러면 닷새 후에 병이 낫거든 같이 데리고 오시오."

"알았습니다."

윤여필은 이렇게 말하고, 윤지임의 집으로 향했다.

이 때 윤지임은 너무나 실망했다. 대궐에 들어가 여러 왕실 어른들 앞에서 간택을 받아야 하는데, 딸이 앓아누워 있으니 별다른 뾰족한 방도가 없었다. 윤지임은 그보다 더 답답한 노릇이 없었다. 딸 덕에 부원군 한번 해볼까 했는데, 당사자인 딸이 하필 이런 때 병이 날 게 무엇이란 말인가. 그는 5남 2녀를 두어, 가끔 흉년이 들어 농사짓는 것만으로는 먹고살기가 빠듯했다.

"그렇지. 그 사주 잘 본다는 사람에게 어디 한번 물어봐야 되겠구나."

윤지임은 동대문 밖 사주쟁이로 이름 나 있는 홍계관(洪繼寬)이 생각났다.

그는 아침 일찍 그 집에 찾아갔다. 홍계관도 그날 아침에 일진을 보니 오늘 귀인의 운세를 물으러 사람이 올 것을 알고 기다리고 있었다.

"웬일로 오셨습니까?"

홍계관이 이렇게 물었다.

"딸이 어떻게 되려나 걱정이 돼서 왔소이다. 지금 병으로 누워 있습니다."

윤지임은 사정 얘기를 했다.

"오늘은 너무 불길합니다. 그러나 너무 걱정 마십시오. 곧 대궐에서 좋은 소식이 올 테니, 집에 가서 기다려보십시오."

홍계관은 윤지임의 딸 사주를 보더니 이렇게 말하는 것이었다.

"정말이오?"

"그렇다니까요."

홍계관의 말을 듣고 윤지임은 본가로 돌아와 대궐 쪽으로 목을 빼고 기다리고 있었다. 왜 기다리는 것이 그렇게 지루한지 몰랐다.

한참 후에 윤여필이 들어오는 것이었다.

"아저씨, 어떻게 되었어요."

"잘 됐어. 내가 원향이에 대하여 대비에게 자세하게 얘기했더니, 닷새 후에 윤금손의 여식과 같이 대궐로 들어오라고 하시더군."

"아저씨, 정말 감사합니다."

윤지임은 윤여필의 손을 잡고 고마워했다.

"감사하긴. 이는 우리 정정공 자손의 행운이지. 그리고 대비가 뒤에서 봐주셔서 그런 거야. 그러니 앞으로 조카도 윤문을 위하여 많은 신경을 쓰도록 하게."

"여부가 있겠습니까. 부원군 대감, 감사합니다."

이렇게 말하면서, 윤지임은 윤여필에게 큰절을 하려했다.

"절은 무슨 절. 나는 전 부원군이고, 자내는 신임 부원군인걸."

"그래도 그렇지가 않습니다. 절 받으십시오."

"에이, 사람하군."

윤여필은 할 수 없이 절을 받았다. 그러나 그것은 서로 맞절을 한 것이다.

닷새 후에 윤지임의 딸 원향이 왕비로 간택된 것이다. 그러자 정정공 자손들은 윤지임의 집에서 큰 잔치를 열어 주었다. 이때 원향도 집안 어른들에게 서찰을 보내 가문을 돌보겠다고 굳게 약속했다.

이렇게 자순대비가 뒤에서 봐주어서 세조에서 종종 때까지 파평 윤씨 가문에서 왕비가 4명이나 나온 것이다. 이는 조선조에서 청주 한씨 다음으로 많이 배출한 것이다.

17세가 된 원향이 중종과 가례를 치루는 날, 생원이던 윤지임에게 종 6품 별좌라는 벼슬이 내려져서 벼락 감투를 쓰게 되었다. 이는 예의상 그렇게 예우를 했던 것이다. 그리고 나중에는 도총관이 되고 하여 정승의 반열에 이르게 되었다.

그리고 중전을 간택할 때 후궁 세 명도 같이 들어왔는데, 숙의 이씨, 숙의 김씨, 숙의 안씨였다. 그녀들도 같은 후궁으로 중종을 모시게 되었다.

가례를 올리고 잔치가 있은 후, 중종은 중전 윤씨와 첫날밤을 맞이하게 되었다. 중종은 이제 한창인 30세가 되어, 한송이 활짝 핀 꽃과 같은 중전과 사랑을 했다. 그녀는 성애(性愛)가 무엇인지도 몰랐고, 하체가 아프다는 느낌뿐이었다. 그러나 남자는 흐뭇한 표정을 지었다.

사흘 후에 중종은 새로 된 후궁들의 처소를 나이 순서대로 들었다. 그리고 다음에는 경빈 박씨와 희빈 홍씨의 처소에 들렀던 것이다. 중종은 사흘에서 닷새에 한번 정도 다른 후궁들의 처소를 찾았던 것이다. 이렇게 한 번 도는 기간은 보통 이십여 일 정도 걸렸다. 그런데 그 중에서 중종은 유독 경빈 박씨의 처소에는 두 번 이상을 찾는 것이었다. 중전 윤씨는 이것은 상감이 경빈 박씨를 다른 여자보다 두 배를 더 사랑하는 것이라고 생각했다.

그리고 사대부 집에서는 아침저녁으로 부모님에게 문후 인사를 드리는 것이 예도였다. 그런데 궁궐에서는 이것이 더 철저했다. 그렇지만 주상이 왕비나 후궁의 침소에서 잘 때는, 내관을 통해서 윗전에 인사를 올리지 못한다고 통보하고 생략하기도 했다. 그리고 저녁때도 마찬가지였다. 그래서 대비는 왕과 비빈들 사이에 일어나는 일들을 손바닥 들여다보듯이 알 수가 있었고, 또한 주상이 누구를 얼마나 사랑하는지 알 수가 있었다. 그리고 다른 비빈들도 임금이 누구의 처소에 머물고 있는지 알 수가 있어서 자기의 사랑의 척도를 짐작할 수가 있었던 것이다.

중전은 경빈이 밤에는 음신(淫神)으로 변하여 온갖 성의 기교를 부려 주상을 홀리고 있다는 것을 알았다. 세번째 주상이 중궁전에 들리고 나갈 적에도 주상은 흡족한 표정을 짓지 않았다.

이렇게 일곱 달이 지나고 나서, 중전은 태기가 있었다. 중종과 자순대비는 기뻐했다. 그리고 임신 5개월부터는 임금이 발을 끊고 뜸했다. 그 뒤부터 중전은 태교를 하느라고 몸과 마음을 정결하게 가졌다. 만삭이 되어 해산을 하고 보니 딸이었다. 중전의 실망은 너무나 컸다.

출산을 하고 한 달 후 왕은 중전의 침소를 찾았다. 중전은 남편을 매우 기다리고 있었다. 그저 남정네의 품에 안기고 싶었다. 남자가 자꾸만 그리워지기 시작하는 것이었다.

 중종은 여전히 비빈들에게 사랑을 골고루 나누어 주었다. 그러나 여전히 경빈 박씨에게는 다른 여자들보다 두서너 배를 더 찾는 것이었다. 중전은 질투가 났다. 그렇다고 이를 노골적으로 표시할 수는 없었다. 경빈에게는 남다른 성희(性戱)의 비법이 있는 것 같았다. 이를 알고 싶었다. 아니 반드시 알아야만 했다. 중전은 누구에게 지고는 못배기는 성격이었다. 그런데 이를 누구를 통해서 알거나 배운단 말인가. 상궁들에게 이런 말을 했다가 소문이 나쁘게 퍼지면 망신을 당할 수가 있고. 그러면 이를 누구에게 배운단 말인가. 나중에는 성희를 가르치는 곳이 교방(敎坊)이나 기생을 양성하는 곳임을 알았다. 그래서 은밀하게 기녀들이 배우고 있는 성희의 비법을 배우기 시작했다. 처음에 중전은 이를 배우면서 쑥스러웠고 자존심이 상했다. 그러나 사랑을 독차지하기 위해서는 체면을 차릴 것이 못된다고 생각하여 열심히 노력했다. 몇 달 만에 모든 기교와 성애를 좋게 하는 운동법 등 배울 수 있는데까지 다 배웠다. 중전은 방안에서 혼자 있을 때 남몰래 운동법도 열심히 익혔다. 이때 풍조는 여자는 조신하게 수동적으로 성애를 받아들이는 것으로 알고 있었다. 그러나 중전은 그렇게 살고 싶지는 않았다. 어떻게 하던지 간에 주상의 사랑을 가장 많이 받고 싶었다.

 "여관(女官)은 여자가 남자의 사랑을 가장 많이 받을 수 있는 비법이 무어라고 생각하나?"

 "예, 그것은 사내를 애완동물 같이 생각하여 아주 편하게 해주어야 합니다."

 중전의 물음에 나이 든 여관이 대답했다.

 "그게 무슨 말인가?"

 "사내들은 낮에는 양(陽)이라 기(氣)가 강하지만, 밤에는 음(陰)이라 기가 약하게 되는 것입니다. 그래서 기를 보충하기 위하여 술을 마시고 여성

4. 사랑을 위한 전쟁

의 음기(陰氣)를 탐하는 것입니다. 사내의 기를 살리려면 사내의 마음을 편안하고 흡족하게 해 주여야 합니다. 그것은 사내들을 잘 다독거려서 어린애 같이 다루어야 합니다. 그러면 어떤 사내도 확실하게 휘어잡을 수가 있습니다."

"잘 알았네."

여관의 말에 중전은 고개를 끄덕였다.

"그리고요. 적소적시(適所適時)에 처신을 잘하셔야합니다."

"그게 무슨 말인가?"

"여러 사람이 있을 적에는 중전의 지위와 권위를 지키시고 현모양처가 되시어야 하지만, 주상과 단 두 분만이 오붓하게 계실 적에는 요부가 되셔야 합니다. 예를 들자면 주상과 같이 단 두 분이 같이 계실 적에는 주상을 부르실 때 '여보, 낭군님, 내 사랑, 나의 영혼' 등 감미로운 말로 남자를 감싸 녹여야 합니다."

"그러면 주상이 천박하다고 여길 것이 아닌가?"

"처음에는 사내들이 어색하고 천박하게 여기다가 나중에는 그런 말을 자주 듣고 싶어하는 게 사내랍니다."

"그대도 그런 적이 있었는가?"

"두어 명에게 그랬더니 겁나게 달라붙더군요. 호호호……."

그녀는 중전을 바라보면서 즐겁게 웃었다. 중전도 이해가 되었다.

"음, 그런 일이 있었나. 내 무슨 말인지 알았네. 고맙네."

중전은 여관의 말을 가슴 깊이 새겨 두었다.

적소적시라. 이는 병법(兵法)에도 있는 말이 아닌가.

이후부터 중전은 일상 궐내 일을 살피랴, 성희를 익히랴, 운동법을 익히랴, 바쁘게 나날을 보냈다. 그리고 남자가 그리웠다.

기다리던 주상이 자기 침소를 찾았다. 중전은 주상의 옷을 조심스레 벗기고 그를 목욕실로 안내했다.

"아니 웬일이시오. 안하던 짓을 하시오."

사내는 어리둥절했다.

"목욕을 하시면 하루 종일 정사를 보시던 옥체의 피로가 싹 풀립니다. 낭군님."

"아, 그래요. 그런데 중전, 조금 전에 무어라고 했소?"

"낭군님이라고 했습니다."

"아니 짐에게 그렇게 불러도 되는 것이오."

"어떻습니까. 우리 둘만 있는데요. 그러면 사랑이 더 샘솟는다고 하더군요."

"짐은 천박하게 들리는데."

"처음에는 그렇게 들린다고 합니다. 그러나 자주 들으시다 보면 정이 더 진해진다고 합니다. 신첩과 같이 있을 때에는 그렇게 부르는 것을 허락해 주십시오. 여보."

"아니 이게 무슨 짓이오."

"빨리 대답해요."

중전은 왕에게 간지럼을 태웠다.

"알았소."

"정말이지요."

"그렇소."

"그러면 약조를 하시죠."

"알았소."

여자는 남자에게 안기면서 새끼손가락으로 약속을 했다. 여자와 사내는 목욕실로 들어갔다. 여자가 손으로 온몸을 이리저리 문질러 주었다.

"아이 시원하다."

사내는 이를 연발했다.

목욕실에서 나온 여자는 사내의 몸을 수건으로 물기를 골고루 닦아주면서 은밀한 곳을 건드리면서 장난을 쳤다. 사내도 싫지가 않은 모양이었다. 그리고 여자는 사내를 이부자리 위로 조심스레 눕게 한 후, 안마를 하기 시작했다. 사내는 연거푸 시원하다는 말을 반복했다.

얼마 후에 사내가 일어났다. 이때부터 여자는 자기 직분으로 돌아왔다.

"수라를 드셔야지요?"

"그래야지요."

중전의 말에 임금이 대답했다.

"수라상을 올리게 하라."

중전은 상궁을 불러서 이렇게 일러놓고는 계속 안마를 해주었다. 식사가 나오자, 그들은 맛있게 먹으면서 반주도 같이 했다. 그리고 양치질을 하고나서, 왕을 눕게 하여 안마를 하면서 손과 혀로 골고루 애무를 해주었다. 왕은 탄성을 지르기 시작했다.

"중전, 이런 기교는 언제 배웠소."

"당신이 경빈을 너무나 사랑하시기에, 왜 그런지 알아보았죠."

"그랬더니요?"

중전의 말에 임금은 호기심이 나서 반문했다.

"경빈이 성희에 아주 뛰어나다고 하던군요."

"그래서요?"

"저도 배웠죠."

"정말 잘했소. 나도 처음에는 성희를 능숙하게 잘하는 경빈을 천하게 보았소. 그러나 한 번 하고 두 번 하다 보니까, 이제는 그 쾌락에 빠지게 되었소. 중전이 그 비법을 배웠다고 하니, 이제 짐의 사랑을 가장 많이 받는 여인은 아마 중전이 될 것 같소."

"성은이 망극합니다."

중전은 성희를 잠시 멈추었다.

중전은 술을 따라서 왕을 일으켜서 먹여 주었다.

"중전도 한잔 드시오."

"성은이 망극합니다."

"한잔 더 하시겠어요."

"좋소."

그들은 서너 잔씩 번갈아 마셨다.

그러자 몸에서 열이 났다. 여자는 다시 애무를 시작했다. 남자는 못 참겠다는 듯이 여자를 눕히고 정열을 토하기 시작했다. 여자는 입에서 고의적으로 신음 소리를 냈다. 그럴 때마다 남자는 더 몸을 자주 요동쳤다. 여자의 교성도 더 높아졌다. 한참 만에 그들은 온몸이 땀으로 얼룩졌다. 남자는 한번 더 경련을 일으키고 하산했다. 여자는 남자를 목욕실로 데리고 가서, 몸을 깨끗이 닦아주었다. 그리고 둘은 나란히 누웠다.

"중전은 정말 대단하오. 경빈보다 훨씬 낫소."

"경빈은 저보다 열세 살이나 더 많고, 아이를 셋이나 낳았는데요. 그리고 돼지가 다 되었어요. 이제 한물간 것 아닙니까?"

왕이 여자의 손을 잡자, 그녀도 꼭 잡았다.

"그렇소. 경빈은 이제 예전 같지 않소. 그리고 몸이 너무나 불었소."

"전하, 이 몸을 더 사랑하여 주시옵소서."

"당연히 그래야지요. 이제 그만 잡시다."

"예."

그들은 서로 껴안고 잠을 들었다.

축시쯤 되었을 적에 왕이 목이 말라 잠에서 깨었다. 중전이 물을 잔에 따라 주자, 왕은 이를 마셨다. 그들은 다시 껴안고 자리에 누웠다. 여자가

4. 사랑을 위한 전쟁

다시 애무를 하자, 남자의 정물이 다시 살아났다. 이번에는 여자가 남산 위로 올라갔다. 남자와 여자는 신음소리를 토해냈다.

"휴, 아이 시원하다."

남자가 숨을 길게 내쉬었다.

여자는 물수건으로 남자의 온몸을 닦아주었다. 그리고 자기도 간단하게 닦고 나서, 그 옆에 누웠다.

그들이 일어났을 적에는 해가 많이 떠올라 있었다.

그들은 식사를 맛있게 했다. 그리고 같이 아침 인사를 위하여 대비전을 찾았다. 대비는 웃음으로 그들을 맞이하며 담소를 나누었다.

대비전에서 차를 마시고 중종은 편전으로 갔고, 중전은 자기 처소에 들러서 공주를 보살폈다. 닷새 후에도 임금은 중전의 침소를 찾았다.

"어서 오십시오."

"이제 나는 중전의 노예가 되려는가 보오. 다른 처소에 가려다가 중전하고 같이 있는 것이 제일 좋아 이리로 왔소."

중전이 웃으며 왕에게 다가가서 안기었다.

"감사합니다. 전하. 신첩을 계속 사랑하여 주시옵소서."

"여부가 있겠소."

중전은 애교섞인 목소리를 내며, 옥죄인 손을 풀고 주상의 입술을 찾아 열렬하게 자기 감정을 표현했다. 이윽고 둘은 떨어졌다.

"목욕을 하시옵소서."

"아니, 목욕물을 데워 놓았단 말이오?"

중전의 말에 임금은 놀라는 표정이었다.

"그렇습니다."

"내가 아니 오면 어쩌려고 그랬소."

중종은 중전을 사랑스런 눈초리로 바라보았다. 그러자 중전이 그의 품에 안겼다.

"아니 오시면 혼자 욕실에서 주상을 생각하면서 목욕을 하려고 했지요."

"그러지 말고 우리 같이 들어가 목욕합시다."

"경빈도 그랬어요?"

"……"

중종은 말 대신 고개를 끄덕였다.

"주상은 음큼도 하셔요."

그들은 같이 탕안으로 들어가 목욕을 했다. 그리고 전과 같은 순서가 이어졌다.

"아이, 시원하다."

"신첩도 몸이 날아갈 듯합니다."

"나는 중전과 궁합이 제일 잘 맞는 것 같소."

왕은 중전의 손을 잡았다.

"성은이 망극합니다."

"내 중전을 제일 사랑해 줄 테니, 대군이나 공주 구별 말고 열만 나아주시구려."

"열 명이나요. 그렇게 아이를 많이 난 여자도 있어요."

"있고말고요. 승정원 보고에 의하면 열셋을 나은 부인이 있다고 하여, 포상을 내리라고 어명을 내린 적이 있소."

"알았사옵니다. 저도 그렇게 하지요."

"고맙소."

왕은 이렇게 말을 하면서 중전의 입술을 더듬었다.

아침 식사를 정답게 하고는 대비에게 문후를 드리러 갔다.

"두 분께서는 원앙부부가 다 됐구려. 주상이 연속해서 중전의 침소를 찾다니요. 그렇게 금실이 좋으면 다른 비빈들이 질투합니다."

"그래도 할 수 없는 일입니다. 중전에게서 자손이 가장 많이 나와야 하니까요."

"하기는 그것이 제일 바라는 일이지요. 중전, 부디 자손을 많이 생산하세요."

"예, 그렇게 하겠습니다."

대비의 말에 중전은 부끄러운 듯이 대답했다.

"그런데 중전은 꽁무니에 여우꼬리를 달았는가 보오."

"그게 아니옵고. 제가 주상의 총애를 받아야 네 살난 대군을 잘 보살펴 드릴 것이 아니옵니까?"

대비가 웃으면서 말하자, 중전이 쑥스럽게 대답했다.

"정말 그렇소. 중전은 속이 바다와 같이 깊구려. 종사를 먼저 생각하는 것을 보니까, 정말 장하구려."

"그러니 제가 중전을 예뻐하지 않을 수가 없지요."

"성은이 망극합니다."

대비와 왕의 말에 중전은 고개를 숙이면서 말했다.

"부부지간에 그렇게 부끄러워 할 것은 없소. 호호호."

"대비마마, 너무 놀리지 마시옵소서. 신첩은 몸 둘 바를 모르겠습니다."

대비의 말에 중전이 대답했다.

"알았소. 이제 그만 가보시오."

"예."

주상과 중전은 인사를 하고 그곳을 나왔다. 자순대비는 주상이 중전을 총애하는 것을 다행으로 여겼다. 그래야만 어미가 없는 대군의 지위가 확고해지고 종사가 튼튼해지기 때문이다.

이렇게 주상이 연속해서 중전의 침소에서 묵었다는 소문이 비빈들에게 퍼졌다. 다른 비빈들은 긴장하기 시작했다. 특히 경빈은 속에서 질투심이 일어났다.

다음 닷새 뒤에 중종은 순서를 지켰다. 그녀들은 왕이 자기를 찾아 준 것을 고맙게 생각했다. 그런데 경빈 박씨는 달랐다.

"전하, 이제 제가 늙었다고 버리시는 겁니까?"

"버리다니. 그게 무슨 말이오."

경빈의 말에 중종은 고개를 저었다.

"중전 침소는 계속해서 두 번이나 찾으시고, 제 처소에는 오랫만에 찾으시기에 드리는 말씀이옵니다."

"경빈은 말을 삼가하시오. 중전은 이 나라의 국모요. 그러니 당연히 다른 비빈보다 사랑을 더 받아야 합니다. 지금 투기하시는 겁니까?"

"투기는요. 전하께서 저를 멀리 하시는 것 같아서 드려 본 말씀입니다."

경빈은 눈물을 흘렸다. 여자의 눈물을 보자, 중종은 마음이 약해지기 시작했다.

"알았소. 다음부터는 그러지 마시오. 그런데 경빈 처소에서 잠을 자고 나면 몸이 개운치가 않아요. 그래서 뜸했던 것이오. 너무 서운하게 생각하지 마시오."

"신첩은 그런 줄도 모르고, 저를 버리시는 줄 알았사옵니다. 용서하십시오. 전하."

"알았소."

중종이 경빈을 다독거리자, 그들도 예전처럼 지내다가 잠이 들었다.

아침에 일어났을 적에 중종은 몸이 무거웠다.

이 말은 다음 번 중전의 침소에 들렸을 적에 중종이 한 말이다.

'중전의 침소에서 자고나면 몸이 나라갈 듯한데, 경빈과 잠을 자고 나면 개운치가 않다. 그래서 자꾸 중궁전을 찾는다' 라는 것이다.

중전 윤씨는 이는 분명 주상이 경빈에 대한 사랑이 식어간다는 것으로 판단했다. 중전은 이제 경빈을 제거할 기회가 되었다고 생각했다. 측천무후가 왕 황후를 제거하듯이. 그래서 심복 상궁을 시켜서 경빈의 비리를 캐라고 남몰래 지시해 두었다.

"경빈은 중전마마가 궁궐에 들어오시기 전에, 신하들로부터 청탁과 뇌물을 받고서는 이를 이조(吏曹)에 압력을 넣어 많은 재산을 모았습니다."

"그래 그 뇌물을 바친 사람들 명단을 알아보았느냐?"

"한 두사람은 저희들이 이미 알고 있습니다. 그리고 경빈의 친가 재산을 조사해 보시면 아실 일입니다."

"알았네. 수고했네."

중전은 가지고 있던 패물을 상궁에게 주었다.

"이런 것을 주시지 않아도 되시옵니다."

"일을 시켰으면 수고비를 주어야지. 그게 인지상정이 아닌가."

중전은 병서를 읽은지라 아래 사람에게 인정을 베푸는 척했다. 이렇게 하자, 중전은 덕이 있는 여자라고 소문이 나기 시작했다.

한달 후에 주상이 중전의 침소에서 잠을 자고 대비에게 문후 인사를 드리고 나서, 경빈의 비리를 얘기하고 그 명단을 주었다.

"아니, 이런 고약한 일이 있나."

중종은 화를 냈다.

그리고 사헌부 관원에게 이를 조사토록 지시했다. 사실이었다.

'그렇다고 한 때 내가 가장 사랑했던 여인을 처벌할 수는 없지.' 중종은 속으로 앓고 있으면서 내색을 하지 않았다.

그 이후로 중종은 경빈의 처소에 발을 끊다시피 했다. 경빈은 너무나 속이 상했다. 그렇지만 경빈은 자기가 지은 죄가 있어서 꿀먹은 벙어리마냥 냉가슴을 앓고 있었다. 중전은 자기가 읽은 병법을 처음 활용해 보았는데 이것이 적중하자, 기분이 너무 상쾌했다. 그리고 다음 방법을 찾기 시작했다. 일개 후궁으로 나라의 모든 권력을 휘어잡은 측천무후가 되는 길을 알게 된 것이다.

중종의 경빈에 대한 사랑은 숙의 안씨에게 넘어갔다. 그렇지만 중전은 그녀가 심성이 너무 착하여 자기의 상대가 아니라고 생각하여 좋게 넘어가기로 했다. 숙의 안씨가 아들을 낳자, 중종은 그녀를 창빈(昌嬪)으로 봉했다. 그녀는 인성이 고와서 중전은 경빈과는 달리 창빈과 같이 식사도 하고 투호놀이도 하여 철저하게 자기편으로 만들었다.

그래서 중전은 차츰 내명부 즉 궐내 여자에 관한 일은 완전히 장악했다. 이는 중전이 워낙 총명한데다가 병서를 비롯하여 서책을 많이 읽어 지혜롭게 처세를 할 줄 알았기 때문이었다.

다음해에 숙원 이씨가 정순공주를 낳았다. 그리고 1519년에 중전 윤씨가 바라던 아들은 못낳고 다시 딸을 낳았다. 중전은 너무나 실망했다. 그러나 여전히 중종은 중전의 침소를 가장 많이 찾아, 중전은 안심할 수가 있었다. 그녀는 낮에는 현모양처에서 밤에는 요부로 변하여 자기의 열정과 사내의 정기를 합일시켜 이를 승화시키는 방법으로 사랑을 독차지하고 있었다. 이런 생각이 들자, 중전은 흡족한 표정을 지었다. 그녀는 성희라면 이제는 어떤 사내라도 자신이 있었다. 그러나 국모인 중전의 자리에 있어서 그렇게 하지 못할 뿐이라고 생각했다. 이렇게 성희에 자신이 있어 주상도 자기 손아귀에서 벗어나지 못하고 있다는 생각에 미소를 지었다.

그녀가 사랑을 독차지했다는 것은 비빈들이 낳은 자식의 숫자에서 알 수가 있다. 장경왕후가 1남 1녀, 문정왕후가 1남 4녀, 경빈 박씨가 1남 2녀, 희빈 홍씨가 2남, 창빈 안씨가 2남 1녀, 숙의 홍씨가 1남, 숙의 이씨가 1남, 숙원 이씨가 2녀, 숙원 김씨가 1녀였다. 이렇게 중전 윤씨가 임금의 사랑을 가장 많이 받았던 여인이었다.

5. 한 맺힌 요녀(妖女)

중종은 등극한 뒤 연산군의 폭정으로 흐트러진 민심과 문란해진 나라의 기강을 바로 잡고자, 홍문관(弘文館)의 기능을 강화하고 경연을 중시하고 스스로 정도를 지키자, 신하들이 이를 따랐고 백성을 위한 정책으로는 권선징악을 장려하고 사람들의 심성을 바르게 하기 위하여 이에 관한 서책을 많이 발간했고, 또 효행이 뛰어나고 능력이 있는 인재들을 발굴하여 등용했다. 그러자 백성들은 스스로 바른 길을 걷게 되었고, 정치는 안정이 되었다.

이런 때 김종직(金宗直)의 제자로 성리학에 밝았던 조광조(趙光祖)는 29세 때인 1510년 사마시에서 장원을 하게 된다. 1515년에 조광조는 성균관 유생 200여 명이 연명의 추천과 또 이조판서 안당(安瑭)이 적극 추천하여 종 6품 조지서 사지(司紙)로 근무하던 중, 임금이 보는 앞에서 과거를 치루는 알성시에서 장원하여 정 6품 성균관 전적(典籍)이 되었다.

조광조는 경연관이 되어 중국의 요순 시대와 같은 삼강오륜에 근거를 둔 도덕정치를 부르짖고, 왕도정치를 실현하여야 한다고 강조했다. 이는 당대에 잘못된 모든 것을 개혁하자는 것으로, 그 당시의 구태의연한 세류와는 판이하게 다른 새로운 사상이어서 중종의 호감을 샀다. 그는 몇 년 사이에 홍문관 교리를 거쳐서 1517년에는 승진을 거듭하여 종 3품 홍문관 부제학이 된다. 중종은 신하들의 반대에도 무릅쓰고 파격적으로, 조광조를 신임하기 시작했다. 그가 조선의 정치를 바로 일으켜 세울 것으로 기대했다. 그래서 중종은 조광조의 말에 따라 1518년 과거를 보지 않고 면접을 통하여 인재를 뽑는 현량과(賢良科)를 신설하여 중종이 친히 지원자 120명 중에서 김식(金湜), 김정(金淨), 박훈(朴薰) 등 28명을 등용하여 이들은 사간원, 사헌부, 홍문관 등 국가의 중요 기관의 요직을 맡게 된다. 그래서 조정의 여론은 조광조가 추천했거나 친한 현량과 출신들이 좌지우지하게 된다. 그리고 조광조는 태조 때부터 왕들이 받들어온 도교 사당인 소격서(昭格署)를 폐지하자고 주청하여, 결국 힘들게 이를 관철시켰다.

그리고 조광조는 1519년 기묘년 5월에 대사헌이 되어 마침내 개혁의 칼을 뽑아 든다. 보수적인 훈구파 인물인 홍경주, 남곤, 심정, 한치형 등을 탄핵하여 일부는 파직되고 자리가 바뀌게 된다. 보수파 인물들의 강한 반발로 정국이 너무 시끄러웠는데도, 조광조 일당은 기존의 훈구파를 소인배라고 지목하여 양 집단들의 갈등은 갈수록 커져만 갔던 것이다.

그리고 조광조는 또 중종반정 때 공신이 된 사람 중에는, 공도 없는데 공신이 됐다면서 공신책록의 잘못을 들쳐내어 심정, 홍경주를 비롯한 76명의 공신들을 삭훈하여 공신들의 반발을 샀다. 그러자 훈구파들은 위기감을 느끼게 되어 결집하게 된다.

이해 11월 훈구파인 공조판서 남곤, 호조판서 고형산, 도총관 심정 등은 자구책을 강구한다. 이들은 조광조 일당을 제거하기 위하여 혈안이 되어, 결국 이들은 중종의 비빈을 이용하기로 했다. 그래서 좌찬성을 지내다가 신진세력인 조광조의 상소로 파직된 희빈 홍씨의 아버지인 남양군 홍경주를 부추켜서 조광조 일당을 제거하기 위한 계책을 찾았다. 이들은 조광조 일당을 역모로 몰고가기로 결론을 지었다. 모사꾼인 심정은 좋은 생각이 있다면서 손뼉을 치며 계략을 설명하는 것이었다. 그들도 좋다고 건배를 들었다. 마침 이때 지진이 일어나 땅이 갈라지고 성벽이 무너졌다. 자고로 이런 천재이변이 일어나면 흉사가 일어난다고 주상 이하 전 신하들은 경계를 하고 있을 때였다. 이는 절호의 기회였다.

　그들은 궁녀를 시켜서 대궐 후정에 있는 나뭇잎에 꿀로 주초위왕(走肖爲王)이라는 글자를 새겨 놓자, 벌들이 이를 갉아먹어 글자가 뚜렷하게 보이는 것이었다. 심정은 이를 보고 변란이 일어날 조짐이라고 소문을 퍼뜨렸다. 그리고 그 나뭇잎들을 따다가 승정원에 고변했다. 이는 조광조, 김식, 김정 일당의 불순한 세력이 나라를 찬탈할 징조라고 참소하여, 신진 개혁세력을 몰아낸다. 이 사건이 곧 기묘사화(己卯士禍)이다. 이 조작된 일로 일백 여명의 올곧은 선비들이 죽거나 귀양을 가는 화를 당했다.

　중전은 이때 19세의 나이로, 정권을 잡기 위해서는 온갖 술책을 다 동원하는 신하들의 처세를 보고 혀를 내둘렀다. 기묘사화의 결과를 보고 정치란 피도 눈물도 없는 글자 그대로 병법에 써 있는 권모술수 그 자체라고 생각하면서 이 때 중전은 많은 것을 배웠다.

　이 때 청렴결백한 추관이었던 김전(金詮)은 의금부 판사로 있으면서, 일을 깔끔하게 처리한 공이 인정되어 영의정이 되었다. 김전이 영의정이 된 것은 능력과 노련미도 있지만, 남곤이나 심정보다 13세나 연상이었기 때문이다.

　그리고 김전은 장원급제하고 요령이 좋은 조카 김안로(金安老)를 이조판서로 추천하여 이를 관철시켰다. 또한 남곤과 심정도 정승 반열에 있으면서, 이들 마음대로 정치를 했다. 김전이 살아 있을 때에는 심정과 김안로의 갈등은 겉으로는 들어나지 않았다.

　김전은 문정왕후와도 가깝게 지내어, 중종과 장경왕후 사이에 낳은 세자의 누이인 효혜공주와 김안로의 아들 김희(金禧)와의 혼인을 중종 16년

(1521) 11월에 성사시킨다. 이때 내명부는 완전히 문정왕후가 장악하고 있어서 모든 일을 그녀의 뜻대로 진행되었다.

김전과 중전은 서로 정치적인 노선이 같아서 호흡이 잘 맞았다. 그래서 김전은 자기 손녀 즉 셋째 아들 김안수(金安遂)의 딸과, 문정왕후의 동생인 윤원형(尹元衡)과 정략 결혼을 성사시킨다. 이로 인하여 중전은 조정에서 자기 정치적 입장을 다지려고 했던 것이다. 이때 문정왕후는 17살에 왕비가 된 이후에 두 명의 딸만 낳아 자기를 도와줄 세력이 필요했는데, 그 세력이 김전이었던 것이다. 김전이 영의정이 되고 나서부터 정치는 안정이 되었다.

그런데 문제는 김전이 추천한 자기 조카 김안로에게서 발단되었다. 김안로는 이조판서가 되자, 서슴없이 뇌물을 받아 자기만 혼자 챙겼다. 그러다보니 심정과 남곤은 괴씸하다고 생각하여, 졸개인 사헌부 관원에게 그의 비리를 잡으라고 명을 내리자, 김안로가 뇌물 받은 것이 많이 포착된 것이다. 그러나 이들은 영의정인 김전의 얼굴을 봐서, 김안로에게 어떤 조치를 취할 수가 없었다.

1523년 영의정 김전이 죽자, 이제까지 참았던 심정, 남곤, 이행 등은 사헌부에서 조사한 것을 근거로 하여 김안로를 탄핵하여 변방으로 귀양을 보냈다.

그 이후, 영의정 남곤과 우의정 심정은 자기 마음대로 정사를 주물렀다. 그러다가 1527년 2월 영의정 남곤이 죽었다. 그러자 김안로의 며느리인 호혜공주는 중종에게 간청하여, 김안로는 결국 경기도 해변가에 있는 풍덕(豊德)으로 귀양지를 옮기게 되었다. 한양에서 가까운 풍덕에서 귀양살이를 하면서 기회를 엿보던 김안로는, 아들 김희를 불러서 계책을 지시하여 활로를 찾는다. 그것은 엉뚱한 곳에서 일어난다.

중종 22년(1527)에 동궁 저주 사건이 있었다. 이를 역사에서는 '작서(灼

鼠)의 변(變)'이라고 하는데, 김안로가 세자 즉 훗날 인종의 지위를 확고히 하려고 조작한 사건이었다. 한때 중종의 총애를 받은 경빈 박씨가 그녀의 아들이자 중종의 장남 복성군을 중종의 후계자로 삼으려는 움직임이 보인 적이 있었다. 김안로는 이것이 불안했다. 그래서 김안로는 부마인 아들 김희를 시켜 동궁 생일날 쥐를 불로 지져 죽여 '동궁도 이 쥐와 같이 된다' 라는 저주의 글과 함께 동궁 후정의 나무에 걸어 놓았다. 그리고 이를 복성군의 소행이라고 소문을 퍼뜨렸다. 중종은 사위 김희의 말만 믿고, 복성군과 그의 어머니 경빈 박씨를 폐출시켰다.

그리고 효혜공주는 자기 동생인 동궁의 지위를 확고하게 하려면, 이조판서를 지낸 자기 시아버지가 적격이라 적극 변호하여 김안로는 1529년 5월에 방면된다.

중종은 중전의 요청에 따라 동궁을 보호한다는 미명하에, 전 부원군 윤여필의 아들이며 동궁의 외숙인 윤임에게 직급을 높여 형조판서로 제수한다. 이때 윤임의 나이는 43세였다. 그러자 윤임 주위에 아부하는 세력들이 모여들기 시작했다. 그리고 김안로도 동궁 누이의 시아버지가 되어 동궁을 보살폈다. 이때 중전은 계속 딸만 4명을 낳아, 김안로와 윤임과 정치적으로 추구하는 목적이 같아서 사이가 좋은 편이었다. 그래서 문정왕후도 뒤에서 중종에게 김안로와 윤임을 칭찬했다. 이 말이 그들의 귀에 들어가 중전에게 인사를 다녀가곤 했다.

그리고 다음해 1530년 8월 중종의 어머니인 정현왕후가 세상을 떠난다. 중종과 중전의 슬픔은 여간 큰 것이 아니었다. 이어 국상을 선포하고 전국의 감영이나 현청에는 빈소가 설치되어 백성들이 분향재배하고 소식(蔬食)을 하면서 명복을 빌었다. 그리고 자신을 반성하는 사람들이 많았다. 특히 중전은 자기를 궁궐로 데려와서 아껴준 시어머니가 없다는 생각에 궁궐이 허전하게 생각되였으나 다른 한편으로는 자기가 내명부를 완전히 손아귀에 쥘 수가 있어서 자기 능력을 보일 때가 되었다고 생각했다.

그러나 김안로는 달랐다. 남들이 보는 앞에서는 소식을 했지만 뒤에서는 개고기를 비롯 육식을 즐겨 먹었다. 그리고 이때 김안로는 자기를 탄핵한 심정이 '작서의 변'과 관계가 있다고 모함하여 귀양을 보낸다. 중종의 신임을 얻은 김안로는 1531년 오위도총부 도총관이 되어 도성의 경비를 총지휘하게 되었다. 그리고 하수인들을 시켜 심정을 탄핵하여, 이해 12월에 심정은 사약을 받고 죽게 된다. 이후로 조정의 모든 권력은 김안로의 손에 들어갔다.

그러자 이를 보다 못한 좌찬성 김극성(金克成), 공조판서 조계상(趙繼商) 등은 육조의 관원들과 공동으로 김안로를 탄핵한다. 그러나 김안로 측근들도 역공세를 취한다. 정국의 나날이 살얼음판을 걷는 순간들이었다. 중종은 동궁을 보호한다는 명분 아래 영의정 정광필(鄭光弼)은 파직시키고, 김극성과 조계상 등을 해변가로 귀양 보낸다. 김극성은 토정 이지함의 외삼촌이 된다.

그리고 이때 김안로의 아들 김희는 26년(1531) 1월 상의원 제조가 되어 주위 사람들로부터 축하를 받는다. 호사다마라고 할까, 4월 효혜공주가 병으로 죽고 이어 6개월 후 10월에 김희도 죽는다. 김안로의 실망은 여간 큰 것이 아니었다. 정적을 제거한 김안로는 자기 배후 세력의 원천인 효혜공주가 비록 죽었지만, 죽은 며느리의 남동생이 세자로 있어 권력이 건재하다고 큰소리를 쳤다.

김안로는 1532년에 다시 이조판서가 되어 인사 때마다 뇌물을 받아 챙겼고, 1533년에는 호조판서가 되어서는 정부의 재물을 갈취했다. 1534년에는 우의정이 되자, 그의 집에는 봉물짐을 진 사람들로 줄을 이었다. 사람들은 이를 보고 손가락질을 했다. 뇌물을 바치려고 줄을 선 것은 조선 개국 이래 처음이라는 것이었다.

5. 한 맺힌 요녀(妖女)

이때 진복창(陳復昌)은 장원급제하여 한직인 봉상시(奉常寺) 주부(主簿)로 있었지만, 누가 이끌어주는 사람이 없었다. 왜냐하면 진복창의 어머니는 서출 출신으로 음탕한 여자로 소문났기 때문이다. 그녀는 처음에 유씨라는 사람에게 시집을 갔다가 아들을 낳고 품행에 문제가 있어서 아들과 같이 쫓겨나, 다시 역관인 박원지에게 아들을 데리고 재가(再嫁)한다. 박원지 행동이 개 같아서 '개말치' 라는 별명이 붙어있었다. 결혼 후 1년 만에 개말치가 죽고 그녀는 의정부에서 녹사(錄事)로 있는 진의손에게 삼가(三嫁)를 한다. 그래서 이름도 진복창으로 바꾼다. 진복창은 서자 출신이라 대과를 볼 자격이 없었으나, 의부 진의손이 뇌물을 써서 과거를 본 것이다. 진복창은 출신이 이렇다 보니 눈여겨보고 이끌어주는 사람이 없었다. 그러자 뇌물을 바치고 김안로의 추천으로 성균관 전적(典籍)이 되었다. 김안로는 개고기를 유난히 좋아했다. 진복창은 자주 개고기를 구어 바쳐 김안로에게 신임을 얻었다.

이런 진복창의 지저분한 과거를 알게 된 과거 동기인 호탕한 선비 임형수가 모임 때 이를 폭로한다. 그러자 사람들은 이를 좋다고 진복창을 놀려댔다. 그래서 진복창은 얼굴을 들고 다닐 수가 없었다. 그렇지만 진복창은 여전히 김안로에게 개고기를 구어 바쳤다. 이를 보고 사람들은 진복창을 '개같은 자식' 이라고 욕을 했다.

중종 29년(1534) 갑오년 5월에 중전이 계속 딸 넷을 낳다가, 드디어 34세의 나이로 경원대군(慶原大君)을 낳았다.

여전히 김안로는 양사의 장인 대사간 허항(許沆)과 대사헌 채무택(蔡無擇)을 최대한 이용하여 정적들을 이들로 하여금 탄핵케 하여 죽이거나 귀양을 보냈다. 드디어 자기 말을 듣지 않고 바른 말을 잘하는 영의정 정광필마저 사사하라고 주청을 했다. 그러자 중종은 김안로에게 사정하여 간신히 귀양만 보내게 된 것이다. 이들은 동궁이 다음 보위에 오른다는 것을 알고 권력을 최대한으로 이용하고 있었는데, 중종도 이들 세력을 어찌하지 못했던 것이다.

그리고 김안로는 중전의 아들 경원대군이 보위에 도전할지도 모른다는 생각에, 그의 외삼촌인 윤원로와 윤원형 형제들에게도 사람을 붙여 뒤를 미행하는 등 견제를 하기 시작한다.

1537년 중전의 오빠인 윤원로와 동생 윤원형은 가만히 있다가는, 자기네들도 언제 귀양을 갈지 모른다는 생각이 들었다. 이들에게도 세력이 붙고 있었기 때문이다.

중전에게는 오빠가 네 명에 동생이 한 명 있었다. 첫째 오빠 원개는 음직으로 장례원 사평(司評)으로 있다가 1535년 세상을 떠난다. 둘째 오빠 원량은 음직으로 중종 19년 동궁의 세마(洗馬)로 있다가 승진하여 지금은 6품 벼슬에 있었고, 셋째 오빠 원필은 음직으로 상의원 판관(判官)으로 있었고, 넷째 오빠 원로는 소과에 합격하여 음직으로 말직에 있었지만 우직할 뿐이어서 앞에서 끌어주는 사람이 없어 군기시 종 4품 첨정으로 있었다. 동생 원형은 그녀보다 두 살 아래로 머리가 영리했다. 중전은 자기 동기 중에서 원형이 가장 머리가 좋다고 생각했다. 그리고 자기보다 손 아래여서 다루기가 가장 편했다. 그래서 중종에게 특별히 부탁하여 학문 실력을 알아보게 했다. 그러자 중종 23년(1529) 2월에 중종은 유생 몇 명을 추천받아 어느 대목을 읽게 하고, 그 읽을 것을 발표하라고 했다. 5명을 선발했는데 그 중에서 윤원형도 포함되었다. 그해에 윤원형은 사마시에 합격하고 문과에 낙방하여 임금의 기거(起居)나 안부(安否)를 묻는 승후관(承候官)이라는 직책에 있었다. 이 승후관직은 종친이나 임금의 외척이 주로 맡았다. 그러다가 1533년 30세에 과거에 급제하여 종 8품 사관(史官)을 시작으로, 중종 37년 9월에는 정 3품인 동부승지로 있었다. 윤원형이 승정원에 진출하자, 그의 주변에 사람들이 모여들기 시작했다.

이렇게 되자, 김안로는 경원대군의 외숙들이 앞으로 자기의 적이 된다고 생각하여 이들을 감시하고 견제하기 시작했다. 김안로가 자기들을 제거하기 위한 대책을 세우고 있다는 정보를 입수한 윤원형과 윤원로 형제는 불안에 떨기 시작했다. 김안로가 심정 등을 사사한 것으로 보아 자기 형제들을 해치고도 남는다고 생각했다. 그들도 이에 대한 계략을 꾸미게 되어 며칠 동안 머리를 짜냈다. 결국 이들은 상상할 수 없는 초강수를 두기로 했다. 중전과 경원대군을 이용하는 것이었다. 그리고 이를 중전과 상의했다. 윤원형이 승정원에 있어서 서로 의견을 교환하기가 쉬웠던 것이다. 이 때 윤원형 형제는 친분있는 사람들을 만나면 이상한 말을 하였다.

"당신은 들었어요. '김안로가 경원대군을 해치고 중전 윤씨를 폐하려 한다' 고 하는데 우리는 어떡하면 좋죠."

하며 헛소문을 퍼뜨린 것이었다.

그리고 문정왕후는 중궁전에 있으면서 외부와의 연락을 일체 끊고 두문불출하고 있었다. 그 소문은 상궁과 내관들의 입을 통하여 결국 중종의 귀에 들어갔다. 중종의 노여움은 극에 달했다. 중종은 중전을 찾았다.

"전하, 신첩과 경원대군을 죽여주시옵소서."

"아니 그게 무슨 말이오."

중종은 눈물을 흘리는 중전이 불쌍했다.

"전하께서 신첩과 경원대군을 귀양보낸다고 하옵니다. 신첩은 너무나 기가 막히고 불안하여 두문불출하고 있었던 겁니다. 전하, 어서 빨리 신첩을 죽여주시옵소서."

"누가 그러시오."

중전의 눈물에 중종은 적이 놀랐다. 이는 중전의 자작극이라는 것을 왕은 알아채지 못했다.

"지금 대궐에는 이를 모르는 사람이 없습니다."
"나는 금시초문이오. 누가 그러시오."
"김안로 대감과 윤임 대감이 그런다고 하옵니다."
"짐은 그들에게 그런 얘기를 한 적이 절대 없으니 걱정하지 마오."
중종은 중전을 어루만졌다.
"정말이십니까?"
"그렇고말고요. 이는 헛소문이오. 너무 심려하지 마오."
"그러면 다행입니다. 전하, 신첩과 경원대군을 살려주시옵소서."
중전은 다시 눈물까지 보이며 소리내어 울었다.
"짐이 보호해 줄 테니, 너무 걱정하지 마시오."
중종은 중전을 다독거리고 난 후, 경원대군을 품에 안았다.
"네가 여자로 태어났으면 천하에 남부럽지 않게 호강할 텐데. 사내로 태어나서 제 명에 못 죽겠구나."
중종도 눈물까지 흘렸다.
중종은 얼마 후 중궁전을 나와 대전으로 향했다. 그리고 즉시 윤임을 불러들였다. 이때는 중종의 맏딸이며 김안로의 며느리인 효혜공주가 죽은 뒤였다. 그런 탓인지 중종은 김안로에 앞서 윤임을 먼저 부른 것이었다.
"경이 중전을 폐하고 경원대군을 죽여야 한다고 말했다는데 그게 사실인가?"
부복해 있는 윤임에게 중종이 준엄하게 물었다.
"전하, 저는 결코 그런 말을 한 적이 없사옵니다."
윤임은 벌벌 떨면서 제대로 말도 못했다. 잘못했다가는 귀양을 가거나 파직을 당할 처지기 때문이다.
"경과 김안로가 그런 말을 했다는데, 발뺌을 하려는가?"
중종은 대단히 화가 나 있었다. 그대로는 빠져나갈 수 없다고 판단한 윤임은 자신이 살길을 택했다.

"신은 그런 적이 없사옵고, 김안로가 그리 말한 줄로 아옵니다."

그 말을 하는 윤임의 등줄기에는 식은 땀이 흘렀다.

"경이 진정 결백하다면 김안로를 탄핵하시오."

중종은 밀지를 윤임에게 내렸다.

이 어명 한마디에 김안로는 탄핵을 받고 귀양을 가게 되었다.

이런 와중에 동궁전에서 화재 사건이 발생했다. 마침 동궁이 방에 있어서 바로 진화되었다. 이는 윤원형 등에게 반격을 가하기 위하여 김안로 측에서 고의로 방화한 후, 이것은 윤원로와 윤원형 형제의 소행이라는 소문을 낸 것이다.

그렇지만 이 사건으로 윤원로, 윤원형 형제는 단지 귀양을 가는 것으로 종결되었다. 그리고 얼마 안되어 풀려난다.

1537년 정유년 12월에 김안로는 부정축재와 관원들을 모함한 것이 드러나 사약을 받게 되었다. 이 사건으로 인하여 동궁의 비호세력들은 심한 타격을 입었다.

이때 정윤겸(鄭允謙)은 1492년 29세에 무과에 급제하여 훈련원에 근무하다가 1506년 중종반정 때 박원종을 도운 공으로 훈련원 주부에서 군기시 종 4품 첨정이 되고, 3등 공신에 올라 공신전 80결과 여자 노비들을 하사받았다. 그들 노비 중에서 미인 한 명을 첩으로 삼았는데, 그녀가 남씨 부인이었다. 그는 1526년 정 2품 오위도총부 도총관으로 임명된 이후 계속 그 직에 있었다.

정윤겸과 남씨 사이에는 1남 3녀가 있었다. 장남은 담이고 장녀는 원연손의 첩이고, 차녀는 판서를 지낸 신거관의 첩이었다. 난정(蘭貞)은 세번째 딸이었다.

난정은 두 언니가 첩으로 간 것을 매우 못마땅하게 생각했다. 자신도 그런 신세가 될지 모른다는 생각에 그녀는 시집갈 나이가 되었는데도, 마음을 못 잡고 방황하기 시작했다. 열여섯 살부터 중매가 들어왔으나 난정은 쳐다보지도 않았다. 그러다가 어느새 열일곱 살이 된 것이다. 그러던 중에 그녀 어머니의 먼 친척되는 여자가 기생이라며 남씨 부인을 찾아왔는데 그녀가 장안의 명기 옥매향(玉梅香)이었다.

그녀는 난정이 보다 열 살 위였다. 이때 옥매향은 도승지를 지낸 임백령(林百齡)과 깊은 정이 들어서 며칠만 못보아도 못견디는 사이였다.

"언니, 괴마(槐馬) 나리도 부인이 있을 텐데, 어째서 언니만 그렇게 찾고 난리야?"

난정이 궁금해서 물었다. 그녀는 그때 남녀 관계에 대해 잘 알지 못했다. 괴마는 임백령의 호였다.

"내가 좋으니까 그렇겠지."

옥매향이 당연하다는 듯이 대답했다.

"언니는 남자 홀리는데, 무슨 비법이라도 있어?"

"글쎄, 기생이 되려면 가무와 서화는 기본적으로 배워야 하지만 성희에 대해서도 능수능란해야 일등 기생이 된단다."

"성희가 무언데?"

난정은 몹시 궁금했다.

"이것을 보면 알 거야."

옥매향이 춘화를 난정에게 보여 주었다. 그 서첩에는 남녀 합궁(合宮)하는 그림 등이 노골적으로 그려져 있었다. 난정은 그것을 보고 처음에는 부끄러워 눈을 뗐지만, 조금 있다가는 눈에 불을 밝히고 요리조리 돌려가면서 공부로 삼는 것이었다. 그리고 맨 끝부분에 '하루에 콩 한 되를 한달 간 주어담아야 한다.' 라는 구절이 있었다.

"콩을 주워담다니, 언니, 이게 무슨 뜻이야?"

"콩을 방바닥에 깔아놓고 여자 거시기나 항문으로 콩을 물어서 그릇에 담는 거란다."

난정의 호기심에 옥매향이 실실 웃으면서 대답했다.

"콩을 담으면 뭐가 좋아?"

난정이 고개를 갸우뚱거렸다.

"남정네들이 환장을 하고 덤벼들게 되지. 이것을 배워 두면 나중에 남편이 절대 바람 안피운다. 너도 배워 둬라."

"정말?"

난정은 그것이 어떻게 하는 것인지 궁금해서 견딜 수가 없었다.

"언니, 나 그것 좀 가르쳐줘."

"배우고 싶어? 좋아. 이런 게 실제로 써먹을 수 있는 진짜 공부지. 말로는 소용이 없으니 내가 한번 시범을 보일 테니까 잘 봐 둬."

옥매향은 다락방에서 콩을 한줌 가져와 방바닥에 뿌렸다. 콩이 데구르르 굴렀다.

옥매향은 음란한 눈빛을 띤 채 고쟁이를 벗고 콩 위에 앉아 힘을 주었다. 콩을 거시기로 물어서 그릇에 담는데, 순식간에 그 콩들을 다 물어 담았다.

"너도 해 볼래?"

"내가 어떻게…."

난정이 얼굴을 붉혔다.

"너는 훗날 정경부인이 되겠다고 입버릇처럼 말하면서 네 처지에 이런 재주 하나도 없다면 무슨 수로 그리 되겠니?"

옥매향은 난정의 성품을 잘 아는지라 오기를 발동시키려고 그리 말했다. 예상대로 난정이 나섰다.

"해 보지 뭐."

옥매향이 다시 콩을 방바닥에 뿌렸다. 난정은 아무래도 민망한지 망설였다.

"싫어?"

옥매향이 재촉했다.

"할께."

난정이 고쟁이를 벗고 옥매향이 하던 모양대로 궁둥이를 방바닥에 붙이고 시도를 했으나 하나도 줍지 못했다.

"이렇게 하는 거야."

보기가 딱했는지 옥매향이 다시 시범을 보여 주자, 난정이 자세히 보고 그대로 따라 했으나 잘 안되었다. 한참 용을 쓰다가 하나가 간신히 물리자 난정은 무슨 득도라도 한 양 탄성을 질렀다.

"됐어, 언니. 근데 너무나 힘드네."

"그것을 한달 동안 하면 그 어떤 색골한테 시집가더라도 지극히 사랑받는다. 그래서 사내들이 기생에게 한번 빠지면 헤어나지 못하는 거야."

옥매향은 자랑스레 너스레를 떨었다.

"그런 것이군."

그 후로 난정은 그 묘한 짓을 과거를 앞둔 선비가 책을 읽듯 부지런히 연습했다. 그밖에도 애교부리는 방법, 애무하는 방법 등 기생들이 쓰는 기법을 골고루 배웠다. 난정은 옥매향의 말을 신봉했다.

'첩년이 서방을 치마폭에서 빠져나가지 못하게 하는 것은 오직 성희와 애교 밖에 없다.' 라는 말이 항상 머리 속에서 떠나지 않았다.

그녀는 옥매향이 가르쳐 준 비술을 끊임없이 수련했다. 어느 날은 아랫도리가 뻐근하여 걸음도 제대로 걷지 못할 때가 있었지만 난정은 다음날도 여전히 연습을 했다. 그녀는 이제 어떤 남자도 뇌살시킬 수가 있다고 장담했다. 그래서 옥매향에게 점검을 받았다.

"이제 난정이 네가 나보다 기량이 한수 위가 되었다. 이젠 그렇게 열심히 수련을 하지말고 하루에 한시간 정도만 연습해 봐."

옥매향의 이런 말에 난정은 고맙다며 눈물을 흘렸다.

어느날 난정이 옥매향 집에 들렀을 때, 임백령과 같이 한잔하러 온 윤원형은 한창 피어오르는 난정을 보고 한눈에 반했다. 윤원형은 저 처녀가 누구냐고 묻고 싶었으나 옆에 있는 임백령의 눈치를 보느라고 참았다.

난정은 이때 결혼 적령기여서 이곳저곳에서 중매가 들어왔었다. 중매가 들어오는 곳은 주로 중인 계급인 사역원, 관상감, 전의원에 다니거나 다녔던 이들의 아들이 많았다.

그런데 난정은 이들을 아예 쳐다보지도 않았다. 그녀는 양반집 지체 높은 사람을 찾고 있었다. 그것도 소실이 아닌 정실로. 이는 국법으로 금하고 있는 일인데도 난정은 괜한 오기를 부리고 있는 것이었다.

이때 서대문 밖에 사는 김중호라는 사람이 그녀의 자태를 보고 반해 난정의 어머니 남씨에게 매파를 넣어 조르기 시작했다.

"저는 죽어도 중인 자제에게는 시집 안가요."

난정이 일언지하에 거절했다.

"그러면 누구에게 갈래?"

남씨 부인이 눈을 흘기며 물었다.

"양반한테로 갈래요."

"이렇게 어리석은 아이가 있나. 너는 소실의 딸은 절대로 적실이 되지 못한다는 것을 모른단 말이냐?"

"왜 몰라요. 그 원수 같은 국법을 알기는 알지만 저는 어머니나 언니들이 항상 그늘에서 숨죽이고 사는 것을 보고 결심했어요. 차라리 처녀로 늙어 죽으면 죽었지 절대로 소실로는 안 가요. 저는 사람 대접을 받으며 살고 싶어요."

"이런 답답한 것이 있나. 큰언니 난옥이, 둘째 난향이를 봐라. 시집가서 지금 잘살고 있지 않느냐?"

남씨는 난정을 구슬리기 시작했다.

"잘살면 무엇해요. 늘 정실 눈치만 보고 한숨으로 사는 걸요."

"난정아, 그러지 말고 너를 좋아하는 총각이 있으니 생각 좀 고쳐먹어라. 그의 아버지가 중인이라서 그렇지 그의 할아버지는 영의정을 지내신 분이라 가문도 좋단다."

"글쎄 중인은 싫다니까 그래요."

난정은 속이 상했다. 어쩌다 자신이 소실의 딸로 태어나 이런 비참한 꼴을 당하는지 생각하면 할수록 원통하고 한이 맺혔다. 이 때 풍속에는 양반은 소실을 얼마든지 둘 수 있어도 강상(綱常)의 법도라는 것이 있어서 소실은 정실의 말을 들어야 했다. 만약 듣지 않으면 매를 맞을 수 있다. 매를 때려도 어디 가서 항의할 수가 없는 것이 법도였다.

난정은 용하다는 무당이 남산 아래에 산다는 옥매향의 말이 떠올라 집을 나서 그 무당집을 찾았다. 기생들은 하루살이 같은 인생을 사는 여자들이라 그녀들은 남자 하나 잘 골라잡으면 팔자를 고치는 것이다. 그래서 그녀들은 장안에 유명하다는 점쟁이나 무당집에 뻔질나게 드나들고 있었다.

난정이도 그 집에 한번 가 보고 싶었다. 자기 팔자가 진정 소실이 아닌 정실부인으로 살수 있는지 의문이 들었던 것이다. 그녀는 기대를 품고 대문 안에 들어섰다.

"뭐 보러 오셨어요?"

"그래요."

무당 심부름하는 여자의 안내로 난정은 방안에 들어섰다. 처음 보는 방안의 이상야릇한 물건이며 그림이 기분을 묘하게 했다. 어느 그림은 자기를 노려보고 있는 것 같아 난정은 섬뜩해졌다.

한 여자가 무당의 말에 '예, 예, 그대로 하겠습니다' 하고는 면포를 놓고 방을 나갔다.

난정이 차례였다.

"그래, 처녀는 무슨 일로 왔어?"

"제 팔자가 어떤지 궁금해서 왔어요."

"그럼 생일을 대어 봐!"

예나 지금이나 권위를 내세우려고 그러는지 무당은 반말지꺼리다.

"뱀띠에 동짓달 열하루입니다."

"그럼 열여덟이네."

"예."

무당의 말에 난정이 대답했다.

무당은 육갑을 짚기 시작했다.

"가만있어. 어미가 첩이군?"

"예."

"앞으로 어려운 일이 많을 텐데, 무엇보다 참고 살 줄 알아야 돼. 알았어?"

"예."

난정은 무당의 말을 듣는 순간 기가 꽉 꺾였다. 생년월일만 댔는데 자기가 첩의 자식인 줄 금방 아는 것이었다. 과연 소문대로 용하다고 생각했다. 무당은 다시 손가락을 꼽으며 육갑을 짚기 시작했다. 환지에 왔을 때 끝마쳤다.

"태어난 날의 일진이 경자(庚子)일이라. 그러면 흰 쥐로군. 흰 쥐는 정말 보기 드문 동물이야. 백 년에 한 마리 나타날까 말까 하는 동물이지. 앞으로 귀하게 되겠어. 아들 셋에 딸이 두 명인데, 모두 잘되겠구먼. 그런데 가만 있자 이거 정경부인 팔자가 될 수도 있는 것 아니야."

"네, 정경부인이요? 소실이 어떻게……."

이 말은 은근히 기대한 것이 사실이지만, 예상 밖의 말에 난정은 깜짝 놀라 소리쳤다. 정경부인이라면 1품 벼슬을 하는 사람의 정실 부인을 말하는 것으로 정 1품인 삼정승이나 좌우찬성의 부인을 가리켜 그리 불렀다.

"내가 뭐라고 했어? 흰 쥐라고 했잖아. 흰 쥐는 너무 귀해서 비록 소실 딸이라 해도 그렇게 된단 말이야."

무당이 목소리를 높였다.

"제가 요즘 그 문제 때문에 얼마나 고민하고 있는 줄 아세요. 집에서는 시집가라고 매일같이 닦달을 하고 있어요. 저는 중인이나 소실 자리는 죽어도 싫단 말예요. 저희 어머니는 저더러 큰일 낼 년이니, 미친년이니, 분수를 모르는 년이니 해요. 나라법에 절대로 소실은 적실이 될 수 없다는데 어떻게 1품 부인 정경부인이 된단 말예요?"

난정이 따지고 들었다.

"그럼 색시. 좋은 벼슬할 수 있어, 없어?"

기분이 상한 무당은 난정을 아예 어린아이 대하듯 말했다. 난정은 그녀의 말투에 슬슬 기분이 상해지기 시작했다.

"절대 없지요."

"그렇게 절대니, 죽어도니 하는 말은 함부로 쓰는 것이 아냐. 정막개는 아주 천한 종이었어. 그런데 당상관을 지낸 사람이야. 그리고 노영손도 종이었는데 공신이 되어 그도 당상관 벼슬을 했지. 이런 사실을 알고 있어?"

무당은 난정을 깔보며 말했다.

"들은 것 같기도 하네요."

"이것은 엄연한 사실이야. 이렇게 종놈들도 당상관이 되어 어전에 드나드는데 평민 서자도 아닌 양반 서자면 영의정 부인은 얼마든지 하고도 남지. 앞으로 내가 볼 때 크게 한번 뒤집히는 세상이 올 거야. 그때 가면 무슨 일인들 못하겠어?"

무당은 난정에게 바람을 불어넣었다. 난정은 현실과 너무도 동떨어진 얘기를 하는 무당의 머리가 어떻게 되지 않았나 하는 생각도 잠깐 했지만, 자기가 바라는 말을 얘기해 주어 기분이 한껏 들떴다.

"제가 가진 거라곤 이것 밖에 없습니다."

난정은 손에 끼었던 금반지를 빼서 무당에게 주었다.

"아이구, 이렇게 귀한 것을 받아도 되나. 그러지 말고 집에 가서 쌀됫박이나 가지고 와."

무당은 허겁지겁 반지를 난정 앞에 다시 밀었다.

"앞으로 저는 보살님을 자주 찾아올 거예요. 그러니 뭐 번거롭게 들고 다닐 필요 없잖아요. 다음 것까지 이걸로 해요."

난정은 다시 금반지를 무당에게 주었다.

"그랴, 그럼."

"앞으로 종종 들를게요."

이렇게 하여 난정은 남산의 무당과 인연을 맺게 된 것이었다.

무당집에서 나온 난정이 집 앞 골목에 들어설 때였다.

"낭자."

그녀를 부르는 소리가 들렸다. 난정은 걸음을 멈추었다. 어떤 사내가 그녀 앞으로 성큼성큼 걸어오는 것이었다.

"저는 먼젓번에 매파를 보낸 김중호라고 합니다. 저와 혼인해 주십시오."

김중호는 사정조로 이야기했다.

"길거리에서 이러지 마시고 사주(四柱)를 보내세요."

"네, 알겠습니다."

난정은 그가 귀찮아서 아무렇게나 말한 것이었다.

그런 줄도 모르고 김중호는 신이 나서 집으로 부리나케 뛰었다. 그는 난정이 결혼을 승낙한 것으로 받아들였다. 사주를 보내라는 얘기는 사주단지(四柱單子)를 보내라는 얘기로, 이는 결혼을 하겠다는 의사 표시인 것이다. 며칠 후 매파가 사주단자를 가지고 왔다.

난정의 어머니는 미심쩍어 하면서도 기쁜 표정을 감추지 못했다. 그녀가 난정을 불렀다.

"난정아 그래, 고맙다. 네가 마음을 돌려 결혼하겠다고, 사주단자를 보내라고 했다면서. 그래 잘했다."

남씨 부인은 딸이 기특해서 싱글벙글 웃었다.

난정은 매파가 보는 앞에서 사주단자를 풀었다. 그리고 사주를 보고는 다시 쌌다. 그러더니 아무런 얘기도 하지 않은 채 방을 나섰다. 그녀는 무당집으로 가서 김중호의 사주를 불러 줬다. 그가 싫었지만 혹시나 하는 생각에 그리 한 것이었다.

"이 사람은 잘해야 한 5품 벼슬밖에 못할 사람이야."

무당의 말에 실망한 난정은 집으로 돌아왔다.

"그래, 어디 갔다 왔느냐?"

남씨 부인은 궁금하기 짝이 없었다. 난정이 일언반구도 없이 갑자기 사라졌기 때문이었다.

"심심해서 바람 좀 쐬고 왔어요."

난정은 어릴 적부터 말을 잘 둘러대고 거짓말을 잘했다. 불리하면 오리발을 내밀었다. 남씨 부인은 더 이상 캐묻지 않았다. 묻는다고 사실대로 대답할 아이가 아니라는 것을 이미 알고 있기 때문이었다.

난정은 누가 뭐라고 해도 자기가 싫으면 그만인 여자였다.

"사람을 앉혀 놓고 아무 말 없이 그렇게 오랫동안 자리를 비우는 게 어디 있어. 그 매파 아주머니가 기다리다 못해 그냥 돌아가셨다."

"잘 갔어요. 저는 그 사람과 결혼하기 싫어요."

"아니, 네가 사주단자를 보내라고 했다면서?"

남씨 부인은 난정을 다그쳤다.

"어제까지는 그랬는데 지금은 마음이 바뀌었어요. 밖에 나가서 천지신명에게 기도를 드렸더니 그 사람과는 결혼하지 말래요."

난정은 남산 무당 얘기는 피했다.

"아니, 이런 요망한 년이 있나. 이년아, 네가 무슨 족집게 보살이냐, 신들린 무당이냐, 말도 안되는 소리 하지 마라. 네가 사주단자를 보내라고 했으니까 그쪽에서 네가 결혼할 의사가 있는 줄 알고 매파를 보냈는데 이를 어쩌란 말이냐. 하여튼 저년이 집안 망신 다 시키네."

남씨 부인은 매파에게 시달릴 생각을 하니 벌써 걱정이 태산 같았다.

아니나 다를까 다음날 매파가 달려와서 혼인 날짜를 잡자는 것이었다. 남씨 부인은 시종일관 침묵을 지키는 수밖에 없었다.

그러자 매파는 난정에게 따졌다.

"저는 혼인하겠다고 사주단자 보내란 말은 한 적이 없습니다. 매파를 통해서 사주를 보내라고 한 것을 그 도령이 자기 멋대로 생각하여 결혼한다고 그런 모양입니다."

말이야 틀리지 않았다. 팔자가 어떤지 보려고 사주를 한번 보내라고 했지 사주단자는 입도 뻥긋 하지 않았다.

"그 말이 그 말 아니오. 아가씨, 이런 좋은 혼처 자리 앞으로 정말 나오기 힘듭니다. 어서 결정해요."

매파가 난정이를 설득하려 했으나 허사였다. 남씨 부인은 매파에게 수고비를 두둑이 주고 다독거렸다. 그러자 그녀는 약간 화가 누그러져서 돌아갔다.

난정이는 집에 가만히 처박혀 있는 성미가 못되었다. 싸돌아다니고 재는 것을 좋아했다.
 며칠후 난정이 옥매향의 집에 놀러가는데, 집에서 조금 떨어진 사거리에서 김중호가 나타나 길을 막는 것이었다.
 "낭자, 나 좀 봅시다. 사람을 그렇게 망신시켜도 되는 겁니까? 싫으면 처음부터 싫다고 하던지 사주단자를 보내라고 해놓고, 그런 일이 없다고 잡아떼면 나는 뭐가 되는 겁니까?"
 김중호는 감정을 억누르며 말했다.
 "보아하니 도령께서는 제 짝이 될 상대가 아니니 어서 길을 비키시오."
 속으로 '잘해야 한 5품 벼슬이나 할 주제에'라고 생각하다 보니 난정의 말투가 자신도 모르게 방자해져 듣는 이에게 모멸감을 주었다.
 김중호는 최소한 '제가 잘 아는 용한 데가 있는데 가서 보니까 도령하고 저하고는 궁합이 잘 안맞는다고 하오니 다시 생각해 보시죠.' 이렇게 사정조로 나올 줄 알았다. 그런데 상대가 아니니 비키라는 말에 그는 불쑥 화가 치밀었다.
 "이런 천하에 배워먹지 못한 년 같으니라고."
 김중호도 성질깨나 부리는 사내였다. 누구에게 멸시를 받고는 못사는 성미였다.
 "아니, 지금 당신 뭐라고 했소?"
 난정은 얼굴에 독기를 품었다. 그 아름답던 모습이 갑자기 삵괭이로 변했다.
 "아니, 이년이. 이 못된 년이."
 김중호가 욕을 하면서 난정에게 손찌검을 하려고 했다.
 "어디 때리려면 때려 봐라. 이놈아."
 난정이도 지지 않았다.

"에이, 이런 천하에 배워먹지 못한 년 같으니라고."

김중호는 난정의 따귀를 갈겼다.

"어, 이 자식이 나를 때리네."

난정은 김중호의 사타구니를 걷어찼다. 김중호는 얼떨결에 당하고 만 것이었다. 아무리 삼강오륜이 무너졌다 해도 시집도 안간 처녀가 남자의 중요한 그곳을 걷어차리라고는 꿈에도 생각지 못했던 것이다.

"아야, 아야."

김중호는 가운데를 잡고 데굴데굴 구르는 것이었다.

"멍청한 자식. 또다시 귀찮게 굴어만 봐라. 그때는 아주 뿌리를 뽑아놓을 테다."

난정은 이렇게 말하고는 옥매향의 집으로 갔다.

"난정아, 무슨 좋은 일이라도 있었니? 왜 그리 히죽거려?"

난정이 웃으면서 들어오는 모습을 보고 옥매향이 물었다.

"아, 속이 다 시원하다."

난정이 조금 전에 있었던 일을 이야기하자, 옥매향은 배꼽을 잡고 웃었다.

그 날도 난정은 옥매향이 가르쳐 주는 대로 성희의 기교를 열심히 배웠다. 목적이 분명하게 정해져서 교육 효과도 높았다.

그 후로도 난정에게 매파를 보내는 사람이 많았다. 그러면 난정은 신랑될 사람 사주를 남산골 무당집에 가서 반드시 물어보는 것이었다.

십여 명을 봤지만 무당의 대답은 한결같이 시원찮아 모두 거절하는 것으로 끝났다.

한해가 지나고 정월달이 되었다. 난정이 열아홉 살이 되었다. 어느날 오후쯤에서 옥매향의 집으로 놀러가 그녀와 더불어 널을 뛰고 있었다. 그때 임백령이 윤원형과 함께 들어섰다.

"어마, 괴마대감 나리."

옥매향이 호들갑을 떨며 임백령을 맞이했다. 임백령도 과거에 급제하여 처음 기방에 들어 상대한 여자가 옥매향인지라 그녀를 잊지 못해 기회가 있을 때마다 옥매향의 집을 찾아, 옥매향과는 뗄래야 뗄 수 없을 정도로 진한 정이 듬뿍 들어 있었다.

그리고 윤원형의 부인 김씨는 항상 골골하여 호색가인 원형이 가까이 오는 것을 달갑지 않게 여겼다. 그녀는 영의정을 지낸 김전의 손녀로 현모양처이긴 했으나 성격이 차가와서 신혼 때도 별로 다정스럽게 지내지 못했다. 그리고 십여 년이 지난 그때까지 아이도 낳지 못했다. 그래서 윤원형은 밖으로 나돌 수밖에 없었다. 윤원형은 부인 김씨의 그림자도 보는 것조차 싫었다. 그녀는 자기와 정적인 김안로의 친척인 김안수의 딸이었기 때문이었다. 윤원형은 갓끈 떨어진 김안로 집안인 처가를 노골적으로 무시하고 처를 대하는 것이 예전과 달랐다. 이런 때 난정을 만난 것이었다. 윤원형은 1537년에 김안로가 사사될 적에 귀양살이에서 풀려나, 홍문관 종 6품 수찬(修撰)으로 시작해 지금은 승정원 동부승지로 봉직하고 있었다. 그는 부인 김씨와 잠자리가 안 맞아 권태를 느끼고 있었던 것이다.

임백령은 경원대군이 태어났을 때 대과에 급제하여 승승장구하고 있는 윤원형에게 접근하여 제대로 한잔을 멋지게 샀던 것이다.

이때 윤원형의 생일을 알아낸 임백령은 잘 아는 관상감 사주 담당 교수에게 부탁해 사주를 보았다. 윤원형의 사주는 비천녹마격(飛天祿馬格)으로 앞으로 영의정을 한다는 것이었다. 이에 임백령은 십 년을 내다보고 윤원형에게 다가가 비록 나이는 아홉 살이나 적었지만 친구와 같이 허물없게 지내온 것이었다.

옥매향이 두 사람을 방안으로 안내했다.

"매향이, 저 여자가 누구야?"

첫눈에 마음이 동한 윤원형이 난정을 가리키고 물었다.
"오위도총부 부총관 정윤겸 대감의 소실 막내딸이에요."
옥매향의 옥구슬 굴리는 소리였다.
"음, 예쁘게 생겼는데 시집은 갔는가?"
"시집갔으면 이런 데 놀러오겠어요?"
"시집 안간 처녀가 왜 이런 데 놀러와?"
윤원형이 관심을 끊지 않고 물었다.
"저희 친척 동생이에요. 그리고 사연이 깊은 애예요."
옥매향은 난정에 대하여 타고난 사주하며 좋게 보일만한 점만 쏙쏙 뽑아내 얘기했다.
"그만한 사주라면 우리 윤대감이라야 족하겠는데."
얘기를 듣고 난 임백령이 윤원형을 보며 넌지시 의견을 타진했다. 그리고 임백령은 윤원형의 사주에 대해 침을 튀겨 가며 찬사를 가했다.
"아, 그렇게 윤대감님 사주가 좋아요?"
옥매향이 감탄을 하며 말했다.
옥매향이 윤원형의 생일을 알아냈고, 난정의 생일을 알려주었다.
그리고 밖으로 나가 다리가 휘어지게 한상 차려 가지고 들어왔다.
그들은 음식과 술을 거나하게 마시고, 젓가락으로 장단을 맞추어 노래도 부르고, 덩실덩실 춤을 추며 신나게 놀았다.
다음날 옥매향은 난정의 집에 찾아가 윤원형의 생년월일시를 적은 쪽지를 난정에게 넘겨주었다.
"잘 생각해 봐라. 어쩌면 네 운명이 여기에 달려 있을지도 몰라."
그리고 옥매향은 바쁜 일이 있다면서 바로 자기 기방으로 돌아갔다.
난정은 즉시 남산골 무당집으로 갔다. 다행히 손님이 없어 무당을 바로 만났다. 난정이 윤원형의 생일을 불러 주었다.

"좋다 좋아. 영의정에 공신 사주야."

무당이 흡족한 표정으로 고개를 끄덕이면서 미소를 지었다.

"고마워요. 보살님."

이제 자신을 정경부인으로 만들어 줄 신랑다운 신랑을 맞이하게 되나 싶어 난정은 가슴이 벅차 올랐다. 그러나 저쪽에서 싫다면 어쩌지? 난정은 불안해지기 시작했다. 그녀는 옥매향을 찾아가서 상의하는 것이 제일 상책이라고 생각했다.

난정은 옥매향의 집으로 갔다. 이때 옥매향은 외출 중이었다.

"그렇지. 아까 어디 간다고 그런 것을……. 이럴 때일수록 정신을 바짝 차려야 굴러들어온 호박을 넝쿨째 따지. 암 그렇고 말고."

난정이 중얼거리며 흥분된 가슴을 애써 진정시켰다.

난정은 옥매향 방에서 애를 태우며 마냥 기다렸다. 그렇게 초조할 수가 없었다. 난정은 이런 기분은 난생 처음이었다. 옥매향은 저녁때가 다 돼서 돌아왔다.

"어디 갔다 왔어, 언니. 눈이 빠지게 기다렸단 말이야."

옥매향을 보자, 난정은 어미를 기다린 아이처럼 굴었다.

"나를? 그래, 윤대감 사주가 어떻다고 하던?"

난정의 마음을 읽은 옥매향이 옷을 벗으면서 물었다.

"괜찮데. 아니, 더 없이 좋대."

"그럼 소실이라도 좋아?"

"……"

난정은 입을 꼭 다물고 고개만 끄덕였다.

"아니, 얘가 갑자기 왜 이래?"

옥매향이 이상하다는 듯 쳐다봤다.

"기운이 하나도 없고 맥이 쭉 빠지는 것 같아."

"호호호……, 얘가 사람을 제대로 한번도 만나보지 않고 벌써 사랑에 빠진 거야 뭐야? 그놈의 권세가 너를 사로잡았구나."

"글쎄, 나도 내가 왜 이러는지 모르겠네."

"아무튼 넌 알다가도 모를 애야. 하여튼 큰일 낼 여자야."

옥매향은 계속 난정을 놀려댔다. 그러나 농으로만 그러는 게 아니었다.

"언니, 윤대감님 언제 오신대?"

난정은 노골적으로 나왔다.

"내가 그걸 어떻게 아니. 신발 신은 사람 마음대로지. 기다려 봐. 만날 날이 있겠지. 근데 이렇게 밝히는 아이가 지금껏 어떻게 참고 지냈는지 몰라. 호호호……."

옥매향은 계속 난정을 놀려대는 투로 말했다.

"언니는 참. 내가 찾는 짝이 있었어야지. 시시한 피라미 같은 것들은 두름으로 엮어 와도 마음이 움직이지 않는 걸 어떻게 해."

난정은 옥매향의 집에서 저녁을 먹고 돌아갔다.

이틀 후 윤원형이 옥매향 집에 혼자 왔다. 옥매향이 난정의 얘기를 하자, 윤원형도 좋다고 승낙했다. 옥매향은 두 사람을 자기 집에서 만나게 해주었다. 그들은 흡족해 했다.

며칠 후 윤원형은 매파를 보내 서둘러 난정을 소실로 삼았다. 난정의 어머니 남씨와 정윤겸도 대단히 만족해 했다. 집도 정윤겸이 사주다시피 하였다. 정윤겸은 근검한 생활로 재물을 많이 모았다. 그런데 다른 용도로 재물을 쓰는 건 아꼈지만 자식을 위해서는 재물을 아끼지 않는 사람이었다. 더구나 중전마마의 동생이요, 경원대군의 외삼촌이 되는 사위를 조금도 서운하게 하고 싶지는 않았다.

신접살림 후 처음 얼마 동안은 난정의 얼굴색이 좋지 않았지만 두서너 달이 지나면서부터는 윤원형 쪽에서 난정을 감당하지 못했다.

난정은 옥매향에게 배운 남자 다루는 기술을 능수능란하게 발휘했고, 윤원형이 아니면 죽는다는 생각에 기생이 술꾼들 돈 후려내듯이 아양과 애교로 윤원형을 홀리기 시작했다.

윤원형은 비록 누님이 중전이지만 원래 넉넉한 살림은 아니었다. 난정은 친정어머니를 구워삶아 친정에서 재물을 가져다가 윤원형의 옷이며 갓을 최상품으로 준비했고, 맛있는 음식과 술까지 준비해 놓고 퇴궐을 기다리곤 했으니 호색한 윤원형이 아니라 어떤 사내라도 난정의 손아귀에서 벗어나지 못했을 것이다.

윤원형은 부부간의 금슬이니 속궁합이니 하는 말의 뜻을 난정과 살면서 알게 되었다. 그들은 행복하게 지냈다.

그리고 난정은 시누이 되는 중전에게 명절 때마다 값진 선물을 보내 호감을 사기도 했다. 난정은 친정집에서 재물을 있는 대로 가져다가 마음대로 써댔다.

"이러다가는 우리 집이 너 때문에 거덜나겠다."

나중에는 보다 못한 그녀의 어머니가 불평을 하기도 했다.

"이것도 다 장사라고 생각하세요. 몇 년만 지나면 제가 수십 곱으로 쳐서 돌려드릴 테니까요. 아까워 하지 마세요."

그럴 때마다 난정이 이렇게 말을 둘러대는 통에 그녀의 부모는 할 말을 잊곤 했다.

난정은 속으로는 한을 품고 정 1품의 소실이 아닌, 정경부인의 꿈을 키우기 시작했다.

6. 권력과 밀애(密愛)

 난정은 작은 언니 난향이 몹시 아프다는 소식을 듣고, 언니의 집으로 찾아갔다. 집은 별로 좋은 편은 아니었다. 그때까지 호조 정랑으로 있는 형부 신거관(愼居寬)은 코빼기도 안보였다는 것을 난향의 몸종으로부터 듣게 되었다.
 난정이 왔다는 소식을 듣고 신거관이 소실 난향의 집으로 찾아왔다.
 난정은 방에 들어서는 신거관에게 인사도 않은 채, 그동안 언니에게 서운하게 대한 것을 표독스럽게 따지기 시작했다. 아픈 몸을 일으켜서 난향이 말렸지만 막무가내인 난정은 물불을 가리지 않고 대들었다.
 "사람을 데리고 살면서 며칠 동안 죽었는지 살았는지 쳐다보지도 않고 친정 식구가 와서 병간호를 해야 합니까? 이러면서 왜 데리고 사는 거예요?"
 난정이 형부를 노려봤다.
 "내가 며칠 일이 바빠서 그랬네. 밤늦게 들어왔다가 아침 일찍 등청을 하다 보면 그럴 수도 있는 것이야. 좀 서운하게 한 게 뭐 그리 큰 흠이라고 이리 악을 쓰는가?"
 신거관이 난정을 타이르는데, 소실을 경시하는 듯한 기색을 내비쳤다.

"소실도 똑같은 사람인데 이렇게 차별 대우하는 법이 어디 있어요?"
본부인과 소실의 엄연한 차별을 난정은 분개하고 있는 것이었다.
"듣자하니 말이 심하구나."
신거관은 은근히 화가 났다.
"이러시려면 아예 언니를 죽여버리시든지……."
"처제, 못하는 소리가 없구먼. 누구 앞에서 이리 막말인가?"
방자한 처제의 말에 신거관도 화가 불쑥 치밀었다.
"할 말 하는데 막말이라니요?"
난정이 지지 않고 따지고 들었다.
"아니, 이게 어디에 와서 제 분수도 모르고 패악질이야. 네가 노려보면 어쩔 테냐?"
난정이 대들 태세로 벌떡 일어섰다.
"아니, 이 버르장머리 없는 년이."
신거관이 일어나 난정의 따귀를 올려붙였다. 그러자 난정은 신거관에게 달려들어 손등을 물어뜯어버렸다. 인간 차별에 항의하는 난정의 몸부림이기도 하였다.
"아이구, 아퍼."
신거관이 손을 얼른 뺐으나 벌써 피가 묻어나고 있었다.
이 소리를 듣고 본부인이 달려왔다. 본부인이 난정을 혼내주려고 하자 신거관이 말렸다.
"부인, 그만두시오. 사람 같지 않은 것과 싸우면 똑같은 사람이 되는 거요."
그 후 난향은 친정에 와서 눈물을 흘리며 자기는 앞으로 어떻게 해야 좋으냐며 눈물로 호소했다는 것이다.
이 외에도 난정이 시숙과 벌인 사연은 더욱 기막혔다.

윤원로는 윤원형의 바로 손위의 형이다. 그는 성격이 과격하고 잘난 척을 했는데, 평소에도 동생 원형이 손아래라고 함부로 대했다.
 윤원로가 원형의 집에 들렀을 때, 원형은 보이지 않고 본부인 김씨가 혼자 집을 지키고 있었다.
 "서방님은 여기 안 계십니다. 근 한달 동안 들어오지 않았어요."
 김씨 부인이 시무룩한 표정으로 말했다.
 "그럼 어디에 있습니까?"
 "소실집에 푹 빠져 있는가 봐요."
 "이런 멍청한 놈의 자식. 이놈이 집안 먹칠을 할 놈이네. 본부인을 구박하는 놈이 어디 있어."
 화가 난 윤원로는 김씨 부인의 몸종을 데리고 원형의 소실집으로 갔다.
 윤원로가 방안에 들어섰을 때, 원형과 난정은 주거니 받거니 하며 술을 마시고 있었다.
 "잘한다, 잘해. 이놈아, 본부인도 생각해야지. 아무리 소실이 좋다고 해도 네가 이럴 수가 있느냐? 네 체통을 지켜라."
 윤원로가 원형을 보자마자, 호통부터 쳤다. 그는 난정을 무시하고, 아예 쳐다보지도 않았다.
 "형님 오셨어요? 한잔 하시지요. 이리 올라 오세요."
 원형이 형님 대접을 깍듯이 했다. 난정은 윤원로를 못마땅한 표정으로 바라보았다.
 "야, 이놈아, 본집으로 가자. 제수씨가 얼마나 서운하겠어. 소실한테 백번 잘해 주는 것보다 정실한테 한번 잘해 주는 편이 훨씬 낫다."
 윤원로가 난정에게 들으라는 듯이 큰소리로 말했다.
 "형님, 저는 그 여자한테 가기 싫어요. 무슨 놈의 여자가 그렇게 말뼈다귀 삶아놓은 것 같이 뻣뻣한지 모르겠어요. 애교도 없고 무엇 하나 잘하는 것이 있어야지요. 저는 절대 안가요."

원형이 김씨 부인에 대하여 혹평을 하며 머리를 좌우로 저었다.

"이놈아, 조강지처 구박하다가는 천벌 받는다. 소실은 그저 데리고 사는 거지 이렇게 푹 빠지면 되겠느냐? 너는 그것도 모른단 말이냐? 이놈아, 답답하다. 속 답답해."

윤원로는 자기 가슴을 손으로 쳤다.

"내 말이 틀렸느냐?"

"……"

윤원로의 말에 원형은 대답을 못하고 가만히 앉아 있었다.

"뭘 하고 있어. 어서 일어서지 않고서. 본댁으로 가자."

"저는 가기 싫습니다."

강제로라도 끌고 가겠다는 태세로 윤원로가 원형을 잡아끌었지만, 원형은 윤원로의 손을 뿌리쳤다.

"이런 팔푼이 같은 놈이 있나. 그럼 여기서 눌러살 셈이냐?"

윤원로가 원형을 윽박질렀다.

"가기 싫다는 사람을 억지로 그렇게 데리고 가시려고 합니까?"

참다못한 난정이 앞에 나섰다.

"소실 주제에 어디 나서서 말참견인가?"

윤원로는 난정의 말을 무시해버렸다.

"그러면 남의 집에 와서 이렇게 소란을 피우는 것은 양반이 할 짓입니까?"

화를 꾹꾹 참고 있던 난정이 마침내 독사 같은 눈을 뜨며 대들기 시작했다.

"이런 고얀 게 있나. 말하는 거 하며 눈치켜뜨는 거 하며 집안 망신시킬 년이로구나."

윤원로도 화가 나서 난정을 함부로 대하기 시작했다.
"형님, 참으세요."
이제는 원형이 원로를 말리는 형국이 되었다.
"저년 말하는 거하며 눈꼬라지 좀 보게. 내일 당장 내쫓아버려!"
윤원로가 버럭 소리를 질렀다.
"이자가 시아주버니라고 대우해 주니까, 형편없는 사람 아냐. 보자보자 하니까 못하는 소리가 없네."
난정이 욕설을 섞어 악을 썼다.
"이런 고얀 년이 있나. 저 욕하는 거 보게."
"이게 어디 와서 행패야."
윤원로의 말이 끝나기도 전에 난정이 윤원로의 따귀를 올려붙였다.
"아니, 이런 육실할 년이 있나. 시아주버니 따귀를 때려. 내 천한 계집을 때리면 내 손만 더러워지니 내일 당장 관가에 가서 고발할 것이야. 어디 죽을 만치 곤장 맛 좀 봐라."
첩이 본부인이나 남편을 욕보이면 강상죄(綱常罪)에 해당하여 처벌을 받았던 것이다.
"그래, 아예 여기서 죽여라. 이놈아."
난정은 윤원로의 양물을 잡고 늘어졌다.
"아이구, 아이구."
신음하며 윤원로가 폭 고꾸라졌다. 급할 때는 양물을 잡고 늘어지는 것도 난정은 옥매향에게서 배운 것이었다.
남자가 행패를 부리면, 첫째 손을 물어뜯고, 둘째 수염을 잡아당기고, 그래도 안되면 양물을 잡아당겨라.
화가 머리끝까지 난 난정이었지만 고꾸라진 시아주버니를 보니 고소해하면서 한편으론 웃음이 나왔다. 옥매향이 일러 준 방법이 바로 효험을 나타낸 것이었다.

"아이고 이년이 사람 잡네. 아이고 나 죽네. 나 죽어."

윤원로는 데굴데굴 굴렀다. 윤원로는 한참만에 일어나더니 상종을 못하겠다 싶어 방문을 열고 나갔다.

"형님, 관가에는 제발 그만두시죠. 제가 이렇게 빌고 있잖습니까."

마당에서 윤원형이 무릎을 꿇고 윤원로에게 빌었다. 윤원로는 동생 첩에게 수모를 당한 상태에서 원형의 꼴을 보자, 자기도 모르게 주먹으로 원형의 눈퉁이를 쳤다.

"아이고, 내 눈 빠지네."

땅바닥에 쓰러진 윤원형은 자기 눈을 잡고 데굴데굴 굴렀다.

"이 멍청한 놈아, 네가 사내 새끼냐? 등신 같은 놈."

방안에서 난정이 윤원형의 비명 소리를 듣고 문을 열고 내다보니 원형이 땅바닥에서 구르고 있지 않은가. 난정은 버선발로 마당으로 내려갔다.

"이자가 아직도 혼이 덜 났는가 보네."

난정은 윤원로의 사타구니를 잡으려고 손을 앞으로 뻗쳤다.

"아이고, 저년이 나를 고자로 만들려고 하네."

윤원로는 줄행랑을 쳤다.

윤원형은 이 모습을 보고 한손으로는 눈을, 한손은 배를 잡고 웃어댔다.

"아니 뭐가 그렇게 우스워요?"

"형님 도망가는 꼴이 우습잖아."

윤원형은 이렇게 말하며 계속 웃었다.

"시아주버니라고 하는 게 저리 꼴같잖네."

난정도 통쾌하게 웃음을 터뜨렸다.

"그래도 형님인데 내 앞에서 함부로 형님 욕은 하지 마."

윤원형이 웃음기를 거두고 타일렀다.

6. 권력과 밀애(密愛)

"당신도 한번 혼나고 싶어요?"

난정이 윤원형의 사타구니 쪽으로 손을 내밀었다.

"아냐, 아냐."

윤원형이 도망갔다. 난정이 쫓아갔고, 쫓고 쫓기는 것에 지쳤던지 마주서서 둘은 한참 동안 웃어댔다. 이후 난정은 겉으로는 웃었지만 속으로는 더욱 독살스러워지기 시작했다.

중종 39년 9월 윤원형은 승진하여 왕명을 출납하는 권력의 핵심기관인 승정원의 도승지가 되었다.

그리고 1544년 10월에 들어서면서 중종은 갑자기 발병했다. 영명한 사람은 자기가 죽을 때가 되면 그 시기를 안다고 하는데, 중종도 자기의 수명이 다한 것을 알고 11월 14일에 세자에게 전위를 명했다. 세자는 아버지 중종이 살아 계시는데 어떻게 왕이 되느냐면서, 그 추운 겨울에 뜰 앞에 꿇어앉아 어명을 거두어 달라고 빌었다. 그러나 중종은 다음날 11월 15일에 승하했고, 세자는 엿새 동안 입에 물 한 모금 마시지 않고 졸곡을 했다. 지존의 자리는 한시라도 비워둘 수 없는 것이라 세자는 신하들의 간청에 따라 11월 20일, 즉위식을 거행하고 주상의 자리에 올랐는데, 이분이 조선의 제12대 임금인 인종(仁宗)이다. 즉위식이 끝나고 신하가 옥쇄를 받들어 왔다고 받기를 청하자, 인종은 울면서 받지 않았다. 이를 본 신하와 궁녀와 왕족들도 따라 울지 않는 사람이 없었다. 인종은 하늘이 낳은 효자로 아침저녁으로 선왕의 시신을 지키며 애달프게 흐느꼈다.

윤임, 유인숙 등 대윤(大尹) 일파는 인종이 등극하자, 마음을 놓았다. 이제는 소윤(少尹)이 큰소리를 치지 못할 것으로 알았다. 차차 소윤을 제거하기로 다짐했다. 한편 윤원형과 이기, 임백령 등 소윤 일당은 살얼음판을 걷는 것과 같았다. 앞으로 잘못하다가는 제 명에 죽지 못한다는 것을 알고 있었다. 이들은 불안하여 매일 술을 마시지 않고서는 잠이 오지 않았다. 이기나 임백령은 소윤이 된 것을 후회했다.

이때 대윤, 소윤하는 편가르기가 끝내는 파당으로 되어 조선왕조를 망국으로 이끈다. 문정왕후는 자신이 낳은 아들 경원대군이 열 살이 되자 그를 임금으로 만들려는 욕심에서 친동생 윤원형을 중심으로 하는 당을 만들어 이를 소윤이라고 했는데, 이미 장경왕후의 오빠 윤임을 영수로 하는 대윤이라는 정파가 있었기 때문이다.

며칠 후 임백령과 윤원형은 불안한 나머지 신복(神卜)이라는 불리는 홍계관을 찾게 되었다. 그러나 그는 이 때 주상이 죽는다는 소리는 하지 않았다.

정월에 선왕의 장례를 치른 후에도, 인종은 비린내나는 반찬을 일체 입에 대지 않고 소식(蔬食)만 했다. 왕이 이렇게 진심에서 우러나오는 예법을 행하자, 뜻있는 신하들은 감동하여 이를 본받고자 했다.

그러나 윤원형과 이기는 달랐다. 사람들이 보는 낮시간에는 어쩔 수 없이 소식을 하고 저녁에는 주지육림 속에서 살았다. 또한 경원대군도 문정왕후가 나이가 어려 한창 자랄 나이라고 고기를 서슴없이 먹였다. 경원대군은 연한 사슴고기를 유난히 좋아했다. 이를 빌미로 하여 문정왕후도 고기를 먹었다. 그녀는 육식을 좋아하여 며칠간 육식을 안 하면 속이 허전하여 배기지를 못했다.

국상을 치른 후, 조정에는 새로운 혁신의 기운이 감돌면서 정승 후보로 유관(柳灌)과 이기(李芑)가 부상했다. 인종이 이기에게 낙점하여 정승으로 삼으려고 하자, 이조판서 유인숙과 사헌부와 사간원 양사에서 계속 반대 상소를 올리는 바람에 이기는 정승이 되지 못했다. 이기는 이때 자기의 앞길을 막은 사람들에게 이를 갈며 머릿속에 넣어 두었다.

인종은 경원대군의 등에 난 종창을 치료하여 낫게 한 의원에게 푸짐한

상을 내렸고, 또 참의로 있는 윤원형을 공조 참판으로 승진시켰다. 그렇게 해서라도 홀로 된 대비 문정왕후에게 기쁨을 안겨 주고자 한 것이었다. 그러나 대사헌 송인수는 아무런 공도 없는 척실에게 파격적인 승진은 불가능하다는 상소를 수차례 올려, 윤원형은 결국 이전 직급으로 원상복귀되었다.

그리고 이때 경원대군의 혼담이 오가고 있었다. 상대는 호조참판 심연원(沈連源)의 장남 심강(沈鋼)의 장녀였다. 심강은 첫째로 딸을 낳고 계속 아들 7명을 낳아서, 대비는 아들 잘 낳는 집에서 나온 딸을 며느리로 삼으면 어머니를 닮아서 자식을 많이 낳을 것으로 생각하여 그 집과 혼인을 했다.

이때 윤원형은 승차가 되었다가 원상복구가 되자, 분노는 이루 말할 수 없었으며, 한동안 술로 살다시피 했다. 차라리 승진을 시켜주지 말던지, 승진을 시켜놓고서 떨어뜨릴 거라면 무어라 승진을 시켜 사람을 개망신시킨단 말인가. 윤원형은 송인수와 인종을 미워했다.

한편 상중이라는 이유로 고기 종류는 일체 들지 않는 인종의 건강이 걱정되어, 문정왕후는 타락죽을 드셔보라 하였으나 인종은 상중에 부왕을 생각하면 어찌 이 좋은 음식이 입에 들어가느냐며 그마저도 사양했다. 이에 문정왕후는 지혜를 발휘하여 소고기를 갈아서 국에다 넣어 상을 올리게 했는데, 인종은 그 국에 고기가 들어갔다고 숟가락을 대지 않았다. 그런 탓에 인종의 몸은 어제 다르고 오늘 다르게 하루하루 수척해졌다.

그해 사월에 가뭄이 심하자, 궁중의 반찬 가짓수를 반으로 줄이게 하고 인종 자신이 모범을 보였다.

중종이 승하한 뒤부터 문정왕후와 윤원형 형제들은 전하를 해칠 갖은 흉참한 일을 다 꾸미고 있었다. 윤원형은 이기와 만나서 노골적으로 장래에 대하여 걱정했다.

"무슨 좋은 방법이 없을까요?"

"글쎄요."

윤원형의 말에 이기는 실날같은 눈을 번쩍였다.

"이리 가까이 오세요."

"예."

이기의 말에 윤원형은 귀를 가까이 댔다. 그러자 이기가 무어라고 꾀를 내어 말했다.

"아주 정말 좋은 생각입니다."

"이를 주상이 들을는지 모르겠습니다."

"제가 볼 때는 틀림없이 들을 겁니다."

"그러면 성공하는 겁니다."

윤원형의 말에 이기가 대답했다.

다음날 윤원형은 대비가 된 문정왕후를 만나 밀담을 나누었다.

며칠후에 인종과 중전이 문정왕후에게 아침 문후를 드리러 왔다.

"주상, 이 과부와 내 어린 자식을 살려주시오."

"어마마마, 그게 무슨 말씀입니까?"

"내가 들으니, 국상이 끝나면 경원대군을 귀양보낸다는 소식이 파다합니다."

"누가 그런 소리를 합니까."

"알만한 사람들은 모두 알고 있습니다. 나를 속이지 마시오."

문정왕후는 눈물을 보였다.

"대비마마, 그런 일은 절대 없을 것이오니 걱정하지 마십시오. 대비마마가 저를 낳지는 않았지만, 세살 때부터 저를 애지중지하면서 키워 주셨는데 어찌 제가 경원대군을 해치겠습니까? 심려 마십시오."

"그 말씀이 정말이지요. 믿어도 되지요. 주상."

"그렇습니다."

"저는 그런 소리를 듣고 걱정되어 어제는 잠도 제대로 못잤습니다."

문정왕후는 더욱 큰소리로 울었다.

"걱정하지 마십시오. 대비마마."

"저는 경원대군이 잘못되면 그날이 바로 저의 제삿날입니다."

"저를 믿으시옵소서. 대비마마."

인종은 무릎을 꿇었다. 그러나 문정왕후는 말이 없었다. 그러자 효자인 인종은 대비전에서 나와 멍석을 깔고 석고대죄를 청했다.

"대비마마, 그런 말씀을 거두어 주십시오."

인종이 울면서 호소했으나 소용이 없었다. 가뜩이나 병약한 인종은 기진맥진하여 쓰러지고 말았다.

"주상이 쓰러졌습니다."

"아니 그게 정말이오."

상궁의 보고를 받은 문정왕후는 속으로는 미소를 지으면서 급히 밖으로 나가 의원을 불러서 대전으로 들게 했다. 그리고 치료를 하자, 얼마 후에 깨어났다.

"대비마마, 아침에 하신 말씀은 거두어 주십시오."

"알았소. 내가 잘못했소."

"감사합니다."

"내가 괜한 말을 해서……. 그러나 나는 경원대군이 없으면 절대 못삽니다. 죽어버릴 겁니다."

"걱정하지 마십시오. 제가 목숨을 걸고 경원대군을 지켜드리겠습니다."

"고맙습니다. 주상, 내 앞으로 그런 얘기를 해서 주상의 심기를 불편하게 만들지는 않을 것입니다."

"감사합니다."

문정왕후는 인종의 손을 잡고 눈물을 흘렸다. 그리고 그곳에서 물러나

왔다. 인종은 대비가 물러가자, 많은 생각을 했다.

'나에게는 후사가 없지 않는가. 친어머니가 죽고 나서 대비는 계모로서 지극정성으로 나를 키워 주셨는데. 경원대군이 태어나고 나서부터는 나에게 대하는 눈초리가 너무 달라지셨어. 나에게 자식이 있다면 나도 자식을 위하여 어떤 일이라도 하겠는데. 나에게는 후손이 없지 않은가. 이는 운명이지 않은가. 나는 여자를 가까이 해도 그것이 발기가 되지 않고 힘만 빠지지 않았던가. 이는 열성조께서 내가 왕이 되지 말라고 한 것이 아닌가. 어떻게 발기도 안되는 고자가 되었단 말인가. 세상 사람들은 이를 알고 있을 텐데. 이 얼마나 창피한 노릇인가. 얼굴을 들고 다닐 수가 없어. 그리고 경원대군이 왕이 되면 대비는 수렴첨정을 하여 마음대로 하실 게 아닌가. 그러면 나를 키워주신 은혜를 갚는 것이 아닌가. 은혜를 갚아야지. 그 길은 내가 죽는 수밖에 없지 않은가. 그렇지 내가 죽는 것이 대비에게 효도가 되는 것이지. 그리고 대비도 이를 바라고 있지 않은가. 내가 진심으로 아바마마가 돌아가신 것을 슬퍼하여 기운이 다 빠져서 쓰러져 죽게 생긴 판인데, 어떻게 자기와 경원대군을 살려달라고 할 수가 있어. 내가 죽으면 모든 것이 다 해결되는 것을……'

이런 생각을 하자, 인종은 생에 대한 의욕을 완전히 상실하고 말았다. 빨리 자기가 죽는 것이 상책이라고 생각했다.

다음날 인종은 아침을 먹고 중전과 같이 대비전에 문후를 여쭈었다.

"몸이 많이 수척해졌습니다. 주상. 이거 타락죽인데 주상의 보양을 위해 준비해 보았습니다. 조금 들어보시지요. 몸이 많이 허약해졌으니 보양에는 이것이 제일이라고 합니다."

문정왕후는 미리 갖다 두었던 타락죽을 인종에게 권하였다. 인종은 맛있게 먹었다. 그러나 조금 맛이 이상했다. 인종은 아무 말이 없었다. 옆에서 이를 지켜본 중전 박씨는 타락죽이 상한 것이라고 생각했다.

"타락이 상한 것 같습니다."

"그럴 리가 없지요. 조금 전에 갖다 놓은 것인데."

그러고는 문정왕후도 이를 맛있게 같이 먹었다. 그러나 상했다.

"상하기는 왜 상했단 말이오."

문정왕후는 이렇게 말하고 자신도 조금 더 먹었다.

그러자 인종도 얼굴 하나 찡그리지 않고 대비가 권하는 대로 더 들었다.

"어서 수라를 많이 드시고 건강을 빨리 회복하셔야지요."

"예. 잘 알겠습니다. 이만 물러갑니다."

인종은 대비전에서 물러났다.

그날 저녁부터 인종은 배가 아파 설사를 하기 시작했다. 이는 문정왕후도 마찬가지였다.

그래도 인종은 지극정성으로 빈청을 지키면서 음식을 조금 먹어 보려 하였으나 더 이상 목구멍으로 넘어가지 않았다. 지쳐서 쓰러져 내관들이 먹여 주면 이를 겨우 몇 모금 받아 먹었을 뿐이다. 인종은 날로 건강이 악화되어, 내의원에서 온갖 병구완을 다 했으나 소용이 없었다.

인종은 무더운 6월 초순 심한 복통에 시달리면서 한 달 동안 앓았다. 내의원에서 계속 약을 달여서 가져왔으나 인종은 별것 아니라고 약을 들지 않다가 20일이 넘어서야 조금씩 들었다.

6월 그믐에 경회루에 벼락이 떨어졌다. 주상은 자신이 중병에 걸려 죽게 생겼는데도 문정왕후를 걱정하고 있었다. 문정왕후는 이때 소동을 피워 왕을 괴롭힌다. '임금이 병이 나서 궁궐에 있기 미안하다'면서 딸 의혜공주가 살고 있는 창경궁에 나가 살았던 것이다.

이날 인종은 헛소리를 하다가 혼절했다. 급한 마음에 중전 박씨가 손가락을 깨물어, 피를 주상의 입에 넣으려 했으나, 대신들이 치료에 도움이 되지 않는다고 간청하여 그만두고 애만 태웠다. 그 이튿날 인종은 기절했다가 소생하기를 몇 차례 반복하더니, 경원대군에게 전위할 것을 승정원에 알리도록 하고, 그 고통 속에서 하루를 더 버티다가 7월 초하룻날 승하했다. 이 때 나이가 30세였다.

이와 같은 인종의 죽음은 권력의 화신이 되어버린 문정왕후에 의한 독살설이라는 것이 아직까지 끊이지 않고 있다. 인종이 재위에 있은 지 불과 여덟달 만이었다.

대비 문정왕후는 인종의 서거 소식을 듣고 바로 경복궁으로 입궐해 졸곡을 했으나 이는 가식이었다. 자식을 잃은 어미의 슬픔이 애절한 것처럼 울었다.

곧바로 경원대군이 왕위에 오르니 이분이 조선 제 13대 임금 명종(明宗)이다. 그가 12세의 나이로 왕위에 오르자, 나이가 어려 국사를 제대로 볼 수 없다며 영의정 윤인경 등 신하들이 간청하여 문정왕후가 수렴청정을 하기로 하고, 발을 치는 의식을 성대하게 거행하였다. 이때부터 나라의 모든 권력은 문정왕후의 손아귀에서 놀아나기 시작했다. 정난정은 신분이 비록 첩에 지나지 않았지만 이 기회를 틈 타 수완을 부리기 시작했다. 문정왕후가 대비로 수렴청정하자, 값비싼 선물을 가지고 궁중으로 들어가 대비에게 바치면서 환심을 사려고 애를 썼다.

윤원로도 자기 세상인 것처럼 날뛰기 시작했다. 그러나 이를 본 대신들은 그냥 넘어가지 않았다. 윤원로는 인종과 주상의 사이를 이간시켰을 뿐만 아니라, 인종이 몸이 약하여 왕의 자격이 없다는 불충한 말을 했다하여 7월 7일에 해남으로 귀양을 보냈다. 이는 윤원로를 몹시 싫어하는 난정이 뒤에서 문정왕후에게 고자질했던 것이다. 또 대비도 오빠를 달갑지 않게 여기고 있었던 것이다.

이런 일이 있은 며칠 후, 자기 세상을 만난 윤원형은 임백령을 찾아갔다. 윤원형은 이때 예조참의, 임백령은 호조판서를 지내고 있었다.

"옥매향을 되찾으셔야죠. 억울하지 않소?"

윤원형이 임백령의 아픈 곳을 찔렀다. 윤임이 옥매향을 첩으로 들어앉혀서 윤임에게 감정이 많이 쌓였던 것이다. 그렇지만 윤원형은 여자 하나만을 염두에 두고 그런 말을 꺼낸 것은 아니었다.

"글쎄요. 방법이 없잖아요."

"찾아보면 나오겠죠."

"우리와 뜻을 함께 하는 지중추부사 정순붕 대감하고 형조판서 이기 대감을 만나서 상의를 해 보는 게 좋을 것 같소이다."

"좋습니다. 우리 집은 다른 사람들의 이목이 있으니까 대궐에서 제일 가까우면서도 눈에 잘 안띄는 정순붕 대감 집에서 만나기로 합시다. 제가 연락을 취해 놓을 테니까요."

"그렇게 하시죠."

윤원형은 즉시 그들에게 연락을 취했다. 이때 윤원형은 43세, 이기는 70세, 정순붕은 62세, 임백령은 52세였다.

며칠 후 이들은 정순붕의 집에서 비밀리에 만났다.

"이자들을 당장 몰아내야 할 텐데, 마땅한 구실이 없지 않습니까?"

임백령이 제일 먼저 침묵을 깨고 입을 열었다. 이자들이란 대윤 일파를 말하는 것이었다.

"구실이야 만들면 되지 않겠습니까?"

"어떻게요?"

노련한 이기의 말에 윤원형이 눈을 크게 뜨며 물었다.

"나는 이런 생각은 해봤어요. 윤임이 역심을 품고 누군가와 내통하는 것처럼 밀서를 대궐 어디에 떨어뜨려 놓는 겁니다. 그리고 그 밀서가 대비의 손에 들어가게 해서 그자들을 모두 몰아내는 거요."

"그게 만일 윤임하고 친한 상궁의 손에 들어가면 역효과가 아닐까요?"

임백령이 방석을 끌어당기며 의문을 제기했다.

"그런 문제는 제가 책임지고 할 테니까, 그들을 옭아맬 문안을 잘 만들어 보시지요."

윤원형이 문장으로 유명한 임백령을 보고 말했다.

"맞아요. 그런 일은 대비의 동생이신 윤 대감이 제일 적임자라고 생각합니다."

모두들 고개를 끄덕이며 동의를 표했다.

"그러면 윤임이 누구를 추대하려 한다고 해야 좋을까요?"

"그야 윤임하고 인척 관계가 되는 계림군(桂林君)을 대행 왕의 양자로 하여 끌어들이면 가장 적당하다고 보는데요."

윤원형의 물음에 임백령이 더 생각할 것도 없다는 듯이 대답했다.

계림군은 성종의 형인 월산대군의 손자이며 윤임의 아버지 윤여필의 외손이므로, 윤임이 계림군의 외삼촌이 되는 것이다. 그의 품계는 종친부에 일품으로 봉작을 받고 있었다. 이기가 고개를 젓고 말했다.

"그것은 곤란하오. 계림군을 끌어들이면 다른 사람들은 대번에 우리의 소행이라 의심할 것이오. 그러니 차라리 봉성군(鳳城君)이 좋을 것이오. 그는 홍경주의 딸인 희빈 홍씨의 아들이고, 여러 대군 중에서는 제일 똑똑하다는 소문이니 봉성군이 제일 무난하오. 그리고 계림군은 나중에 윤임이 귀양을 가게 되면 끌어들여 처리해도 늦지 않아요."

나머지 세 위인은 이기의 교활한 생각에 탄복했다.

"확실히 이 대감의 지혜는 누구도 넘볼 수가 없어요. 그러면 임 대감께서 초안을 잡아 보시죠."

윤원형은 이기를 추켜세우다가 초안 운운하며 시선을 임백령 쪽으로 옮겼다.

"글귀에 윤임뿐만 아니라 유인숙도 반드시 들어가야 합니다."

"지당하신 말씀이지요."

이기의 말에 윤원형이 고개를 끄덕이며 맞장구를 쳤다.

이기는 입술을 굳게 오므렸다. 이기는 자신의 정승 임명을 방해했던 유인숙을 생각하자 피가 거꾸로 솟는 듯했다.

"그렇지만 직접 봉성군을 끌어들일 수는 없지 않아요."

윤원형이 이기를 바라보면서 말했다.

"우선 왕실의 한분을 끌어들여야 하는데…. 가만 있자, 공의전(恭懿殿)이 좋겠소. 공의전에게 보내는 것이 제일 좋소. 그러면 말이 대충 맞아 들어갈 것 같아요."

이기의 술수에 나머지 사람들도 모두 찬성했다. 공의전은 인종의 비인 박씨를 말하는 것이었다.

"그러면 천하 문장가인 임 대감께서 초를 잡아 주시죠."

윤원형이 임백령을 보고 말했다.

"그러죠."

눈을 감고 잠시 구상을 한 임백령이 붓을 들었다.

공의전마마께.

근래에 나랏일이 점점 수상해지니, 언제 죽음을 당할지 몰라 밤낮으로 울고 있습니다. 유판서도 이런 사정에 동정하여 왕위를 봉성군에게 옮기기 위하여 벌써 유정승과도 연통해 놓았습니다. 어제 하교하신 일은 시행하기 곤란하오니, 먼저 말씀들인 일을 속히 시행하여 주십시오. 이렇게 망설이다가는 애매하게 몇 사람이 죽을지 모르는 일입니다. 지난번에 윤원로를 귀양보낼 때, 윤원형마저 죄를 물었더라면 지금같이 인심이 이렇게 갈라지지 않았을 것이옵니다. 속히 시행하여 주십시오.

윤임 올림

"과연 천하 문장이오."

이기와 정순붕이 조작된 편지 글을 두고 대문장가의 명문이라도 되는 양 극찬했다. 그러나 윤원형은 눈살을 약간 찌푸렸다.

"거기 내 이름을 빼면 어떻겠소이까?"

자기 이름이 나오자, 윤원형은 꺼림직했다. 그들은 잠시 말이 없었다.

"여기에는 윤 대감 이름이 들어가야 구색이 맞소이다. 조금 불쾌하시더라도 참으시지요. 그래야 우리 세상을 만들어 멋지게 살게 아닙니까?"

이기가 윤원형을 달래듯이 말했다.

"가만히 있어 보자. 빼면 안될까?"

임백령이 윤원형의 눈치를 살피며 자신이 쓴 글을 따져 봤다. 그때 정순붕이 한마디 했다.

"제 생각에도 들어가는 편이 구색이 맞는 것 같습니다."

정순붕이 그리 말하자, 윤원형이 한 발 뒤로 물러섰다.

"그럼 제가 참죠."

임백령은 한자로 쓴 것을 언문으로 고쳤다.

이 편지는 며칠 후 비단주머니에 쌓여 대궐 앞마당에 떨어졌고, 어렵지 않게 문정왕후의 손에 들어갔다. 문정왕후는 이를 보고 깜짝 놀랐다. 그 글 내용만 보더라도 분명코 어떤 역모사건이 꾸며지고 있는 것이 아닌가.

문정왕후는 윤원형을 불러 상의했다. 이제나 저제나 기다리고 있던 윤원형은 역모를 꾸미는 사람들이 형조판서 윤임, 좌의정 유관, 이조판서 유인숙 일당이라고 고변했다.

문정왕후는 이자들을 가만히 놔두었다가는 자기 아들 명종의 자리가 위태로울 것 같아 윤원형에게 밀지를 내렸다.

윤원형은 계획대로 이 밀지를 졸개들에게 보이면서 윤임 일당을 탄핵케 했다. 이어서 윤임은 귀양을 가게 되었다.

이때 파평 윤씨 정정공의 자손들은 대비를 찾아보고 윤임의 선처를 부탁했으나, 대비는 오히려 역정을 내었다. 자꾸 귀찮게 굴면 대역죄로 다스린다고 엄포를 놓았다. 그들은 '대비가 그렇게 악독한 여자일 줄은 몰랐다'면서 욕을 하고 대궐을 나왔다.

이들 소윤 일당들은 윤임, 유관, 유인숙 등이 봉성군을 왕으로 옹립하려 했다고 역모 사건으로 둔갑시켜 대윤 일파 등 수십 명을 처형하고 수십 명을 귀양보내고 이들의 집과 전답을 적몰했다. 기묘사화 때 모함으로 희생된 조광조를 비롯한 개혁파를 신원(伸寃)하려던 인종의 시신이 궐내에 있던 그해 8월, 대윤과 함께 인종을 지지했던 신진개혁파 신하들이 소인배들에 의해 대거 화를 입는다.

옥사가 종결되자, 윤원형 일당에게는 명종을 보위하는 데 공이 있다 하여 위사공신(衛社功臣)이라는 칭호가 내려졌다. 이 역모 사건을 역사에서는 을사사화(乙巳士禍)라고 한다.

일등 공신으로는 이기, 임백령, 정순붕, 허자, 이등 공신으로는 윤인경, 윤원형, 민제인, 문정왕후의 사위 한경록, 삼등 공신은 정순붕의 사위 이만년과 아들 정현, 내시 박한종, 송기수와 문정왕후의 사돈 신수경 등 15명이 공신록에 올랐다.

이때 조정의 모든 실권은 문정왕후가 쥐고 있어서 그녀는 명실공히 조선의 여왕이였다. 마음먹은 대로 어린 명종을 움직여 정국을 쥐고 흔들었다. 억울하게 참살당한 이들의 한 맺힌 절규가 채 사라지기도 전에 공신들에게 봉작이 내려졌다. 윤원형, 이기, 정순붕, 임백령 등 소인배 4인방은 바라고 바라던 소원이 성취된 셈이었다. 이들 공신들에게는 엄청난 포상이 내려졌다. 일등 공신에게는 전답이 150결(45만 평)과 가옥 1채, 이등 공신에게는 전답 100결(30만 평), 삼등 공신에게는 전답 80결(24만 평)을 하사받아 이자들은 하루아침에 거부가 된 것이다. 한편 역적으로 몰린 당사자는 처형

되고 가족은 노비가 되고 재산은 몰수하여 공신들이 나누어 가졌던 것이다. 그리고 각 등급에 따라 노비도 수십 명씩 하사받았고, 공신 가족이 벼슬을 하고 있으면 일등은 3단계, 2등은 2단계, 3등은 1단계씩 승차시켰다.

난정의 기쁨은 여간 큰 것이 아니었다. 이들 소인배 4인방은 금수와 같은 살인마에 날강도였다. 선량한 사람들을 모함하여 죽이고 그 가족을 노비로 전락시키고 재산을 몰수한 것이다. 그 가족들은 하루아침에 날벼락을 맞은 것이다. 어찌 세상에 이런 일도 다 있겠는가.

을사사화를 다스리고 나서, 문정왕후는 매일 밤 너무나 악몽에 시달렸다. 밤마다 윤임과 유인숙과 그의 아들들이 꿈에 나타나 자기 목을 내놓으라며 목을 조이는 것이었다.

'네 년이 우리를 모두 죽였으니, 네 자식이 잘되나 어디 두고 보자.'

이런 악몽을 꾸고 나면 잠이 싹 달아나는 것이었다. 이것이 하루 이틀이야지 매일 밤마다 그러니 살 수가 없었다.

그리고 명종도 마찬가지였다. 윤임과 유인숙 유관 등 죽은 대신들이 자기의 목을 달라고 울부짖는 것이었다. 명종도 밤이 너무나 두려웠다.

침전에서 명종이 이런 예기를 하자, 문정왕후는 마음을 굳게 먹으라고 말만 했던 것이다.

그래서 이들은 궁궐 내 절인 내원당(內願堂)에 가서 매일 부처님에게 기도를 드렸다. 그러고 나면 마음이 약간 후련해지는 것이었다.

이때 조정 관원과 상궁들은 을사사화가 윤원형과 문정왕후를 중심으로 조작된 사건이라는 것을 알고 있었다. 그렇지만 함부로 얘기할 수가 없었다. 그러나 문정왕후를 가까이서 모시는 김 상궁은 문정왕후가 밤마다 괴로워 하는 것을 보기가 안타까웠다.

"고승을 불러서 불공을 드리시면, 그런 악몽을 물리칠 수가 있다고 합니다."

"그렇지, 내가 왜 그걸 생각하지 못했지. 세조대왕도 단종을 몰아내고 사육신을 죽이고 악몽에 시달릴 때, 신미(信眉)대사를 초빙하여 법회를 열고 안정을 되찾았다고 했지 않았는가."

"그렇사옵니다."

"알려줘서 고맙네."

문정왕후는 자기를 받드는 김 상궁의 조언에 한결 살 것만 같았다. 그래서 각 도에 신통력이 있는 고승을 찾아 보고를 올리라고 어명을 내렸다. 함경도와 강원도에서 각각 한 명씩 추천했다. 김 상궁의 안내를 받은 스님들은 문정왕후를 만났다. 강원도에서 추천한 스님은 관상이 좋지 않았다. 그런데 함경감사 정만종(鄭萬種)이 추천한 스님은 키도 크고 대장부처럼 생겼다. 문정왕후는 그 사람이 자기 마음에 들었다.

"소승은 보우(普雨)라고 합니다. 대비마마를 뵈오니, 꼭 문수보살을 뵙는 것 같습니다. 이 나라가 반석 위에 놓인 것 같습니다."

"그렇소. 고맙소. 허허허……"

보우는 큰절을 하고 칭송을 하자, 문정왕후는 여걸처럼 크게 웃었다.

"보우 스님이라고 하셨소."

"그렇사옵니다."

문정왕후의 말에 보우는 고개를 숙였다.

"내 요즘 가위에 눌려서 그런지 잠을 편히 못자고 있소. 나와 주상을 위해서 불공을 드려주시면 고맙겠소."

"그렇게 하겠사옵니다. 그러면 부처님을 모신 곳이 어디지요."

"내원당이라고 궁궐 내 절이 있소. 내 그리로 안내하겠소."

"감사합니다. 나무관세음보살."

문정왕후의 말에 보우는 허리를 굽히며 합장을 했다.

"김 상궁, 내원당으로 갈 것이니 차비를 하라."

"예."

문정왕후가 말을 하자, 김 상궁이 앞장을 섰다. 이어서 문정왕후와 보우가 뒤를 따랐다.

문정왕후는 내원당에 들어섰다.

"이 내원당 주변에는 쥐새끼 한마리도 얼씬 못하도록 하게. 내 명령이 있기 전까지는 어떤 누구도 들여보내서는 안된다. 알겠지."

"예."

김 상궁은 이렇게 말하며 문을 닫았다.

문정왕후와 보우는 향불을 피웠다. 그리고 둘은 같이 삼배를 했다.

"대비마마, 천수경을 강독하시지요."

보우의 말에 문정왕후는 천수경을 읽기 시작했다. 그리고 보우는 옆에서 목탁을 치기 시작했다. 한 구절을 읽을 후에 보우가 목탁치는 것을 멈추었다.

"대비마마, 천수경을 강독하실 적에는 뱃속에서 우러나오는 목소리가 나야 합니다."

보우는 이렇게 말을 하면서 자기가 시범을 보였다.

대비가 따라 했으나 잘 안되었다. 그러자 다시 보우가 옆으로 가까이 와서 교정을 시켜주었다.

"잘 되었습니다. 계속 하시지요."

보우가 목탁을 치자, 문정왕후가 강독했다.

보우는 일어나서 문정왕후의 주위를 돌며 목탁을 치면서 천수경을 외었다. 그리고 문정왕후 뒤에서 목탁을 쳤다. 천수경의 강독이 끝나고 삼배를 했다.

"고맙소. 대사가 내 주위를 돌 때 대사의 몸에서 뜨거운 기운이 내 몸 속으로 들어오는 것 같았소. 그리고 나서 머리가 개운해졌소."

"이는 대비마마께서 부처님의 가피를 받은 것이옵니다."

이 때 대비도 인간인지라 을사사화로 조정도 자기 뜻대로 되었고 하여 인생을 편안히 재미있게 좀 즐기면서 살았으면 하는 생각이 일고 있었다. 남편 중종이 떠나고, 몇년 동안 홀로 지내 한창 나이에 이성(異性)인 보우가 비록 스님이지만 아무도 없는 곳에서 단 둘이 있어 이상한 감정으로 바라보았다. 보우도 요망한데가 있는지라 이미 그 눈빛을 알아채고, 일부러 피하였다. 그러나 속으로는 싫지 않았다.

"그렇소. 과연 대사는 도력이 있는 것 같소."

"황공하옵니다."

"계속 불공을 드립시다."

보우와 문정왕후는 계속 불공을 드렸다.

이렇게 한 시간이 지나 자정을 알리는 종소리가 났다. 문정왕후는 보우를 보자, 남자에게 안기고 싶은 생각이 났다. 몇 년 동안 남자의 사랑을 받지 못하여 몸이 근질거려서 죽을 지경이었는데, 옆에 건장한 사내가 있으니 가슴이 더욱 요동쳤다. 그러나 주위의 이목이 있어서 어쩔 수가 없었다. 대비는 이틀 동안 이를 악물고 그곳에서 열심히 철야 기도를 했다. 누가 보아도 대비의 불심을 의심치 않았다. 이런 대비의 행동을 내관들이 명종에게 전했다. 그러자 명종과 중전이 내원당을 찾았다.

"대비마마. 옥체를 생각하셔야지요. 그렇게 열심히 기도를 드리다가는 건강을 해칠 수가 있사옵니다."

"국가의 장래와 왕실의 번영을 위하여 철야로 기도를 드려야지요."

중전의 말에 대비가 대답했다.

"대비께서 그렇게 기도를 열심히 드리시니 부처님의 가피가 반드시 있을 겁니다."

"그렇게 돼야지요."

보우의 말에 주상과 중전도 같이 기도를 드리고 돌아갔다.

임금 내외까지 다녀갔으니 아무도 그들의 관계를 의심하는 눈초리로 보는 사람이 없었다.

사흘 째 되는 날 밤, 대비는 음심(淫心)이 발동하여 참을 수가 없었다.

'처음 보는 사내에게 사랑을 하자고 할 수도 없고, 이를 어쩐다……'

그녀는 회심의 미소를 지었다. 그리고 시간을 기다렸다. 어느 덧 자정을 알리는 종소리가 은은하게 들리자, 몸이 더욱 허전해지고 남자 생각이 나서 견딜 수가 없었다. 모두 잠들고 만물도 조용했다. 내원당 안에는 남녀 두 사람만이 있었다. 대비는 기도를 하다가 갑작스레 배가 아프다면서 뒹굴기 시작했다.

"아이고 배야, 아이고 배야."

"갑자기 왜 그러십니까?"

대비의 신음 소리에 보우는 깜짝 놀랐다.

"갑자기 배가 아파서."

"그러면 의원을 부를까요?"

"지금이 몇 시각인데요. 그들도 자야지요. 나를 뒷방에다 잠시 데려다 주시오."

"예."

보우는 그녀를 안고, 뒷방으로 들어갔다.

"요를 펴고 그 위에 좀 눕혀 주시오."

"예."

사내는 요를 피고 그녀를 그 위에 눕혔다.

그러자 여자는 갑갑한 듯 겉옷을 벗었다.

"내 배를 좀 만져 봐 주시오. 대사의 도력으로 내 아픈 배를 좀 낫게 해

주시오."

"그게 될 수 있을는지 모르겠습니다. 어떻게 할까요?"

"배를 문질러 주시오. 이렇게 말이오."

"예."

여자는 사내의 손을 끌어다 자기 배 위에 놓고 문지르는 시범을 보였다. 사내는 여자의 배를 만지기 시작했다. 사내의 뜨거운 손길이 배 위에 닿자, 그녀는 신음에 가까운 소리를 냈다. 그리고 사내의 손을 끌어서 자기 젖가슴 위에다 댔다. 그녀는 호흡이 더욱 거칠어지고 신음 소리를 냈다. 이윽고 못참겠다는 듯이 남자를 끌어안았다. 그녀의 몸은 무르익은 사십 대 중년으로 한참 이성과의 쾌락이 무엇인지 너무나 잘 알고 있었다.

"나를 좀 따뜻하게 껴안아 줘요."

"이러시면 안됩니다. 이는 불경(不敬)입니다."

여자가 남자의 품속으로 기어들며 애원했으나, 남자는 담담하게 대답했다.

"지금은 내 명을 거역하는 것이 불경이 되오. 어서 내 명에 따르시오. 어서 내 겉옷을 벗기고, 내 몸을 좀 만져 주시오"

"예. 알았습니다."

사내는 잠시 머뭇거렸다.

"어서요."

"예."

사내도 여자의 뱃살맛을 아는지라 그만 음심이 동하여 더 이상 참을 수 없어 숨을 거칠게 내쉬며 여자의 속옷을 벗기고 애무를 하기 시작했다. 자기도 옷을 벗고 여자를 탐하기 시작했다. 여자는 못참겠다는 듯이 교성을 질렀다. 그러자 사내는 여자의 속옷으로 여자의 입을 막았다. 한참 후에 격정에 떨던 사내가 경련을 두어번 일으키고 나더니 온 몸에 배인 땀을 닦으면서 여자의 몸에서 떨어졌다.

"대단하오."

그리고 여자는 별실로 가서 자기 몸을 닦고 그리고 아직 땀에 젖은 사내의 몸을 닦아 주었다. 그러자 사내가 옷을 입으려고 했다.

"가만히 계시오. 내가 극락왕생을 한번 더 보여드릴 테니까."

"어떻 게요."

"내가 하는 대로 가만히 누워 계시오."

"예."

여자는 남자를 눕히고 모처럼 옛날 익힌 성희를 마음껏 발휘하기 시작하였다. 남자는 흥분하여 여자의 입술을 찾고 사내의 손이 여자의 가슴과 은밀한 곳의 출입도 자유로웠다. 여자는 신음했다. 여자가 남산 위로 올라갔다. 그리고 그녀는 이제까지 아는 모든 사랑법을 마음껏 구사했다. 남자가 신음소리를 내기 시작했다. 잠시 후 여자가 다시 애무를 시작하자, 죽었던 남성이 다시 살아났다. 여자는 다시 남산에 올랐다. 이번에는 여자가 기마자세로 소리가 나도록 달렸다. 여자는 마음껏 자기 욕망을 채웠다. 이윽고 사내가 경련을 일으켰다. 사내는 힘없이 쓰러졌다. 여자는 몸을 씻고 나서 수건으로 사내의 몸을 다시 닦아 주었다.

"아, 배 아픈 것이 이제야 다 나았소. 고맙소."

"그러하십니까. 다행입니다. 저도 극락에 서너 번 갔다 온 것 같습니다. 정말 대단하십니다."

여자는 환한 웃음을 보였고, 사내는 만족한 듯이 숨을 크게 내쉬었다.

"대사는 앞으로 이런 보시를 자주 해야 합니다."

"저도 그러고 싶습니다. 음수가 그득하여 너무 기분이 좋았습니다."

"그랬어요. 다행입니다."

남자의 말에 여자는 다시 남자 품에 안겼다.

"그리고 앞으로 우리 둘만 있을 때는 대비니 대사라는 말보다는 자기나 여보라는 말을 써요."

"감히 어떻게 그렇게 해요?"

대비의 말에 보우가 난처한 표정을 짓는다.

"나는 상관없소. 나도 이제는 누구에게 의지하고 싶어 그래요."

"알았소. 그런데 이를 다른 사람들이 알면 어떻게 하지요."

"그런 염려는 하지 마시고 그대나 입조심 잘 하시오. 우리 두 사람의 관계를 다른 사람이 알면 절대 안되오."

여자는 남자의 허벅지를 살짝 꼬집으면서 말했다. 사내는 이런 애교스런 여자가 좋았다.

"그럼요. 잘알고 있습니다. 그런데 제가 여태까지 적선한 여자 중에서 그대가 제일 멋있었소이다."

사내는 여자를 다시 꼭 껴안았다.

"그리고 보니 그대는 스님이 아니고 몸보시하는 바람둥이네요."

"그렇지는 않습니다. 할 수 없이 적선할 때가 있습니다."

"나처럼 말이요."

"그렇습니다."

"그럼 다시 한번 더 적선해 주겠소."

여자는 남자의 손을 잡았다.

"오늘은 대비께서 이몸의 기를 다 몰아가서 기운이 다 소진되었습니다. 그대 같이 음기가 센 여자는 난생 처음이오."

"알았소. 그럼 우리 다시 불공을 드립시다."

그들은 다시 부처님 앞에서 염불을 했다. 그러다가 잠이 들었다.

다음날 김 상궁이 내원당 문을 열었다. 보우는 앉아서 졸고 있었고, 문정왕후는 방석에 엎드려서 자고 있는 것이 아닌가.

"대비마마, 수라를 드실 시간입니다."
"음 벌써 그렇게 시간이 되었나."
김 상궁이 깨우자, 문정왕후는 하품을 하면서 일어났다.
"대사님, 식사를 하시지요."
대비의 말에, 보우는 대답이 없었다.
다시 김 상궁이 흔들어 깨우자, 그제서야 눈을 떴다.
얼마 후 식사가 나왔다. 상이 따로 따로 나왔다. 그들은 맛있게 먹었다. 그러나 둘은 말이 없었다. 식사를 끝내고 그들은 차를 마셨다.
"사흘 동안 불공을 드렸으니 많은 가피가 있을 것입니다. 저는 이만 물러가겠습니다."
"수고하셨소. 이거는 보태 쓰시오."
보우의 말에 대비는 보자기를 꺼내 보우 앞에 놓았다. 보우는 합장을 했다.
"김 상궁은 대사님을 모셔드리고 거처를 알아 놓게."
"예, 대비마마."
김 상궁은 고개를 숙였다.
보우는 대궐을 나와서 원각사에서 머물렀다.
그날 밤 문정왕후는 악몽을 꾸지 않았다. 아침에 일어났을 때에는 몸이 날아갈 듯이 가뿐했다.
'보우대사는 도력도 있고 정력도 강한 분이군.'
문정왕후는 합장을 하면서 혼자 중얼거리며 흐뭇해 했다.
문정왕후는 오전에는 명종과 같이 국사를 논의했고, 오후에는 휴식을 취했다.
그리고 칠일 후 오후에 보우를 내원당으로 불렀다.
"대사, 고맙소. 며칠동안 정말 잠을 잘 잤소. 몸과 마음이 가뿐하오."

"이는 모두 대비마마의 불심이 돈독해서 그런 것이오며, 부처님의 은덕이옵니다."

"고맙소. 대사님이 아니었으면 나는 지옥 같은 생활을 할 뻔 했소. 내 대사님을 왕사로 삼아 자문을 구하고 싶소."

"성은이 하해와 같습니다. 나무관세음보살."

문정왕후의 말에 보우는 합장을 했다.

"오늘도 전처럼 예불을 해 주시겠소."

"그리 하겠사옵니다."

문정왕후의 말에 보우는 목탁을 쳤다. 그리고 문정왕후는 천수경을 읽고 삼배를 했다.

"기분이 너무 상쾌하오."

"모두 부처님의 은덕이십니다."

그들은 전처럼 사흘 간 철야로 불공을 드리고 마지막 날은 사랑을 나누었다.

그리고 식사를 하고 헤어졌다.

"고맙소. 내 필요하면 대사님을 부를 테니, 거처를 우리 김 상궁에게 알려 주시오."

"그러하겠사옵니다. 다음에 뵙겠습니다."

보우는 합장을 하고 나왔다.

그 후로 문정왕후는 남자 생각이 나면 불공을 드린다면서 보우를 내원당으로 불러들여 자기 욕망을 채웠다. 그러자 그녀는 완전히 악몽에서 벗어나게 되었고 몸도 개운하여 날아갈 것 같았다. 그녀는 보우가 없으면 살 맛이 없었다. 그 후부터 무슨 일이 있으면 대비는 보우를 불러 상의했다. 누구도 이들의 불륜의 관계를 의심치 않았다. 지존의 대비가 그런 불륜을 저지를 것이라고는 생각조차 할 수 없었기 때문이다.

그러나 대비의 측근 상궁들은 이를 알게 되었지만, 발설은 꿈에도 생각하지 않았다.

『이조궁중비화』「여걸 문정왕후」편에 이렇게 전하고 있다.

"문정왕후는 젊은 시절 임금의 사랑과 귀여움을 한몸에 받아왔지만, 중종은 이미 나이가 들어 아무리 사랑을 준다 하여도 왕후에게 만족감을 줄 수 없었다. 그러다가 중종이 돌아가고 보니 그나마의 사랑도 끊어지고 왕후는 장년기에 들어서부터는 기운이 더욱 왕성하여지고 자꾸만 외로워지는 듯하고 쓸쓸한 감정에 잠기어 자신이 생각하여도 왜 그런지 그 까닭을 알 수 없을 지경이었는데, 보우를 만나고나서부터는 마음에 한없이 위로가 되고 즐거워만 가는 것을 금할 길이 없었다. 보우가 옆에 없다면 견딜 수 없을 만큼 연연한 생각이 간절하여만 갔다. 유생들이 떠들거나 스님들이 뭐라거나 전혀 귀를 기울이지 않았다. 문정왕후가 정권을 잡고 있는 동안에 정치는 대개 보우의 의견이 큰힘을 지녔던 것이 사실이었기 때문에 감투를 얻으려거나 무슨 이권을 얻으려면 보우에게 청탁하는 것이 가장 가까운 길이었다. ········."

「문정왕후와 보우대사」편에서는 이렇게 적고 있다.

"문정왕후는 여중영웅(女中英雄)으로서 당나라의 측천무후(則天武侯)를 숭배하고 그가 행한 모든 일을 모방하려고 노력한 것도 사실이다. 측천무후는 남편인 황제가 돌아간 후 과부로서 정권을 대신하다가 결국은 자기가 황제가 되기까지에 이르렀고, 측천무후는 나이가 80을 넘어서까지 살았는데 80여 세나 되었어도 미남자를 여섯 사람이나 사랑하였으며······."

7. 조선의 여왕

　이때 보우가 대비에게 전폭적인 신임을 받고 있다는 소문이 불교계에 퍼졌다. 그러자 주지들은 보우를 만나 청탁하기에 분주했다. 이들 주지들은 말이 주지 스님이지 잡승과도 같았다. 고관대작이나 그의 아들들이 조용히 공부할 방을 요청하면 이를 들어주고 식사 제공 등 여러 가지 심부름을 하기 싫어도 해야 했다. 만약 이들의 요청을 들어주지 않으면 바로 보복이 따랐기 때문이다. 이때 스님들은 조정의 보호를 받지 못하고 있었다. 국가 시책이 공맹사상인 유교이지 불교가 아니기 때문이다. 그래서 세도깨나 쓰는 양반이 트집을 잡아 때리면 맞아야 했다. 그래서 주지들은 자기 절을 내원당으로 지정해달라는 것이었다. 그러면 왕명으로 내원당이라는 표말을 세워 고관들과 세인들의 출입을 통제할 수 있기 때문이다. 보우는 상좌를 통하여 전국에서 이름 있는 절의 주지를 통하여 이를 알리자, 많이 응해 왔다. 물론 이때 보우는 거액의 재물을 챙겼다. 보우는 이것을 문정왕후에게 일부를 바치고 이들 사찰이 내원당이 되게 해달라고 부탁했다. 그러자 문정왕후는 명종에게 얘기하여 전국에 30여 개의 사찰에 대하여 일차적으로 내원당 교지를 내리게 한 것이다. 이는 왕실의 안녕과 국가의 발전을 기원한다는 명목이었지만, 사실은 외부 권력이 있는 사람들의 출입을 통제하기 위한 것이다.

　이 팻말을 세우는 것은 왕실의 사유재산을 관리하는 내수사(內需司)에서 관장케 했다. 내수사의 장은 종 5품인 별좌(別坐)였다. 그렇지만 그 직책은 왕실의 사유재산을 관리하는 자리인 만큼 막강한 힘을 발휘하고 있었다.

　처음에 내원당을 지정할 때, 절에서 사용하는 경비는 조정에서 지원하지 않았다. 이는 절에서 탁발을 하든지 시주를 받아 자체적으로 해결해야 했다. 보우는 대비와 사랑을 계속하자 나중에는 조정에서 내원당의 경비까지 지원하게 되었다. 그러자 양사와 신하들의 반대가 너무나 거세였지만 대비는 밀어붙였다. 그래서 처음에는 각 군현에서 억지로 조금 지원했으나, 점차 공맹사상을 앞세워 이를 거절하여 지원하지 않자, 내수사에서 직접 지원하게 되었다.

　그리고 보우와 대비와의 이상한 관계가 지속될수록 내원당의 숫자는 늘어만 갔고, 결국 내수사의 재정은 고갈되어 갔다. 그래서 내수사에서는 불법을 저질러가면서 재정을 마련하려고 혈안이 되었다. 때문에 그 피해는 고스란히 백성들이 떠안게 된 것이다. 이로 인하여 백성들의 원성은 하늘을 찌를 정도였다.

　이즈음 대비의 오빠 윤원로는 귀양에서 풀려나 집에 돌아와 보니, 자기와 친한 사람들은 거의 공신 자리를 차고 앉아 있었고, 게다가 전답이 수십만 평씩 챙겼는데, 자기는 아무 것도 없어 화가 나서 윤원형의 집에 가서 행패를 부리고 난정에게 욕을 하다가 하인에게 끌려나가는 봉변을 당했다. 문정왕후는 그래도 오빠니까 미안하여, 귀양 가기 전의 종 4품 군기시 첨정에서 승진시켜 정 3품 당상관인 돈녕부 도정으로 자리를 만들어 주었다. 그런데 그 자리가 한직이라 윤원로는 더 화가 났다. 그는 곧장 대궐로 달려갔다.

"대비마마, 저를 어떻게 보고 그래요. 저는 그래도 주상이 보위에 오르게 하기 위해서 얼마나 애를 썼는데요. 그래 돈령부(敦寧府) 도정(都正)이 뭐요. 차라리 벼슬을 내리지 말든지 그랬어요."

"그래도 승진이잖아요. 귀양갔다가 바로 올라온 사람에게 좋은 직책을 주면 다른 사람들 이목이 있어요. 조금 참아요. 그리고 올케 집에 가서 행패를 부리지 말아요. 다시 그러면 다음부터는 법에 따라 조치하겠어요."

윤원로는 여동생인 대비를 찾아가 이를 항의했으나, 오히려 핀잔만 맞았다. 윤원로는 화가 나서 참을 수가 없었다.

이때 조카인 윤춘년(尹春年)이 찾아왔다.

"조카는 이번 을사(乙巳)년 옥사에 공을 세웠다면 세웠을 터인데, 어찌하여 공신 자리 하나를 못차고 앉았나."

"그것이 제 차례까지 오겠어요. 그리고 저는 아직 나이가 있잖아요."

윤원로의 말에 윤춘년이 대답했다.

"하기는 그렇지. 모든 일은 윤원형이 꾸미고, 뒤에서 대비가 조정했으니까."

"그랬지요. 하여튼 대비는 웬만한 사내대장부들보다도 대가 더 세요."

"그렇고 말고. 그리고 들리는 소문에 의하면, 대비와 보우와의 추문이 들리던데 그게 사실인가?"

"제가 그걸 어떻게 알아요."

윤원로가 웃으면서 말하자, 윤춘년이 대답했다.

"걔는 그러고도 남지. 머리가 좋아서 안본 책이 없어. 나중에는 병서(兵書)까지 봤다니까. 그리고 하희와 측천무후의 내용에 대해서도 잘 알고 있지. 그리고 걔는 어릴 때부터 얼마나 육식을 좋아했는데. 부엌에서 음식을 만들면서 걔가 아마 반 정도는 먹었을 거야. 또 남자에게 관심이 아주 많았지. 아마 앞으로 하희나 측천무후 같은 여자가 되고도 남을 거야."

"숙부님, 그런 말씀 마세요. 그래도 숙부님 친동기이고 이 나라 지존인 대비예요."

"지금 내가 하는 말은 내가 지어낸 말이 아니야. 지금 도성에는 대비와 보우의 추문에 대해서 얼마나 말이 많은 줄 알아. 자네도 들었잖아."

"저도 약간 들었어요."

윤춘년의 강한 반발에 윤원로도 지지 않았다.

"하여튼 걔는 집안 망신시킬 애야."

"……"

윤원로는 동생인 대비 욕을 했다. 그러나 윤춘년은 듣고만 있었다.

이때 윤원로의 뒤를 캐던 윤원형의 졸개들은 두 사람이 말하는 것을 놓치지 않고 듣고 있었다.

이 말은 즉시 윤원형에게 보고되었고, 윤원형은 이를 대비에게 그대로 전했다.

"참, 이거 난처하게 됐네. 이를 어쩌지. 내 대비전 상궁들과 보우스님에게 그렇게 입조심을 시켰는데 어떻게 알았지."

"그러니까 왜 그런 짓을 해요."

"너는 그런 소리하지 마라. 한 달에 한 번 경도가 있기 며칠 전만 되면, 몸이 근질거려서 참지를 못하겠는데 어떻게 하니. 그럼 너는 여자하고 관계 안하니. 너는 어떻게 내 마음을 그리도 몰라주니."

윤원형의 몸조심하라는 말에 대비가 오히려 화를 냈다.

"알았어요. 그러니 앞으로는 더 조심해야겠어요."

"알았다. 그런데 이를 어쩌지. 원로 오빠가 이를 알았으니, 얼마나 떠벌리고 다닐까? 이거 창피해서 어떻게 얼굴을 들고 다니지. 정말 큰일이네."

"이런 소문이 퍼져나가면 안됩니다. 어떤 조치를 취해야 합니다."

대비가 울상이 되자, 윤원형이 안심시켰다.

"알았네. 또 귀양을 보내서, 자중을 하라고 해야지."

"그 일은 제가 알아서 처리하겠습니다."

"어떻게."

윤원형의 말에 대비는 미소를 지었다.

"아무리 형님이라고 하지만 입을 영원히 봉해야지요."

"알아서 처리하게."

"예."

윤원형은 대비전에서 물러나와 졸개들을 모아 형님에 대한 대책을 논의했다. 결국 윤원형의 졸개들이 탄핵하여 윤원로는 다시 귀양을 가게 되었다. 형제간에 싸우는 모습을 보고는 모두 손가락질했다.

그리고 윤원형은 조카 윤춘년이 윤원로와 가깝게 지낸 약점을 잡고 협박했다. 윤춘년은 자기가 살기 위하여 윤원형의 요구대로 탄핵상소를 올린다.

"돈녕부 도정 윤원로는 '대비가 여희(驪姬)와 같다'라는 말을 했고, 이어서 윤임은 전하의 역적이요, 윤원로는 인종의 역적입니다."

이렇게 상소를 올렸다.

여희는 춘추시대 진(晉)나라 헌공이 서융을 정벌하여 노획한 여자로, 절세미인이어서 후궁으로 삼았다. 얼마 후에 그녀는 해제(奚齊)라는 아들을 낳았다. 여희는 자기 아들을 왕위에 앉히려고 태자 신생(申生)을 참소하여 죽였다. 헌공이 죽자, 해제도 살해되고 여희도 편살되었다.

윤춘년은 윤원로가 말한 대로 차마 성애(性愛)의 화신인 하희(夏姬)나 측천무후와 같다는 표현은 못하고 권력의 화신인 여희(驪姬)와 같다는 내용의 상소를 올렸던 것이다.

이로 인하여 대비는 그래도 체면이 섰다. 하희나 측천무후 같다면 망신이었는데 여희라고 하여 그나마 얼굴을 들고 다닐 수가 있었다.

그러자 양사에서 강력하게 탄핵하여, 윤원로는 끝내 사약을 받고 죽고 말았다.

세상 사람들은 너무나 실망했다. 형제와 조카가 다투어 고변하고 탄핵하여 숙부를 죽이는 이 세상이 정말 말세가 아닌가.

또 이때쯤 임백령은 사은사로 중국에 다녀오다가 병들어 객사했다. 사람들은 그가 죄 없는 사람을 무고하게 너무 많이 죽여서 천벌을 받았다고 속시원하게 생각했다.

한편 진복창은 출신이 천박한대도 아부를 잘하여 계속 승진하여 궁중 음악을 담당하는 정 3품인 장악원(掌樂院)의 최고 책임자인 정(正)으로 있었다. 그는 처음에는 김안로에게 빌붙었다가, 김안로가 제거되자, 눈치를 보다가 윤원형에게 붙어 그의 주구 노릇을 하고 있었다. 그에게는 독사라는 별명이 붙어 있었다.

그는 부제학(副提學) 정언각(鄭彥慤)을 기다리고 있었다. 그 두 사람은 공신자리 하나 얻어 보려고 모사를 꾸미고 있었다. 얼마 후 정언각이 들어왔다. 그들은 서로 인사를 나누었다.

정언각은 봉투에서 익명서(匿名書) 한장을 진복창 앞에 내놓자, 진복창이 읽는다.

"나라에 여자 임금이 위에서 정권을 잡고 있고, 간신 이기, 윤원형 등이 권력을 제멋대로 농락하고 있으니 이는 나라가 서서히 망해가는 징조이다. 어찌 한심하지 않으리요. 우리는 이 간신배들을 몰아내고 봉성군을 옹립합시다."

"히히히, 아주 훌륭합니다. 정말 좋소이다."

손에 든 익명서를 내려놓으면서 진복창은 괴상한 웃음소리를 내며 흡족한 표정을 지으며 고개를 끄덕였다.

"그런데 붉은 글씨면 더 좋을 것 같소."

진복창은 정언각의 얼굴을 바라봤다.

"붉은 글씨라… 혈서를 연상시켜, 보는 이들을 자극해서 더 좋겠소이다. 그리 하지요."

정언각도 고개를 끄덕였다. 정언각은 속으로는 진복창을 경멸했지만, 그의 비상한 머리를 인정했고 또 이번 일에 이해관계를 같이 하는 지라 얼굴을 마주하고 있는 게 불쾌하지는 않았다.

"우리도 이것으로 미운 놈들을 일망타진하여 공신 자리 하나 얻어야 하지 않겠소이까."

진복창의 말에 정언각도 맞장구를 쳤다.

며칠 전에 진복창은 윤원형의 부름을 받고 그의 집으로 찾아갔다.

"아, 그 송인수라는 놈을 생각하면 잠이 안와. 진 공, 그래 무슨 묘안이 없겠소?"

"알아보겠습니다."

"그리고 귀양간 봉성군도 살려둘 수가 없어. 주상께서 너무 불안해 하셔."

"알았습니다. 제가 계책을 세워 보겠습니다."

진복창에게도 생각하면 자다가도 벌떡 일어나게 하는 인물이 한둘이 아니었지만, 윤원형의 말을 듣는 순간 임형수(林亨秀)의 얼굴이 떠올랐고 동시에 이가 바드득 갈렸다.

을사사화 이후 진복창은 언제나 임형수를 잡아죽일 궁리를 하고 있었다. 그는 과거에 같이 합격했으나, 자기 아버지와 어머니 비밀을 폭로하여 얼굴을 들고 다닐 수 없었던 것이다.

그런데 얼마 전에 홍문관 부제학으로 있는 정언각이 자기에게 접근하여 술을 한잔 사면서 심중을 털어놓았다.

"우리보다 못한 정순붕의 아들 정현이나 그의 사위 이만년 같은 놈들도 공신이 되어 전답과 노비를 받아 떵떵거리고 사는데, 우리는 이게 뭡니까. 좋은 수 없소? 진 공."

"그야 좋은 수가 있지요."

진복창이 정언각의 눈치를 살피며 나직이 말했다.

"그래요?"

진복창은 윤원형의 말을 듣고 세운 계책을 대강만 들려주었다.

"역심이 담긴 익명서를 종로거리나 사람이 많이 다니는 역(驛)에 붙여 놓는 거요. 그리고 그것을 떼어 가지고 미운 놈이 그랬다고 고변을 하여 잘 되면 공신이 될지 누가 알겠소. 공신은 못돼도 후한 상은 받겠지요. 히 히……."

진복창은 괴상하게 웃었다. 그의 눈이 뱀처럼 찢어져 있는데다가 행실 까지도 악독한지라 사람들은 그를 독사라고 부르고 있는 것이었다.

명종 2년 정미년 9월 18일, 정언각은 사위를 양재역에서 배웅하고 돌아 서서 가슴을 조이며 걸었다. 멀리 자기 심복이 보이자, 정언각은 안도의 한숨을 쉬었다.

"아니 세상에, 이런 변고가 있나!"

정언각은 깜짝 놀라며 그 벽서를 떼어 가지고 승정원에 고변했다.

승지들은 깜짝 놀랐다. 조정의 권력을 한 손에 쥐고 있는 문정왕후를 비 방했기 때문이다. 명종과 조정 대신들은 어찌할 줄 몰랐다.

명종은 즉시 의금부 도사를 보내 양재역 찰방을 불러들인 후, 의심이 가 는 사람을 대라고 독촉했다. 찰방은 역의 최고 우두머리를 말한다.

그는 진복창의 심복이어서, 그의 입에서 나오는 이름은 이미 예정되어 있었다.

　봉성군 완, 송인수, 이약빙, 임형수, 윤홍례 등 20여 명을 댔다. 이들은 모두 윤원형과 진복창이 원한을 품고 있는 사람들이었다. 윤원형, 정순붕, 이기는 서로 상의하여 그들이 싫어하는 유학자인 이언적 등을 추가로 집어넣어 모두 36명이 되었다.

　송인수는 인종 초에 대사헌으로 있으면서 윤원형의 승진을 막고 외척을 쓰면 안된다고 간한 사람이고, 이약빙은 윤임과 사돈지간이라 평소 윤원형이나 이기와는 서로 상반되는 의견을 가지고 있어 사이가 좋지 않았다.

　이약빙에게는 큰아들 이홍남, 둘째 이홍윤이 있었는데 이홍윤이 윤임의 딸과 혼인을 했다. 그 혼인 때문에 이약빙은 죽어야만 했다.

　임형수는 진복창과 윤원형이 벼르던 사람이었다. 윤원형과 원로가 김안로를 제거하고 한참 설치고 있을 때였다.

　"두 사람목만 비틀어 몰아내면 이 난국은 풀린다."

　임형수가 이렇게 말했다. 두 사람이란 척신 윤원형 형제를 말하는 것이었다.

　임형수는 이때 파직되어 나주 집에 있었다. 금부도사가 사약을 받으라고 하자, 임형수는 꿇어앉아서 의연하게 사약을 받아 마시고 죽었다.

　이 때 사관(史官)으로 있는 안명세(安名世)는 을사사화와 양재역 벽서사건이 누구의 소행이라는 것을 금방 알 수 있었다. 임형수가 너무나 억울한 죽음을 당하였다. 임형수는 후배들을 잘 이끌어 주었다. 전에 사관이었고 지금은 성균관에 있는 윤결(尹潔), 그리고 사관인 안명세, 그리고 『홍길동전』을 지은 허균(許筠)의 아버지 허엽(許曄) 등이었다. 임형수는 이들 후배들과 자주 어울려 술도 사주고 조정 돌아가는 얘기와 함께 시비곡직(是非曲直)을 분명히 하여 많은 관원들이 따랐다.

이때 안명세와 윤결은 친구인 토정(土亭) 이지함(李之菡)과도 같이 어울리게 되었다. 이지함은 화담(花潭) 서경덕(徐敬德)의 제자로 단법(丹法)과 주역(周易) 등 역학에 통달하여 세인들로부터 인기가 있었다.

양재역 벽서사건의 피바람이 지나간 뒤에 안명세는 이지함의 집을 찾았다.

"세상 정말 큰일 났어. 뜻있는 선비들이 고변과 모함으로 모두 도륙당하고 있으니, 이대로 가다가는 나라에 간신배와 탐관오리들만 남겠어."

"그러게 말이야."

안명세가 침통하게 말하자, 토정이 대꾸했다.

안명세는 양재역 벽서사건에 대해서 얘기해 주었다. 그리고 안명세는 울면서 임형수의 얘기를 하는 것이었다.

"나는 사관으로서 이제까지 보고 느낀 것을 사실대로 기록하여 후세에 남길 것이네."

안명세는 자기의 확고한 의지를 밝혔다.

토정은 임형수의 명복을 빌기 위하여 축문을 썼다. 이때 윤결이 왔다. 그가 다시 축문을 쓰고, 향을 피우고 술과 안주를 놓고 절을 했다. 그리고 그들은 술집으로 가서 울분을 토하며 술을 마셨다. 윤결은 술이 많이 취했다.

"천하에 금호(錦湖) 선배처럼 인격이 훌륭한 사람을 죽이다니, 말도 안 된다."

그는 술상을 치면서 우는 것이었다. 금호는 임형수의 호였다.

"친구야, 그만해라. 다른 사람들이 들으면 어떻게 하려고 그래."

"들으려면 들으라지. 내 무서울 거 하나도 없다."

"괜히 오기부리지 마. 다쳐."

"다쳐 봐야 죽기밖에 더하겠어."

이지함이 윤결을 말렸으나 소용이 없었다.

"안되겠네."

이지함은 윤결을 업고 밖으로 나와, 가마를 불러 집까지 태워주게 했다.

그리고 이지함과 안명세는 천천히 걷기 시작했다. 술기운이 오르자, 울분이 폭발하기 시작했다.

이날 이들의 뒤를 진복창이 졸개들을 시켜 미행했다. 그리고 다음날 그들이 한 얘기를 그대로 보고했다. 진복창은 계속 불만 세력에 대한 정보를 입수하고 있었다.

한편 윤원형과 진복창은 자기들이 지은 죄가 있어서 을사사화와 양재역 벽서사건을 어떻게 기록했나 궁금하여 몰래 사초(史草)를 꺼내서 읽어보았다. 이는 불법으로 사초는 당대에는 절대로 건드리지 못하게 국법으로 정해져 있었다. 그런데 무도한 이자들은 이를 읽고 있는 것이다.

을사사화는 소윤인 윤원형과 정순붕과 이기와 임백령이 대비를 끌여들여 조작하여, 대윤인 윤임 등의 재산을 몰수하고 사람들을 역모로 몰아 죽인 사건이고, 양재역 벽서사건은 진복창과 정언각이 공을 세우기 위하여 조작하여 을사사화 때 제거치 못한 정적을 처단한 것이다. 그리고 대비가 내원당을 지원하고 불교를 진흥하는 것은 보우의 간청에 의한 것이다. 이때 대비는 보우를 대궐 내원당으로 끌어들여 불공을 드린다면서 궐내외에 추문이 그치지 않았다.

"아니 이런 쳐죽일 놈이 있나."
"아니, 나도 비방했잖아."

사초를 읽은 윤원형이 화를 내며 몸을 떨면서 말했다. 진복창도 자기 이름이 보이자 핏대를 올렸다.

이런 사실을 기록한 사관은 안명세였다. 그들은 안명세를 체포하여 국문했다. 그리고 며칠 후 안명세는 처형되었다.

안명세가 죽자, 윤결은 그의 죽음을 너무나 슬퍼했다. 윤결은 당시 최고의 문장가이기 때문에 많은 사람들이 그를 따랐다. 그 중에는 문정왕후의 부마(駙馬)인 구사안(具思顔)도 끼어 있었다. 윤결과 구사안은 술 실력이 비슷하여 자주 어울렸다. 구사안은 귀공자 형으로 예의를 지켰으나 술이 취하면 돌변하여 다른 사람이 되었다.

윤결과 구사안은 거나하게 취했다. 술이 취하면 안하무인인 윤결은 안명세 생각이 나서 구슬프게 울었다.

"명세야, 명세야, 그대는 아무런 잘못이 없는데도 죽었어. 죄가 있다면 정직하게 사실대로 사초를 쓴 것뿐이야. 다음 임금 대에는 자네의 무고함이 밝혀지고 그 강직함이 역사에 반드시 기록될 것이네."

윤결은 계속 눈물을 흘렸다.

"금호 선배님, 정말 안됐소. 때를 잘못 만나서 비명횡사하셨소."

그리고 다시 이렇게 우는 것이었다.

얼마 후 윤결은 다시 통곡하기 시작했다. 옆에서 혼자서 장시간 우는 것을 본 구사안은 자기를 무시하는 것 같아 짜증이 났다.

"안명세와 임형수는 죽을 죄를 지어 죽은 것이오."

구사안이 윤결에게 시비를 걸었다.

"안명세는 사관이오. 사관이란 원래 임금의 언행과 행적, 그리고 조정의 흐름을 보고 느낀 대로 기록하는 것이 임무요. 그것이 무슨 죄가 된단 말이오? 죄가 있다면 그 자들이 죄가 있는 것이오. 그리고 금호는 양재역 벽서사건과는 아무런 상관이 없소. 금호는 소인배 진복창에게 미운털이 배겨서 죽음을 당한 것이오. 죽일 놈들은 그 자들이오"

취한 윤결이 목소리를 높였다.

"그자들이 누구요?"

구사안의 목소리도 커졌다.

"누구는 누구요. 이기, 진복창, 윤원형의 패거리지."

윤결은 서슴없이 쏘아댔다.

"윤 공, 말이 너무 지나치지 않소."

구사안도 오기가 발동했다.

"지나친 것 하나도 없소. 후대의 사가(史家)들이 이는 반드시 밝혀 줄 것이오. 개국 이래 이렇게 선비들은 생체로 때려잡은 예는 없었소. 아이고 불쌍한 양반들. 그리고 대비도 보우와의 추문이 나돌고 있소. 정말 나라꼴이 어떻게 되려고 이러는지."

"누가 그러오. 우리 장모님 추문 얘기는?"

구사안은 자기 집안 얘기라 신경을 곤두세웠다.

"아니, 구공은 아직도 그 얘기를 모르고 있단 말이오. 하기는 등잔 밑이 어두운 법이니까."

"글쎄 나도 보우대사가 내원당에서 불공을 드린다는 얘기는 들었는데. 우리 장모하고 보우대사가 그 짓을 했단 말이오. 그럴 리가 없지요."

"아니 땐 굴뚝에 연기나겠소. 잘 알아보시오."

"그럴 리가 절대 없소."

윤결의 말에 구사안도 지지 않았다.

그들은 취중에 언쟁을 하면서 인사불성이 되도록 술을 마셨다. 그런데 그 옆좌석에는 진복창의 졸개들이 이들의 대화를 엿듣고 있었다.

다음날 윤결의 약점을 잡으려고 뒤를 캤던 진복창의 졸개들은 어제 있었던 일들을 진복창에게 상세하게 보고하였다.

진복창은 곧장 구사안을 찾아가 어제 일로 협박했다. 그러자 구사안은 할 수 없이 장모인 문정왕후를 찾아가 이실직고했다.

이 말을 듣고 문정왕후는 화가 나서, 국청을 설치하라고 지시했다. 추관은 진복창으로 임명했다.

다음날 윤결에게 국문을 했지만, 그는 술에 취하여 무슨 말을 했는지 기억이 안난다고 했다. 그러자 추관은 그 때 술심부름 하던 여자가 증언을 하는 바람에, 처형장으로 가게 되었다. 이때 이지함도 그 함거를 따라갔다. 구사안은 말을 타고 가다가, 윤결의 함거와 마주쳤다.

"구 부마, 당신이 어찌 나에게 이럴 수가 있소. 사내 대장부끼리 술좌석에서 한 말을 고변하다니. 자네가 친구인가."

윤결이 이렇게 말하고 서럽게 울었다.

순간 어디에서 날아 왔는지는 모르지만, 돌맹이가 구사안이 타고 있는 말의 눈을 정확하게 맞혔다. 그러자 말은 앞을 볼 수가 없어서 날뛰자, 구사안은 말에서 떨어졌다. 그리고 말이 날뛰는 통에 말발굽에 밟혀서 그 자리에서 즉사하고 말았다. 이 돌은 이지함이 던진 것이었다.

윤결은 형장의 이슬로 살아지기 전에, 이지함으로부터 이 얘기를 들을 수가 있었다.

"내 원수를 갚아 주어서 고맙네. 친구야."

윤결은 안명세처럼 당당하게 형을 받아 주위에 있었던 사람들을 놀라게 했다.

구사안이 말에 밟혀 죽자, 천벌을 받아 죽었다는 이상한 소문이 나돌았다. 진복창은 이를 듣고 그날부터 악몽에서 헤어나지 못했다. 양재역 벽서 사건으로 임형수, 이약빙 등에게 사약을 내려 죽게 하고 이언적 등을 귀양 보낸 장본인 정언각도 그 뒤 경기감사가 되어 말 등자에 한쪽 다리가 걸려 말이 달리는 바람에 머리가 박살나 죽었다. 사람들은 하늘이 무심치 않다고 하면서 통쾌하게 여겼다.

이때 퇴계는 가까이 지내던 임형수가 많은 일화를 남기고 죄없이 죽었고, 대사헌과 충청감사를 지낸 자기 형 이해(李瀣)의 죽음 등을 보고 더 이상 관직에 미련을 버리고 만다. 또한 남명(南冥) 조식(曺植), 화담(花潭) 서경덕(徐敬德), 하서(河西) 김인후(金麟厚) 등 많은 뜻있는 선비들이 관직에 나가지 않거나 낙향한다.

이렇게 을사사화나 대비의 음행(淫行)을 기록하거나 얘기하는 관리들은 대비나 윤원형은 가차없이 처단했다. 그리고 백성들도 이런 얘기를 하다가 발각되면 쥐도 새도 모르게 죽어 나갔다. 그러자 을사사화나 대비의 추문 얘기는 사람들의 입에서 사라지게 되었다. 그러나 발없는 말이 천리 간다고 오히려 자꾸만 퍼져갔다. 그러나 역사의 기록으로 남길 수가 없었다.

이홍윤(李洪胤)은 양재역 벽서사건으로 사약을 받은 이약빙(李若氷)의 차남이었는데, 형인 이홍남(李洪男)이 영월로 귀양을 간 탓에 상주가 되어 이약빙의 장례를 치르고 충주(忠州)에서 여막살이를 하고 있었다.

이때 이홍윤의 나이는 19세였다. 이홍윤은 16세 때 윤임의 사위가 되어 동네 사람들의 부러움을 한 몸에 샀다. 그때는 중종이 살아 있었고, 다음 보위에 오를 인종이 건재했기 때문에 고향 사람들은 한양에 어쩌다가 갈 일이 있으면, 이홍윤을 찾아가 자기 형편에 맞는 선물을 하고 고향 얘기를 전하곤 했었다. 인종이 서거하고 을사사화가 일어났어도, 이약빙과 그의 두 아들이 건재한 것을 보고 사람들은 그래도 그들 집안이 세도가 있다고 여겼다. 그런데 2년 후 양재역 벽서사건으로 이약빙이 중죄로 묶여 사약을 받았다는 말에 사람들의 실망은 너무나 컸다.

산소를 잡기 위하여 이홍윤의 집에서는 경상도 함창에 사는 술사 배광의(裵光義)를 불렀다. 배광의는 충주 인근에서 지관 노릇을 하는 최대관(崔大觀) 등 세 명과 함께 묏자리를 보러 앞서 갔고, 이홍윤과 그의 당숙이 그 뒤를 따랐다.

묘지를 잡을 때에는 상주와 집안 어른들이 지관과 함께 상의해서 잡는 것이 보통이었다. 그런데 배광의는 전국에서 유명한 사람이고, 최대관은 충주에서나 이름난 술사여서 최대관이 한 수 아래였다. 최대관은 배광의보다 나이도 훨씬 적었다.

"갑자(甲子)년에 죄없이 무고한 사람들이 많이 죽었는데 올해도 죄없이 화를 당한 사람이 너무 많소. 윤임 대감 같은 이들이 어찌 역모를 꿈꾸었겠소? 더구나 이약빙 대감이 윤임과 사돈간이지만 윤임이 어찌 역모에 관한 얘기를 이약빙 대감에게 했겠소? 앞으로 밝은 세상이 오면 이약빙 대감의 억울한 누명은 반드시 벗겨질 것이오."

배광의가 최대관에게 이렇게 말했다.

"옳으신 말씀입니다. 갑자년에 사화가 있은 지 얼마 되지 않아서 밝은 세상이 왔고, 지금도 갑자년의 경우와 같다면 밝은 세상이 곧 오겠지요."

최대관도 배광의와 같은 생각이었다.

이들은 이약빙의 묏자리를 잡아 주고 상가집으로 내려왔다. 그리고 배광의는 곧바로 자기집으로 돌아갔다.

저녁때가 되자, 이홍윤은 최대관과 식사를 같이 하게 되었다.

"배 도사가 그러는데, '갑자년에 죄없는 사람이 많이 죽었는데 얼마 안 있어 연산군이 쫓겨나고 좋은 세상이 왔다. 요즈음도 죄없는 사람들이 많이 죽어 억울해 하는 사람들이 많은데 앞으로 밝은 세상이 오면 이들의 죄가 있고 없고는 만천하에 밝혀진다'라고 하던데요."

이런저런 말이 오가던 중에 최대관이 배광의가 한 말을 이홍윤에게 전했다.

"그러면 앞으로 밝은 세상이 온다는 얘기네요."

"그렇고 말고요."

이홍윤의 물음에 최대관이 동조했다.

이약빙의 장례는 무사히 치러졌다.

얼마 후 이휘(李輝)라는 사람이 찾아왔다. 그는 풍수가로 이름이 있었다.

"아버님 초상 때 배광의라는 사람이 다녀갔어요. 혹시 그분을 아시나요?"

"약간 알지요. 전에 두어 번 만난 기억이 있습니다."

이홍윤의 말에 눈을 깜빡이며 기억을 되살린 이휘가 천천히 대답했다.

"그분이 그러는데, 갑자년에 무고한 사람들이 많이 죽더니 오래 가지 않아서 밝은 세상이 되었고, 또 지금같이 죄없는 사람을 마음대로 죽이는 혼탁한 세상이 어찌 오래 가겠느냐고 했는데, 선생께서는 이를 어떻게 생각하시는지요?"

"배 도사가 그리 말했다면 틀림없겠지요."

이휘가 이렇게 대답하자, 이홍윤은 신명이 났다. 그리고 김의순(金義淳)이라는 사주가(四柱家)도 이와 비슷한 말을 했다. 이렇게 배광의, 이휘, 김의순 등 조선 팔도의 최고 술사들이 지금의 왕이 오래 가지 못한다는 소리를 하니 이제까지 암흑같이 여겼던 자기 신세가 필 것만 같았다.

장사를 지내고 바로 이홍윤은 아버지 이약빙의 산소 옆에 여막을 짓고 살았다. 이때 풍습은 부모가 죽으면 3년 동안 여막살이를 해야 했다. 이홍윤은 3년 동안 여막살이 할 것을 생각하니 너무 끔찍했다. 한양에 있는 부인과 떨어져 혼자 지내다 보니, 그는 도무지 사는 재미를 느낄 수 없었다. 그리고 한참 혈기가 왕성한 때라 여자가 너무 그리웠다.

다음해 무신년이 되자, 이홍윤은 쌀을 도정하여 그의 어머니와 종들이 겨우 먹을 양식만 남겨 놓고 나머지는 모두 여막 가까이 옮겨 놓았다.

이홍윤은 양재역 벽서사건이 일어났다는 얘기를 듣고 급히 충주로 내려와, 아버지 이약빙의 땅이 관에 몰수되기 전에 자기 명의나 처의 명의로 미리 돌려놓았기 때문에 상당한 땅을 가지고 있었다. 이는 그가 극비리에 추진했기 때문에 아는 사람이 별로 없었다.

이홍윤은 얼마 후 여막에 기생을 불러다가 살림을 차렸다.

이런 소식을 들은 그의 친형 이홍남은 화가 나서 견딜 수 없었다. 그는 편지를 써서 아우 홍윤을 달래보기도 했으나 조금도 반성하지 않고 여전히 기생을 데리고 산다는 소식만 들려올 뿐이었다.

사람을 보내 불렀으나 오지도 않았다. 그는 미칠 것만 같았다. 귀양만 살지 않으면 당장 달려가 혼쭐을 내주고 싶었지만 별도리가 없었다. 그래서 이홍남이 부인을 보내자, 마지못해 이홍윤은 형수를 따라 영월로 왔다. 이홍남은 동생 홍윤을 보자마자 호통부터 쳤다.

"이놈아, 그래 상중에 여막에서 계집질하는 놈이 어디 있어!"

"……"

이홍윤은 대답이 없었다. 막상 얼굴을 대하자 홍남의 마음이 약해졌다.

"그래, 요즘은 글을 읽느냐?"

"아니, 글을 읽으면 무얼 해요."

"비록 아버님이 죄인이 되어 돌아가셔서 입신양명은 못하지만 글을 읽으면 마음의 문이 환히 열려 올바르게 사는 길을 찾을 수 있으니 그래도 부지런히 글을 읽어라."

이홍남은 동생을 타이르기 시작했다.

"에이, 더러운 놈의 세상 확 뒤집혀야 돼. 배광의라고 함창 사는 술사가 있는데 전국 팔도에서 알아주는 사람이오. 아버님도 전에 이 사람이라면 끔뻑하신 사람인데, 글쎄 이 사람이 아버님 장사 때 와서 '갑자년에 죄없는 사람이 많이 죽더니 얼마 안 있어 반정(反正)이 일어나 밝은 세상이 되었다. 요즘도 을사사화와 정미년의 양재역 벽서사건 등으로 애매한 사람들이 많이 죽었는데 곧 다시 밝은 세상이 온다'고 하던데 뭘 그래요. 우리야 간신 윤원형이나 이기, 윤춘년, 진복창 같은 자들이 살아 있는 한 출세하기는 틀렸어요. 다시 밝은 세상이 온다니 좋은 때를 기다려 보는 수밖에 없지 않습니까?"

"홍윤아, 네가 지금 한 소리를 또 누가 알고 있느냐?"

"다른 사람들이 어떻게 그런 것을 알아요. 아버님이 불쌍하게 돌아가셨으니까 지나가는 소리로 그냥 한 말이겠지요."

이홍남은 깜짝 놀랐으나 이홍윤은 대수롭지 않다는 투였다.

영월에 다녀온 이후 이홍윤은 형님의 호통소리가 생각나서 잠시 기생을 돌려보냈지만, 몇 달 후에 다시 기생을 불러들였다. 이 소식을 듣고 이홍남은 분개했다.

이홍남은 춘삼월이 되자, 자기 신세가 너무 처량하고 또 억울하다고 생각했다. 만물이 소생하는 계절이 되자 그런 생각이 더욱 자주 드는 것이었다. 자기는 아무런 죄가 없는데 동생이 윤임의 사위가 되는 바람에 귀양살이를 하고 있다는 생각에 빠져들자, 하루하루를 견디는 게 너무 힘들었다.

'정작 역적의 사위인 동생은 부모님 여막살이를 한답시고 기생년을 데려다 재미나 보고 있는데, 나는 이게 무슨 꼴이란 말인가. 내 나이 이제 서른 다섯, 한창 일할 나이에 영월 냇가에서 하늘만 바라보고 한숨만 쉬고 있으니 내가 너무 한심하지 않은가. 내 친구들은 벌써 정 4품이 된 자도 있다는데 내 꼴은 이게 뭐란 말인가.'

그는 이렇게 실의와 한숨으로 나날을 보냈다.

'동생이 술을 마시면 갑자년에 죄없는 사람이 많이 죽더니 연산군은 3년을 못넘겼다. 그러니 을사사화나 정미년 양재역 벽서사건으로 죄없는 사람을 그렇게 많이 죽였으니 어찌 오래가겠느냐 하며 떠든다고 종 범동이와 서출 동생 인정이와 후정이가 그랬는데, 만약 다른 사람들이 이 말을 관가에 고발하는 날이면 홍윤이 그놈은 죄를 졌으니까 처벌을 받더라도 할 말이 없겠지만, 나까지 억울하게 능지처참될 것이 아닌가. 아무래도 배광의라는 술사와 홍윤이 했다는 말이 심상치 않아. 가만히 앉아 있다가는 내가 당하겠어. 처남 원호변이 홍문관 부교리(副校理)로 있고, 동서 정유길이 의정부 정 4품 사인(舍人)으로 있는데 상의해 볼까. 그러나 내가 귀양살이하는 몸이라 한발짝도 움직일 수 없고… 어떻게 한다? 맞아, 편지에 자세한 내용을 적어서 보내면 동서나 처남이 판단하여 알아서 하겠지.'

이렇게 생각한 이홍남은 붓을 들어 조심스럽게 써 내려갔다.

'안되지. 만약 이것을 주상 전하나 조정 대신, 특히 이기가 알면 우리 집안은 쑥대밭이 되는데, 차라리 내가 죽는 편이 낫지.'

이런 생각이 들자 이홍남은 붓을 놓았다. 그러나 며칠이 지나자, 그의 마음은 또 바뀌었다.

'앉아서 죽을 수는 없지. 그래도 나는 살아야 할 게 아닌가. 동생에게는 안됐지만 할 수 없는 일이지. 그리고 여막살이를 하면서 기생을 데리고 산다는 것이 말이나 돼. 애가 싹수가 노래. 그놈을 믿었다가는 내 목이 언제 달아날지 모르지.'

이런 생각을 굳힌 홍남이 붓을 들어, 자기가 들은 내용을 완성했다.

그는 종을 시켜 편지를 처남 원호변에게 보냈다. 원호변은 이를 정유길과 상의하여 결국 이홍남의 편지는 승정원을 통하여 명종에게까지 올라갔다.

서찰을 읽어 본 명종은 깜짝 놀랐다. 대비도 그것을 보고 대경실색했다.

"죄인 이홍윤과 배광의를 속히 잡아들이도록 하라. 사악한 일들이 벌써 몇 년이 지났는데 아직까지 근절되지 않다니. 정말 큰일이구나!"

어명을 내린 명종은 혼자 탄식했다.

대비는 이 사건에 직접 관여하기로 했다. 명종의 나이 금년 16세로 5년 동안 보위에 있었지만, 종사를 뒤흔드는 역모사건을 처리하는 방법에 대해서는 잘 몰랐기 때문이었다. 내용으로 봐서는 큰일은 없을 것이라고 생각했다. 그러나 대비는 회심의 미소를 지었다. 커다란 수확이 있을 것만 같았다.

명종 4년(1549) 4월 21일, 충주에서 이홍윤이 잡혀 오자, 추국청이 설치되었다.

추관은 쉬고 있는 풍성부원군 이기, 좌의정 황헌, 우의정 심연원, 의금부 판사 상진, 의금부 지사 윤원형, 대사헌 구수담, 대사간 경혼 등이었다.

이기는 술사(術士)들인 배광의, 최대관, 이휘 등을 고문했으나 소득이 없이 죽고 말았다. 그러자 이기는 나이가 어린 이홍윤을 고문과 감언이설을 반복하여 이기가 원하는 진술서를 받아냈다.

"저와 배광의, 이휘, 최대관 등이 함께 역모를 모의한 1백여 조항을 책으로 만들고, 이를 제가 직접 입의방(立議方)이라는 서명을 붙였으며 저와 네 사람이 모두 서명한 뒤 저의 집에 간직했습니다. 맨 먼저 재상 이기와 윤원형을 해친 다음 최대관을 임금으로 추대하려고 했습니다."

이기는 이홍윤을 고문하여 최대관을 왕으로 세운다고 꾸며낸 것이었다.

다시 이기는 이홍윤의 서제인 이무정을 고문하여, 거사일을 잡았다는 허위자백을 받아냈다. 거사일까지 잡혀졌으니 완전한 역모 사건이 된 것이다.

이때 심연원과 황헌은 이기에게 심하게 고문하지 말라고 했지만, 이기는 듣지 않았다.

추관들이 이를 명종과 대비에게 보고했다. 명종은 심사숙고하여 억울한 일이 발생하지 않게 처리하라고 했으나, 대비는 이들의 역모사건에 분개하면서도 죄의 진상이 명백하게 밝혀졌다며 기뻐했다.

5월 1일, 추관들은 이홍윤이 진술한 모의 책은 아무리 뒤져도 찾지 못했다는 금부도사의 보고를 받았다. 그러나 이기는 죄인들의 진술서가 있으니 처형하자고 주청하자, 명종은 이를 윤허를 하지 않고 있었다. 자기 말

한마디에 죄없는 사람들이 능지처참되고 가족들은 종이 되기 때문이다. 그러자 이기는 대비를 찾아가서 이런 상황을 얘기했다.

　대비는 명종을 찾았다.

　"이번 사건은 역모사건입니다. 죄인들을 능지처참해야 합니다."

　"그것은 곤란합니다. 금부도사들에게 모의 책을 찾아오게 했으나 못 찾았습니다. 역모를 꾸민 흔적이 없습니다. 이는 난언죄에 해당되지 역모사건은 아닙니다."

　대비의 말에 명종이 똑똑하게 대답했다. 난언죄는 본인만 죄를 받고 다른 사람들을 죄가 되지 않는다.

　"그렇지가 않습니다. 모의한 책이 있는데 그것을 못 찾은 것뿐입니다."

　"저는 증거물이 확실하지가 않아 윤허를 할 수가 없습니다."

　명종은 중심을 잃지 않았다.

　"그러면 제가 대신 어명을 내리겠습니다. 이번 사건을 그냥 놔두면 또다시 이런 일이 일어나면 어떻게 합니까. 일벌백계로 다스려야합니다."

　"저는 모르겠습니다. 어마마마께서 알아서 하십시오."

　"내가 알아서 처리할 테니, 주상은 너무 심려마시오."

　"……"

　명종은 대답을 하지 않았다.

　대비는 이들을 능지처참하라고 명종을 대신하여 승정원 승지를 불러 전했다. 증거도 없이 심한 고문으로 허위자백을 받아내어 처형한 것이었다.

　대역죄인 이홍윤과 배광의, 최대관, 이휘, 등은 대명률에 의거, 주모자와 졸개를 구분하지 않고 모두 능지처참하고, 아버지와 16세 이상의 아들은 모두 교수형에 처하고, 15세 이하의 아들 및 어머니, 딸, 아내, 첩, 할아버지, 손자, 형제, 자매 그리고 아들의 아내와 첩은 관노가 되었으며, 그들의 재산은 모두 몰수되었다.

그리고 이홍남은 군신간의 대의를 알아서 가까운 지친을 숨기지 않고 고변했다 하여 유배에서 방면되었다. 다만 한양 출입을 금하라는 어명이 내려졌다.

이날 추관 이기는 이홍윤과 같이 거사를 꾸몄다는 모산수(毛山守) 정랑(呈琅)과 그의 아들 이규 등을 고문하여 자백을 강요했으나 성과가 없었다. 모산수 정랑은 토정 이지함의 장인이고, 그의 아들 이규는 토정의 큰처남이었다.

다음날은 5월 3일이었다.

이날 매를 내리치는 소리가 너무 컸다. 이기가 형졸들을 불러 특별히 있는 힘을 다하여 곤장을 치라고 명을 내렸기 때문이다. 살 타는 냄새, 볼기에서 흘러내린 피비린내가 사람들의 비위를 상하게 만들었다.

모산수 정랑과 그의 아들 이규 등은 이날 매를 맞고 모두 죽었다.

"아! 장인어른… 큰처남…."

저녁에 토정은 이조 좌랑으로 있는 친구 허엽에게 이 소식을 듣고 기절할 뻔했다. 허엽은 눈물을 흘리면서 슬픈 소식을 전했다. 한참 만에서 정신을 차린 토정이 물었다.

"그러면 죄명은 밝혀졌나?"

"아니네. 곤장에 돌아가셨으니 자백을 받아내지 못했네. 그러나 이 추세로 가다가는 대역죄인이 될 가능성이 많네."

허엽도 눈물을 흘렸다.

"이런 천벌을 받을 놈들! 죄 없는 사람을 대역죄인으로 몰고 가다니. 그런 놈들이 바로 역적이 아닌가!"

토정은 이기를 증오했다.

허엽은 이홍남의 고변 사건에 토정의 장인이 연루되었기 때문에, 이 사건에 대하여 특별한 관심을 가지고 지켜봤다. 모든 죄를 이기가 고문으로 조작해 가는 것을 옆에서 지켜보면서도 누구도 나서서 말하지 않았다. 그는 가슴이 미어지는 것 같았다.

진복창 같은 간신도 이번 사건은 고문에 의한 조작이라고 말할 정도였다. 심연원과 황헌도 이번 사건을 정당하게 처리하려고 했으나 허사였다. 잘못하다가는 자기들도 이기의 모함으로 죄를 뒤집어 쓸 수 있기 때문이다.

윤원형도 이기가 너무 막무가내로 몰고 가는데 불안을 감추지 못했다. 자기가 심어 논 내관은 이기와 대비가 서로 밀약하는 것을 보았다고 귀뜸하는 것이었다. 그렇다고 자기가 나서서 말릴 수도 없는 노릇이었다. 가만히 보고 있는 것이 상책이었다.

그리고 다른 추관들이 시정을 요구하면, 이기는 주름진 얼굴을 찡그리며 이렇게 말했다.

"당신은 역적을 옹호하려고 하느냐?"

이기의 이 말 한마디에 다른 추관들은 더 이상 대꾸를 못하는 것이었다. 황헌과 심연원이 이기의 독주에 제동을 걸려 했지만 별 성과가 없었.

5월 5일, 이홍윤 막내 서동생 이후정을 국문하면서부터 이기는 신명이 나기 시작했다. 그는 잡혀온 사람들 중에서 나이가 가장 어렸다. 그는 이약빙 첩의 막내 아들로 귀엽게만 자라 그 자리에 있는 것만으로도 몸이 벌벌 떨렸다. 그런데 친형 무정, 인정이 죽기까지 했으니 그가 느끼는 공포감은 이루 다 말할 수가 없었다.

"너는 참 나이가 어리구나. 몇 살이지?"

"열여섯 살입니다."

이기는 열여섯이라는 말에 머리가 전광석화처럼 빠르게 돌아갔다. 잘하면 대어를 낚을 것 같았다.

"너의 형들은 모두 죽었다. 너는 내가 시키는 대로 하면 나이가 어리니까 살 수 있다. 모든 것을 내가 시키는 대로 하겠느냐?"
"예."
이후정은 추관 이기의 말에 눈물까지 보이며 벌벌 떨었다. 이후정은 이기가 시키는 대로 썼다.

지난해 8월, 배광의, 이홍윤, 최대관은 모의 책을 만들었는데 그 곳에 기록된 사람은 강유선, 모산수, 홍인창, 이무정, 조광한 등 33명입니다. 이들은 충주에서 지칠동이 200명, 음죽에서 기춘정이 150명, 음성에서 황개동이 300명을 모아 올해 4월 25일에 군사를 이끌고 한양으로 쳐들어가기로 결정했습니다. 병기는 홍인창이 공문서를 위조하여 각 고을에서 철퇴 30여 개씩 가져오기로 약속했습니다. 대장은 최대관이옵고, 종사관은 이홍윤, 김의순, 배광의, 홍인창 등이고 거사가 성공하면 모산수 정랑을 왕으로 모시려고 했습니다.

이기는 이후정이 쓴 진술서를 주상과 대비에게 상달하였다.
"아니, 군사까지 동원하려고 했단 말인가? 그리고 병조 문서를 위조하여 철퇴를 빼내기로 했다고!"
대비는 그 글을 보고 기겁을 했다.
"이 진술서에 나와 있는 것을 확인케 하라."
대비의 말에 추관들은, 이를 감영에 확인케 했다.
"충주 군사는 8월이 아닌 2월이 당번이옵고, 군사는 3, 4명만이 이름이 같고 나머지는 모두 틀립니다. 그리고 문서를 위조하여 각 고을의 철퇴를 몰래 빼내다가 자기 집에 묻어두었다는 것은 사실이 아닙니다."
진술 내용을 확인한 병조의 회답이었다. 이는 이기가 조작했다는 것을 증명해 주는 것이다.
이때 중전 심씨도 이 사건에 대하여 비상한 관심을 가지고 있었다. 왜냐하면 모산수가 올케의 작은 할아버지가 되기 때문이다. 중전의 친정 동생은 자기 밑으로 남동생이 8명이나 있었다. 제일 큰 남동생이 인겸(仁謙)이었는데, 그의 처조부가 영화수 정주였고, 영화수의 동생이 모산수 정랑이었다. 잘못하다가는 올케 친정이 멸문지화를 당할 수 있는 것이다. 그래서 중전은 이런 사실은 명종에게 얘기하여, 명종도 이를 난언죄로 종결지으려고 했던 것이다. 그런데 대비와 이기가 억지로 사건을 확대시키려고 하고 있어, 명종은 이를 바로잡기 위하여 몸부림을 치고 있었다.

명종은 병조에서 올라온 내용을 보고, 추관을 불러 이 사건을 다시 조사하라고 어명을 내렸다.

그러자 이기는 겁이 났다. 잘못하다가는 없는 죄를 만든 것이 들통날까 봐 대비를 찾아가 상의했다. 그들은 상황을 살펴가며 대처하기로 했다.

또한 병조에서는 홍인창의 말대로, 이홍윤의 종의 집에 숨겨 놓았다는 곳에 사람을 동원하여 병기를 찾았으나 찾지 못했다는 통보도 받았다.

이 내용도 명종에게 보고되었고, 대비에게도 보고되었다.

이를 알고 명종은 이기, 윤원형과 심연원, 황헌 등 추관을 불렀다.

"모의 책도 없고 병기도 못 찾았다는 보고가 여기 있소. 이는 공을 세우기 위하여 추관들이 역모사건으로 확대시킨 것이 아니오. 이는 고문을 가해서 자백을 받아낸 것이 아니오. 풍성부원군은 어떻게 생각하시오."

명종이 사실 여부를 따지고 들었다.

"그것은 그렇치가 않사옵니다. 모의 책이나 병기가 있는데 이를 비밀리에 숨겨두어서 아직 찾지 못하고 있을 뿐입니다."

이기가 거짓말을 했다.

"경은 그것을 말씀이라고 하시오. 죄를 다스릴 때는 물증을 찾아서 다스린다는 것이 기본 상식이라는 것도 모른단 말이오. 그러면 이것이 나중에 허위라고 밝혀지면 누가 책임을 지겠소. 병조에서 올라온 것은 모두 거짓이란 말이오."

"……"

이기는 식은땀을 흘렸다.

"그리고 내 모산수 대감에 대해서는 종친부 연회에서 몇 번 봐서 그의 인품을 잘 알고 있소. 그 사람이 무엇이 더 필요해서 역모사건에 가담한단 말이오. 그는 절대로 역모사건을 꾸밀 위인이 아니란 말이오. 그는 억울하게 장살된 것이오. 이를 누가 책임질 것이오."

명종은 슬픈 표정을 지었다.

황헌이나 심연원은 고소하다고 생각했다.

"도승지는 병조판서를 들게 하라."

"예."

도승지는 곧장 병조판서를 데리고 부복했다.

"여기에 있는 서류에는 충주에서 거사하기로 했다는 모의 책도 없고 병기도 못 찾았다는 것이 사실인가."

"그렇사옵니다."

명종의 말에 병조판서는 사실대로 고했다.

"그런데도 추관들은 어찌하여 그 서책과 병기를 못 찾았을 뿐이라면서 역모사건으로 몰고 가려하고 있소. 예전에 한 백성이 억울하게 누명을 쓰고 죽어서 그 원귀(寃鬼)가 7년 동안 가물게 했다는 기록을 추관들은 모른단 말이오. 이번 충주사건은 형제지간의 감정싸움에 지나지 않아요."

명종은 고사를 들어 설명했다.

"좌상과 우상은 대답해보시오."

"주상 전하의 말씀이 백 번 지당하시다고 사료되옵니다."

우의정 심연원과 좌의정 황헌이 대답했다.

"좌상과 우상은 이번 일은 없었던 것으로 종결지으시오."

"예."

두 사람은 머리를 조아렸다.

그리고 추관들은 물러났다.

주상을 배알하고 나온 이기는 곧장 대비를 찾았다. 그리고 주상이 하신 말씀을 상세히 보고드렸다.

"내 알아서 처리하겠소."

"대비마마, 이는 빨리 해결하셔야 합니다."

"걱정하지 마시오."

대비는 이렇게 말하고 명종을 찾았다.

처음에는 이기의 말대로 증거를 못 찾았을 뿐이라고 했다. 명종은 이기에게 한 말과 똑 같이 했다.

"이건 명백한 역모사건입니다. 대역죄인으로 처결해야 합니다."

"그렇지가 않습니다. 증거가 있어야지오. 제가 병판을 불러서 확인했어요. 더 이상 말씀하지 마십시오. 백성들을 잘 보살펴야 할 왕이, 없는 사실을 조작한 것도 모른다면 왕이 무능한 것이라 할 것이 아닙니까? 그리고 죄가 없는 그 자손들은 어떻게 됩니까. 모두 양반에서 남의 집 종이 됩니다. 우리 가족 중에 그런 사람이 생긴다면 어마마마는 어떻게 하시겠습니까. 이는 역사에 죄를 짓는 일입니다."

"주상, 말씀을 삼가하시오. 우리가 그렇게 되면 좋겠소."

명종이 역정을 내자, 대비도 가만히 있지 않았다.

"이 사건에서 죄를 지은 사람은 이홍윤이 하나 뿐입니다. 나머지 사람들은 이홍윤과 같은 동네에 살거나 아는 것을 풍성부원군 이기대감이 조작한 것입니다. 물증이 없습니다. 다른 추관들은 허수아비입니까. 물증이 없어서 법에 있는 대로 고문을 한 것입니다. 세상에 어찌 이런 일이 있습니까. 저 선량한 사람들에게 죄를 주면 오히려 우리 왕실이 위험합니다. 저들 자손이 어디로 가겠습니까? 도적이 되어 권신들을 괴롭힐 것입니다.

어마마마는 왜 그것을 모르십니까?"

"주상은 이 어미를 훈계하시는 겁니까?"

"국정을 말씀하는데 훈계라니요."

명종과 대비는 서로 지지않고 실랑이가 벌어졌다.

"주상, 그래도 이번 사건은 후일을 위해서는 역모사건으로 몰고가야 합니다."

"그것은 그렇지 않습니다."

명종의 계속되는 반대에 대비는 억지를 부리기 시작했다.

"내 어미로서 말씀드리는 것이오. 역모사건으로 처리하시오."

"절대 안됩니다. 이는 왕인 제가 공정하게 처리해야 할 일입니다."

명종은 자기 주장을 굽히지 않았다.

"내가 지금 수렴청정을 하고 있는데, 나도 책임이 있소. 그렇게 하시오."

"저도 나이가 이제 열여섯입니다. 매일 열심히 경연에 나아가 이제는 사리판단을 할 줄 압니다. 더 이상 억지를 부리지 마세요."

"뭐, 억지를 부리지 말라고."

대비는 그 말을 듣는 순간 화가 치밀어서 명종의 따귀를 때렸다.

"네가 누구 덕에 이제까지 왕 노릇을 하며 잘 먹고 잘 살아왔는데. 다 내가 뒤에서 보살펴 주어서 그런 거야. 이 못난 사람아. 왜 그걸 몰라."

대비는 분풀이를 하듯이 다시 명종의 따귀를 때렸다.

"주상인 나의 따귀를 때리다니요."

"말로 타일러서 안들으면 매라도 쳐서 틀린 것을 바로잡아야지요."

"제가 틀린 것이 무어가 있어요. 어마마마가 선량한 백성들을 역적으로 만들어 죽이면 그들 자손이 가만히 있겠습니까? 너무 억지를 부리지 마세요. 그래야 우리 자손도 잘되는 겁니다."

"그래도 내 말을 거역하려고 드느냐?"

대비가 다시 명종의 따귀를 때리려는 순간 명종이 손을 잡고 뒤로 밀었다. 대비가 뒤로 물러섰다. 따귀를 맞은 명종은 화가 나서 밖으로 나가 엉엉 울었다.

중전 심씨는 명종이 울고 있다는 소식을 듣고 곧장 달려왔다.

"아니 용안에 손자국은 어인 일이십니까?"

"내 비록 왕이지만 어마마마에게 얻어맞았소."

"세상에 이런 해괴한 일이 어디에 있습니까? 주상에게 손찌검을 하다니요. 이런 일은 만고에 없는 일입니다. 대비에게 가서 따져야겠습니다."

중전도 화가 났다.

"중전 가지 마시오. 참으시오. 가 봤자 본전도 못 찾아요."

"아닙니다. 앞일을 생각해서라도 가야 합니다."

"알아서 하시오."

명종은 더 이상 말리지 않았다.

중전은 대비에게 이를 따졌다.

그러자 대비는 때린 적이 없다고 하며 얼굴을 돌리는 것이었다. 중전은 할말을 잃고 돌아왔다. 중전이 명종에게 가서 이를 고했다.

"이제는 어마마마가 거짓말까지 하시다니."

명종은 다시 울기 시작했다.

"울음을 멈추세요."

중전이 명종의 눈물을 닦아주었다.

"어마마마가 왜 이 사건을 역모사건으로 몰고가려는지 그 내막을 알 수 없소."

"소첩의 생각으로는 재물을 탐하기 위해서 그러는 것 같습니다. 먼젓번 양재역 벽서사건 때 죄인들의 재산을 몰수한 것은 모두 내수사로 들어갔습니다."

"그게 정말이오. 이를 어쩌나. 이러고도 내가 왕이란 말인가. 어머니는 재물을 탐하기 위하여 선량한 백성들을 모조리 역적으로 조작하다니. 이런 일은 절대 안되지. 임금 자리가 이렇게 힘든 것인가. 나는 이 나라 조선의 지존인데 정말 힘들어서 못해 먹겠네. 정말 왕노릇 못해 먹겠다."

명종은 혼자 푸념을 했다.

중전의 말을 듣고 명종은 깨달은 게 있었다. 내수사란 왕궁에서 사용하는 경비를 조달하는 기관이다.

명종은 소주간에 시켜서 주안상을 보라 하여 중전과 같이 술을 마셨다. 새벽녘이 되어서 잠이 들었다.

그리고 다음날 편전에 나가지 않고 침전에 있었다.

그러자 대비는 명종을 찾아갔다.

"주상, 어제는 내가 너무 심했어요. 그렇지만 죄인들 중에는 이미 벌을 받고 죽었는데, 이를 반복하면 주상이 지위가 위태롭고 체면이 서지 않습니다. 그러면 어떻게 신하들을 보겠습니까?"

대비는 겁을 주었다. 그러나 명종은 이를 받아들이지 않았다.

"어마마마는 지금 무슨 말씀을 하시는 겁니까? 제가 매일 신하들과 경연을 듣는 것은 성군이 되려는 것입니다. 성군은 하늘과 땅에 한 점 착오나 부끄러운 일이 없어야 합니다. 그런데 저는 이미 죄없는 사람들을 수십 명이나 죽였습니다. 그러고도 제가 왕입니까? 저더러 살인마가 되라는 말씀이십니까? 그리고 경연관들도 이번 사건은 역모사건이 아니라고 하더군요."

"누가 그래요. 그자도 역모로 다스려야 합니다."

"그런 말씀을 하지 마세요. 언로를 열어 놓아야 성군입니다. 그냥 돌아가세요. 어마마마가 자꾸 억지를 부리면 저는 왕의 자리를 내놓고 물러나고 말겠습니다. 혼자 잘해 보시겠소이까?"

"뭐 물러나시겠다고요?"

"그렇습니다. 두고 보세요."

대비는 겁이 버럭 났다. 그러나 자기 아들은 그럴 위인이 못되었다. 이는 뒤에서 중전이 조정하고 있는 것으로 보았다.

"주상은 이 어미를 서운하게 하면 안됩니다."

대비는 씁쓸한 표정을 짓고 돌아왔다.

명종의 말은 구구절절이 옳았다. 그런데 자기도 불사를 일으키고, 내명부를 관장하고 할 일을 다하려면 재물이 필요한데, 이것을 조달하는데 애로가 많았다. 그래서 종친들에게 손을 벌렸는데, 그 중에서 영화수 정주와 모산수 정랑형제들이 제일 비협조적이었다. 다른 종친들은 자기가 불사를 한다면 성의를 보이는데, 재산을 제일 많이 가지고 있는 모산수 정랑 형제들은 다른 사람에 비하여 체면만 유지하려고 한 것이다. 그래서 자기가 직접 불러서 협조를 부탁해도 지나치게 인색하게 굴었다. 그러나 종친들의 집안 큰일이 있을 때에는 부조를 제일 많이 한다는 것이다. 그래서 대비는 모산수 정랑을 아주 미워했다. 때문에 모산수를 반역죄로 몰아 재산을 강탈하려고 했는데, 명종이 이를 알고 바로잡으려 하자, 자기는 앞길이 난감했던 것이다. 그래서 대비는 방책을 강구하게 된 것이다.

대비는 중전 심씨를 불렀다.

"이번 사건에 중전 사가집 큰 올케가 연관이 되었지요?"

"그렇사옵니다. 그들은 억울합니다."

"중전, 나도 그렇다고 생각하오. 이 홍윤 등이 모산수 영감을 왕으로 추대하려고 했다는군요."

"그것은 이기 대감이 고문으로 조작한 것이라고 하더군요. 저희 할아버지인 우의정 심연원 대감도 그렇게 말씀하셨고, 진복창 대감도 그렇게 말한다고 하더군요. 대비마마께서는 역사가 두렵지도 않으세요? 그리고 하늘에서 내려다보고 있습니다."

"중전은 말을 삼가시오."

"대비마마, 불쌍한 우리 큰올케를 살려 주십시오. 이번 사건이 역모사건이 되면 큰올케의 친정 아버지는 노비가 되고 재산은 모두 몰수되어 길거리에 나앉아야 합니다. 살려 주십시오."

중전은 엎드려서 사정을 했다.

"나도 알고 있소. 중전의 선조되시는 세종 임금의 장인 심온 대감도 사약을 받으셨소. 그리고 나는 오빠되는 윤원로 대감에게도 사약을 내렸소. 어찌 그뿐이오. 중종은 자기 아들인 복성군에게도 사약을 내렸소. 그리고 계림군도 얼마 전에 처형되었소. 권력이란 이렇게 인정사정이 없는 것이오. 그러니 너무 슬퍼하지 마오."

대비의 말에 중전은 할 말을 잃었다.

"나도 어미를 밀치는 불효 자식은 보기도 싫소. 내가 먼저 굶어죽을 것이오. 아이고 원통하라. 내가 주상을 어떻게 키웠는데 나에게 대들어."

대비는 울기 시작했다.

"대비마마, 눈물을 거두십시오."

"주상에게 가서 전하시오. 내 굶어 죽겠다고요."

중전은 이 말을 명종에게 전했다.

다음날부터 대비는 식음을 전폐하고 일어나지 않는 것이었다. 그리고 왕의 부부가 아침마다 문후를 왔지만, 쳐다보지도 않았다. 명종은 겁이 더럭 났다. 대비는 전에도 이렇게 임금을 협박했던 적이 한두 번이 아니다.

이때 대신들은 명종을 뵙고 나서 아뢰었다.

"어마마마를 찾아가 문안을 지극 정성으로 하십시오."

대신들은 두 사람 사이에 있었던 내용을 전혀 모르고 대비가 단지 아파서 누워 있는 줄로 알았다. 명종은 많은 생각을 했다. 그러나 뾰쪽한 수가 없었다. 자기가 모든 수모를 참는 수밖에 없었다.

결국 명종은 대비를 찾아가서, 그녀의 뜻대로 하라고 하자, 곧바로 일어났다. 그래서 이번 사건은 역모사건으로 종결짓는 것으로 합의를 본 것이다.

이날 혼자 명종은 술을 대취하도록 마셨다. 명종은 효성이 지극한 사람이었다. 어머니를 기쁘게 해드리는 것이 진정한 효(孝)라는 것을 알고, 그는 너무 괴로워서 술로 울분을 풀고 있었던 것이다.

술을 자제하라고 진언하는 내관을 하옥시키라고 했다. 다음날 명종은 그 내관을 풀어주고 상금을 내렸다.

여러 가지 사건의 정황을 미루어 보고, 추관 중에서 황헌, 심연원 같은 사람들은 이번 사건이 조작이라고 확신하게 되었다. 그러나 이들은 이기의 독주를 막을 수 없었다. 그렇게 하면 대비가 이들을 불러서 혼을 내주고 역심이 있다고 의심을 하기 때문이었다.

이기는 평소에 모산수의 집 앞을 지날 때마다 항상 부러운 눈으로 그 집을 바라보곤 했었다. 그래서 자기 아들과 딸을 혼인시키려고 했는데 두 번 다 거절당하자 앙심을 품고 있었던 것이다. 그러던 중에 역모 사건이 일어나자, 이홍윤의 입에서 모산수의 이름이 나오게끔 유도하여, 역적 괴수로 둔갑시키고 모산수의 집과 땅을 차지하려고 갖은 방법을 다 동원했던 것이다.

이날 이기는 추관들과 같이 그동안 받아낸 진술서를 종합해서 대표로 대비에게 올렸다.

"그동안 추관 여러분들 수고했소이다. 특히 풍성부원군의 노고가 제일 컸소이다."

대비는 이렇게 이기를 치하하였다.

"모산수는 끝까지 자백을 하지 않고 곤장에 죽었으나, 역적의 괴수라는 진술이 여러 사람의 입에서 나왔으니 능지처참해야 마땅합니다."

"암, 그래야 하고말고요."

이기의 말에 대비는 장단을 맞추었다.

다음날 5월 16일, 모산수 정랑 등 6명이 능지처참되었다.

이 사건으로 충주 고을의 인구는 절반이 죽거나 귀양을 가서 고을이 텅 텅 비었다. 조선조에서는 각 도의 이름을 지을 때, 그 지역에서 가장 큰 두 고을 이름의 첫 글자를 따서 지었다. 경상도는 경주와 상주의 첫 글자를 따서, 그리고 충청도는 충주와 청주의 머리글자를 따서 충청도라 이름지 은 것인데, 충주에서 역모 사건이 발생하여 충자를 빼고 청주(淸州)와 홍 주(洪州, 지금의 홍성)의 머리글자를 따서 청홍도(淸洪道)라 부르도록 한 것이다. '경기 밥 먹고 청홍도 구실한다' 는 말이 생길 정도로 한동안 사용 되었다. 이 '청홍도사건' 을 일명 '이홍남(李洪男)의 고변사건' 이라고도 한 다. 한마디로 무고(誣告)한 고변과 옥(獄)살이로 조정은 썩어 들어가고 나 라는 결단이 나고 한편으로는 조작된 거짓 공훈(功勳)으로 소인배들만 날 뛰는 무옥위훈(誣獄僞勳)의 시대였다고 할 것이다.

한편 대비는 양재역 벽서사건과 청홍도사건으로 내수사의 전답이 수 천 결이나 늘어난 것을 보고 마음이 푸근했다. 그 중에서 모산수 형제들의 많 은 땅이 상당한 비중을 차지한 것을 보고 미소를 지었다. 그런데 얼마 전 부터 모산수와 무송수가 꿈에 나타나기 시작한 것이다. 을사사화 때에는 윤임이나 유인숙, 유관 등은 대궐에서 죽이지 않았는데, 이들은 대궐에서 국청을 설치하여 시체가 궁안에 있었던 것이다. 이 원혼들이 자기를 괴롭 힌다고 생각하여 보우에게 불공을 드리게 했으나 별로 효험이 없었다. 이 때 대비는 내원당에 나타나지 않았다. 사람들이 이상한 눈초리로 보는 것 같아서 보우스님과 같이 궐내에 있는 것이 꺼림칙했던 것이다. 그러나 대 비는 그동안 쌓였던 심신의 피로와 욕정을 풀지 못하여 미칠 것만 같았다.

그리고 두통이 심하여 내의원에 약을 지어 바치라고 했다. 약을 먹을 때만 머리가 아프지 않았지 마찬가지였다.

보우는 며칠 불공을 드리고 나서는 대비가 머무르고 있는 곳을 찾았다.

"정업원(淨業院)의 중건을 시작하십시오."

"알았습니다."

대비는 이를 추진할 사람을 찾았다. 그래서 도승지를 지낸 주세붕(周世鵬)을 불러 재목을 구하라고 부탁하자, 그가 이를 조달해 주어 다시 절을 짓기 시작했다.

정업원은 동대문 밖 동망봉(東望峰) 밑에 있었는데, 단종이 죽고 나서 그의 비 정순왕후 송씨가 머물렀던 곳이다.

이 정업원을 인수궁(人壽宮)이라 하여 창건하고 나서, 여기에서 불공을 드린다면서 두 사람은 은밀한 이곳에서 만나 다시 정을 나누었다.

이 소문은 돌고 돌아서 난정의 귀에까지 들어갔다. 난정은 곧바로 입궐하여 대비를 만나 조심스럽게 두 사람의 추문에 대하여 얘기를 꺼냈다.

"어느 연놈이 그러던가. 내 그놈들을 당장 요절을 내고 말 테다."

"대비마마, 진정하십시오. 저는 대비마마 흉을 보려는 것이 아니라, 도와드리려는 것입니다. 노여움을 푸십시오."

대비는 마음속으로도 화가 불같이 일어났다. 그녀는 조선왕조의 유교적 속박의 굴레에서 벗어나 성적 쾌락의 자유를 찾아서 금기를 깨려고 하였는 것인지도 모른다. 그러나 난정이 같이 걱정을 하고 도와준다는 말에 화가 조금씩 풀리기 시작했다. 사실 그녀도 은밀한 곳에서 아무리 사랑을 해볼려고 해도, 이목이 많아 소문이 날 것을 항상 두려워 했다. 그래서 궁궐 내 내원당에서 보우를 비밀리에 만났는데 이것이 소문나자, 장소를 대궐 밖으로 옮긴 것인데 이것도 소문이 퍼졌다고 하자, 그녀는 마음이 너무나 산란했다. 그녀는 월경 며칠 전이 되면 사랑을 하고 싶어서 미칠 지경이었다. 그래서 소문이 나면 어떻게 될 것이라는 것을 알면서도 남자를 만나 왔던 것이다. 그런데 난정이 이를 해결해 준다고 하니, 고맙기가 이를 데 없었다.

"화를 내서 미안하네. 그런데 뭘 어떻게 돕는다고?"
"저희 집으로 모시려 합니다. 그러면 제가 다 알아서 하겠습니다."
대비의 말에 난정이 대답했다.
"알아서 하다니?"
"마음에 드시도록 잘 생기고 힘께나 쓰는 자들을 골라 놓겠습니다."
대비는 난정의 말에 호기심이 동했다.
"알았네. 그런데 장소는 어디로 하려고 하는가?"
"저희 집 옆에 쓸만한 집이 한 채 있어 그 집을 사서 사용하면 됩니다."
"그렇게 하면 되겠네."
난정의 설명에 대비는 웃음꽃이 활짝 폈다. 갑자기 사내 생각이 간절하였다.
"준비되면 제가 모시러 오겠습니다."
"알았네. 그런데 내가 종사를 살피느라 바쁜데."
대비는 일부러 바쁜 척했다.
"그것은 시간을 잘 조절하시면 될 것입니다. 이렇게 하면 어떨까요. 오후 늦게 저녁 시간에 맞춰 저희 집에서 저녁을 드시고, 몸과 마음을 풀고 푹 쉬었다가 돌아가실 수 있도록 채비를 하겠습니다."
"그게 좋겠네."
며칠 후 난정은 대비를 모시고 자기 집으로 들어섰다.
"너희들은 저녁을 먹고 인정이 울리기 전에 오너라."
"예."
대비의 말에 가마꾼들은 다시 빈 가마를 메고 난정의 집을 나섰다. 난정과 대비는 술을 곁들여서 저녁을 즐겁게 먹었다. 대비는 가끔 한숨을 내쉬면서 사내가 어떻게 생겼나 기다렸다. 숭늉을 마시고 그녀들은 옆집으로 갔다. 그 집의 대문은 굳게 잠겨져 있어, 난정의 안채에서만 통하게 되어 있었다. 안방에 들어서자, 술상이 보였고 한 여자가 나와서 그녀들을 맞이했다. 그런데 표정이 이상해 보였다.

"어서 오십시오."

"그래. 아니 웬 예쁜 여자야?"

그녀의 인사에 대비가 난정을 바라보고 물었다.

"이 아이는 여장을 한 사내입니다."

"음, 그래. 허허허…… 하여튼 자네는 알아주어야 해. 나도 감쪽같이 속았잖아."

대비가 난정과 그를 쳐다보았다.

"음, 잘 생겼군."

"인사 올려라. 내가 아는 부인이셔."

대비의 말에 난정이 그 사내를 소개했다.

"안녕하셨습니까?"

"음 반갑네."

사내의 인사에 대비가 그의 어깨를 가볍게 두드렸다.

"일을 마치시고, 저희 집으로 건너오십시오."

"알았네."

난정이 인사를 하면서 묘한 웃음을 짓자, 대비도 웃었다.

난정이 방을 나가자, 그들은 술을 한잔씩 더 들었다. 사내는 여자가 시키는 대로 애무를 하기 시작하자 육봉이 솟아올라 더 이상 참지 못하고 여자를 덮치기 시작하자 여자가 좋아 했다. 나중에는 여자가 위로 올라가 자기 욕심을 마음껏 부렸다. 그들의 몸은 땀으로 범벅을 이루었다. 이번에는 여자가 남자를 애무해 주고 다시 사랑을 했다. 그녀는 만족했다. 그리고 땀을 닦고 옷을 입었다.
"이거 받아 두게."
"감사합니다."
대비가 은자를 건네주자, 그는 받으면서 인사를 했다.
"다음에 또 보자구."
"예, 안녕히 가십시오."
대비의 말에 사내가 고개를 숙였다.
대비는 그 방에서 나와 뒷문으로 난정의 집으로 건너갔다.
"어서 오십시요. 어땠어요."
"음, 좋았어. 그런데 보우스님보다는 어려."
난정의 말에 대비는 쑥스러운 표정을 지었다.
"알았어요. 그럼 다음에는 보우스님을 이리로 모실 게요."
"정말! 고마워서 이를 어쩌지."
"이 나라의 모든 권력과 크고 작은 일이 모두 대비마마의 어깨에 달렸는데, 하시고 싶은 대로 고단하신 심신을 제가 모두 풀어들여야지요."
"하긴 그렇지. 임금들도 모두 비빈에다 후궁들을 얼마나 거느리는데."
난정의 말에 대비는 자기가 측천무후라도 되는 양 거만하게 웃었다.
"기운을 많이 소모하셨을 텐데, 이거 좀 드셔 보시지요?"
"그게 무언가?"
"사골에다 보약을 넣어 달인 거예요. 몸보신에는 아주 좋답니다."
난정이 사발을 올리자, 대비가 그것을 마셨다.
"음, 좋은데."
"저도 그걸 마시니까 피로한 것을 모르고, 기운이 펄펄 솟아나던데요."
"그래. 아이 졸립구나."

난정의 말에 간신히 대답하고, 대비는 하품을 했다.
"그럼 조금 주무세요."
"알았네."
난정의 말에 대비는 힘없이 대답을 하고, 베개를 베고 눕자마자 잠이 들었다.

얼마 후에 가마꾼이 왔다. 난정이 대비를 깨워 대비가 가마에 오르자, 인사를 하고 대문을 걸어 잠갔다.

그 후로 난정은 보우를 자기 집에 초대하여 대비와 사랑을 나누게 해주었다. 대비는 양심의 가책을 느꼈지만 쌓인 심신의 피로를 풀고 한참 무르익은 여인네가 엄습해오는 허전함을 어찌 할 수가 없었다. 한달에 한번씩 찾아오는 마술에 걸리면 어떻게 한달 정도는 참을 수가 있지만, 두 달은 도저히 넘길 수가 없어서 지체고 자존심이고 다 팽개치고 자기 욕망을 채웠던 것이다. 그렇지만 사람들은 대비가 올케 집에 놀러왔다가 저녁을 먹고 간 것으로 알 뿐, 대비가 낯선 남정네와 바람을 피운다고는 생각조차 못했던 것이다.

남편인 중종이 자기에게 너무나 잘해 주었지만, 자기의 욕정을 충족시켜 주지는 못했다. 그나마 홀로 되고나서, 대비로 나라의 지존이 되자, 자기가 하고 싶은 욕망을 마음대로 다 해보고 싶었던 것이다.

그녀는 중종이 살아 있을 적에는 쌀 한 섬을 마음대로 쓰기가 힘들었는데 이제는 을사사화와 양재역 벽서사건과 청홍도사건으로 이들 죄인들의 전답을 빼앗아 자기가 원하는 대로 재물을 쓸 수가 있었던 것이다. 대비는 이런 것이 모두 자신을 위해 잘된 일이라고 생각하고 있었다.

이때 살인과 같은 죽을 죄를 지은 죄인이라도 윤원형의 집에만 들어가 있게만 되면 군교나 포교가 아예 잡을 생각을 못했다. 원형의 하인이 외방에 나가 살인을 저질러도 그 시친(屍親)이 관가에 고발하지 못하였다. 모든 형의 경중은 뇌물의 다과와 권세에 달려 있었다.

또한 정난정의 기세 또한 가관이었다. 정난정의 집 시녀(侍女)들도 궁궐 출입을 할 때 하인들이 드나드는 협문을 이용하지 않고 조신(朝臣)들이 출입하는 대궐문을 "영부사댁(領府事宅)이요" 말 한마디만 하면 되었다. 이를 아무도 말리지 못하였다.

그리고 대비는 자기나 조정을 비방하는 자는 엄히 다스려 나갔다. 누구라도 조정이나 자기를 비방하면 가만두지 않았다.

청홍도사건이 일어난 일년 뒤인 1550년 명종 5년 5월 초에, 오위도총부 소속 종 9품 부사용(副司勇) 김영(金鈴)은 문정왕후가 수렴첨정을 하기 때문에 이변이 자주 일어나므로, 이를 걷우어야 한다고 상소를 올렸다가 교수형에 처해진다.

또 이해 5월 말에는 간신 진복창은 자기 스승인 경상감사 구수담(具壽聃)이 '을사사화와 청홍도 사건은 고문으로 조작된 것이다' 라는 말을 했다고 상소하는 바람에 파직되었다가 7월에 사약을 받는다. 이어서 구수담의 말에 동조한 대사헌 이준경(李浚慶), 이조판서 허자(許磁), 이조참판 송순(宋純), 좌부승지 이윤경(李潤慶) 등도 얼마 후 파직되고 만다.

한편 영의정 이기는 구수담의 5촌 숙부가 되어, 조카가 그런 불순한 말을 공공연히 한 것에 책임을 지고 스스로 물러난다. 그리고 서 화담의 문하생인 해남현감 박민헌(朴民獻)은 이기가 파직됐다는 소식을 듣자, 박장대소하면서 좋아했다하여 파직된다.

나중에는 공조참판 진복창도 '청홍도사건은 고문 때문에 억울하게 죽은 사람이 많았고, 대비의 웃는 모습을 흉내냈다.' 라고 하여 귀양을 보낸다. 이때는 오히려 연산군 때보다 더 심하게 언로를 막아, 신하들과 백성들은 입과 귀가 있어도 말을 제대로 못했던 암흑천지의 세상이었던 것이다. 이렇게 권력의 실세와 명망있는 선비들도 할 말을 하면 죄를 받는데, 일반 서민이야 말할 나위도 없는 것이다.

그리고 『경국대전(經國大典)』에는 난언죄(亂言罪)에 대하여 언급하고 있는데, 이는 정사를 비방하는 죄이다. 걸려들면 곤장 1백 대에 3천리 유배형이고, 임금을 모독하는 죄는 참형에 처했다.

이런 지엄한 국법이 시행되고 있기 때문에, 이 시대는 문정왕후에게 아부하는 신하나, 대비가 잘되기를 바라는 내원당만 살아남는 세상이 되고 만 것이다. 말만 잘못해도 귀양을 가는 세상인데, 하물며 문정왕후의 치부를 건드리는 말을 했다가는 살아남지 못한다는 것을 너무 잘 알고 있기 때문에 붓을 든 사람들은 감히 이를 기록할 용기를 내지 못했던 것이다. 그래서 그녀에 대한 추문이나 악행은 기록으로 전해지지 않고 야사와 소문으로만 무성했던 것이다.

8. 매맞는 왕

명종 6년 신해(辛亥)년이 되었다. 명종의 나이 18세였다.

이때 윤원형은 소실 정난정에게 너무 시달리다 못해 본처를 폐출하기로 결정했다. 그래서 명종에게 본처 김씨 부인을 폐출한다고 주청했다가 거절당한다.

그러자 난정은 대비에게 금은보화와 토지 문서를 바쳤다. 대비는 못 이기는 척하고 이를 받았다. 그리고 명종에게 압력을 넣었다. 그리고 이때 중전 심씨는 임신을 하고 있어서 몇 달 후면 세자가 태어나게 되어 후사를 잇게 되었다는 것이 너무나 기분이 좋아서, 명종은 3월에 외숙모인 김씨 부인의 폐출을 허락했다.

그래서 대궐집 같은 본가는 난정이 차지하게 되었다. 그러나 김씨부인은 쫓겨 나가지 않으려고 몸부림을 쳤지만, 난정은 하인들을 시켜서 강제로 내쫓았다.

다음날부터 본부인이 날마다 대문 앞에서 울고불고 난리를 쳤다. 오가는 사람들은 이를 보고 윤원형과 정난정 그리고 대비까지 손가락질했다. 난정은 이를 보기가 너무나 민망했다. 그래서 무사를 시켜서 본부인을 야산으로 끌고 가서 독살했다. 이를 김씨부인의 계모 강씨가 숨어서 본 것이다. 그리고 난 다음에 난정은 정실부인이 되어 외명부에 있는 직첩을 받게 된다. 그녀는 평생소원인 정경부인이 된 것이다. 그녀는 아이들을 껴안고 환희의 눈물을 한동안 흘렸다.

이때 대비는 난정을 불러 크게 잔치를 열어 주었다. 첩이 정실부인이 된 것을 공식적으로 인정한 셈이었다. 난정의 경우와 같은 예는 조선의 역사에서 처음 있는 일이었다.

5월 28일 명종은 그렇게 원하던 중전이 왕자를 낳자, 명종은 너무나 기뻤다. 경범죄를 저지른 사람들은 모두 석방하라고 어명을 내렸고, 신하들에게도 선물을 하사했다.

또한 대비도 너무나 기분이 좋아, 보우를 불렀다.

"어서 오시오. 대사님."

"대비마마, 세자의 탄생을 경하드립니다."

대비의 말에 보우는 큰절을 올렸다.

"모두가 보우스님이 불공을 잘 드려주신 덕택이라고 생각합니다."

"그렇지 않습니다. 모두가 부처님 덕이시고, 마마의 홍복이십니다."

"과찬의 말씀이십니다. 이제 한시름 놓았어요. 늘 열성조에 죄를 지은 것 같았는데, 이제서야 무거운 짐에서 벗어난 것 같습니다."

"세자는 건강하게 잘 자랄 것입니다."

대비의 말에 보우가 대답했다.

"그렇게 되어야지요. 대사님께서는 계속 불공을 드려주십시오."

"여부가 있겠습니까? 매일같이 정성을 다해 불공을 드리겠습니다."

"감사합니다. 그리고 보우스님이 요청하신 것은 내 주상과 상의해서 스님에게 커다란 직첩을 내릴 것입니다."

"황공합니다."

보우는 자기에게 불교를 대표하는 직첩을 내려달라고 요청한 바 있었다. 대비와 보우는 다과를 들면서 원자의 탄생을 거듭 축하했다.

그리고 내원당으로 가서 불공을 드리고 정을 나누었다.

6월 25일 명종은 보우에게 판선종사(判禪宗事) 도대선사(都大禪師) 봉은사(奉恩寺)주지로 임명했다. 이 직책은 판서급이었다. 교지를 받은 보우는 대비를 찾았다.

"축하하오. 대사님."

"감사합니다. 백골이 난망입니다."

대비가 기쁨을 표시하자, 보우는 큰절을 올렸다.

"원하는 것은 다해드렸으니, 최선을 다해 주시오."

"감사합니다. 열심히 하겠습니다. 그런데 이를 수행하려면 재물이 있어야하는데요."

"그일은 걱정하지 마십시오. 내 벌써 그것을 염두에 두고 있었습니다. 내수사 관장(官長)을 겸하시오."

"무슨 말씀이온지."

대비의 말에 보우는 무슨 말인지 몰라, 눈을 껌벅거렸다.

"내수사에서 경비를 조달하여 쓰시오. 그리고 내수사를 관장하는 총섭(總攝)자리를 맡으시오. 여기에 인신(印信)이 있소."

"감사합니다."

보우는 연신 고개를 숙였다. 총섭은 내수사 총책임자인 별좌(別坐)를 감독할 수 있는 권한이 있었다. 별좌는 종 6품이었지만, 왕실의 재산을 관리하고 있어 실질적으로는 막강한 권한을 가지고 있었다.

"내수사 별좌를 들게 하라."

"예."

대비의 말에 상궁이 대답했다. 얼마 후에 내수사 별좌가 들어왔다.

"인사하시오. 보우대사이시오."

"저는 내수사 별좌입니다."

그는 보우에게 인사를 했다. 보우는 합장을 했다.

"별좌는 보우스님이 요청하는 것을 도와주시오."

"알겠습니다."

그는 대비에게 목례를 했다.

"두 분이 상의해서 잘해 보시오."

"황공무지입니다."

"예, 그렇게 하겠사옵니다."

대비의 말에 보우와 별좌는 동시에 대답했다.

"이제 두 분은 내수사로 가서 말씀들을 나누시오. 그리고 일을 마치시는 대로 보우대사는 내원당에서 불공을 드려주시오."

"분부대로 거행하겠습니다."

보우와 내수사 별좌는 대비에게 인사를 하고, 내수사로 가서 업무에 대한 것을 상의했다. 그리고 내원당에 들러, 대비와 둘이서 불공을 드렸다.

이때부터 보우는 무소불위의 권력을 행사하게 되었다.

한편 이때 윤원형은 8월 5일 의정부 정 2품인 우참찬이 되었다가, 9월 17일 종 1품인 우의정으로 임명되었다. 그러자 사직 상소를 올려 9월 27일 한 계급 아래인 우찬성이 되었다. 윤원형은 신점이라는 홍계관의 말을 듣고 일부러 승진을 미룬 것이다. 그리고 우의정이 되어 봤자, 실속이 없어 더욱 승진을 꺼렸던 것이다.

1552년, 명종 7년 임자(壬子)년으로, 명종의 나이 19세가 되었다.

1월에 조정에서는 선종(禪宗)과 교종(敎宗)의 주지와 지음(知音) 395개 사찰을 내원당으로 선정하여 이들 사찰에 대해서는 재정지원을 하게 되었다. 이를 원활하기 위해서 대비는 보우에게 내수사를 운영하는 총책임자인 총섭자리를 주었으나 잘 운영하지 못했다. 그래서 내관인 박한종에게 내수사 제조(提調)라는 벼슬을 내렸다. 제조라는 벼슬은 임시직으로 종 2품이었다. 내수사 제조는 승정원을 통하지 않고 직접 왕을 만날 수가 있을 뿐만 아니라, 공문을 직접 지방관아에 발송하기도 하였다. 그리고 지방 수령이 말을 듣지 않으면 그를 잡아다가 곤장을 치거나 파직을 시키는 권한도 부여했다. 그래서 내수사 제조는 왕 다음의 막강한 권력을 쥐고 있었던 것이다.

이는 대비가 내년이면 명종의 나이가 성년인 20세가 되어 수렴청정을 그만두고 권력을 돌려주어야 하기 때문에, 미리 세력을 확보하기 위한 것이었다. 그리고 선과(禪科)를 신설하여 승려 400여 명에게 나라에서 내리는 승려 신분증인 도첩(度牒)을 주었다.

내원당을 지원하기 위하여 대비나 박한종은 재물을 취하는 일이라면 어떤 일도 마다하지 않았다. 매관관직도 서슴치 않았고, 과거에 급제했으나 벼슬을 얻지 못한 사람에게 뇌물을 받고 임명했다. 제일 무난한 것이 찰방(察訪)이었다. 찰방은 정 6품 벼슬로 전국에 수많은 역(驛)이나 원(院)의 장이었다. 뇌물은 보통 고운 무명 8동이나 노비 8명이나 전답으로는 15마지기 정도였다. 이 때 무명 1동은 50필이었다. 이를 받으면 즉시 대비에게 보고하여 궁중이나 사찰의 경비로 썼던 것이다. 대비는 이렇게 매관매직을 하였고, 윤원형도 매관매직을 하여 일부를 대비에게 바쳤다. 그러다 보니 뇌물을 쓰고 관리가 된 사람들은 본전을 뽑기 위하여, 토색질을 하는 것은 당연했다. 박한종은 우선 전국에 퍼져 있는 내수사 노비들에게, 나이가 어리고 재산이 있는 사람이나 글을 모르는 부녀자집의 종들을 접촉하여 내수사 종으로 끌어들이라고 지시했다. 그러자 그들은 일반 가정집의 노비 즉 가노(家奴)들에게 접촉했다.

전라도 옥구에서 일어난 일이다. 그 곳에는 내수사 노비 석동(石童)이라는 자가 있었다. 그는 5대 할아버지 때부터 내수사의 종이었고, 그의 처도 내수사의 종이었다. 그는 전국에서 제일 넓고 기름진 곡창지대인 만경평야의 옥구에서 내수사 책임자로 일을 하고 있었다. 석동은 얼마 전에 임금님의 옥새가 찍힌 정 2품 내수사 제조 박한종이 내린 공문을 받고 마음이 들떠 있었다. 일의 성과가 있으면 상을 준다는 것이었기 때문이다. 석동은 가노로 있는 사람들을 유인하여 내수사로 데려오려고 일을 꾸미고 다녔다.

그 고을에서 세력깨나 쓰는 김 진사는 석동이 거들먹거린다며 일징 형제들을 시켜서 자기에게 매를 심하게 때린 것을 기억하고 있었다. 그래서 석동은 분풀이를 하기 위하여 우선적으로 김 진사의 종인 일징, 삼징, 오징, 육징 등 네 명에게 접근하여 내수사 종이 된다는 서류에 도장을 찍게 했다. 그리고 이를 옥구현청에 가서 서류를 제출했으나, 아전들이 거절하는 것이었다.

"아니 왜 안된다는 겁니까? 다른 현에서는 다해 주는데요."

"이자가 정신이 나갔나. 서류에 하자가 있네."

석동의 말에 아전이 제동을 걸었다.

"여기 임금님의 교지를 보십시오. 내수사에서 하는 일에 최대한 협조를 해 주라고 써 있지 않습니까?"

"그래, 우리가 협조 안해 준 것이 어디 있는가?"

석동의 말에 아전이 노려봤다.

"그러면 이것은 왜 안해 줍니까?"

"서류에 하자가 있다고 했지 않았나?"

"그게 뭡니까?"

"김 진사가 자기 종을 내수사에 넘긴다는 내용이 있어야 하는데, 그런 내용이 없지 않느냐?"
아전이 핀잔을 주며 설명을 했다.
"알았소."
석동은 그곳을 나왔다. 그리고 김 진사의 종인 일징, 삼징, 오징, 육징 등 네 명을 내수사로 데리고 왔다. 나중에 이를 안 김 진사는 사람들과 같이 내수사에 가서 자기 종을 찾으러 왔으나 석동 등이 내놓지 않았다. 그래서 이를 현청에 고발했다. 그러자 현감은 이를 돌려주라고 판결을 내렸다. 김 진사는 이를 가지고 석동에게 주었으나 석동은 이를 거절했다. 그러자 김 진사는 다시 이를 현청에 호소했다. 현감은 김 진사와 안면이 있는 터라, 김 진사의 말을 들어주기로 했다.
"곧장 내수사로 가서 석동이라는 놈과 김 진사 종을 잡아들여라."
현감의 말에 형방은 나졸들을 데리고, 석동과 김 진사 종을 잡아다가 곤장을 쳤다. 그리고 김진사는 일징 등 종들을 자기 집으로 끌고와 멍석말이를 하였다. 곤장을 맞은 석동은 이를 과장하여 현감이 횡포를 부린다고 장계를 내수사 제조 박한종에게 올린 것이다. 이를 읽어 본 내관 박한종은 승정원을 통하지 않고, 편전으로 가서 명종을 만났다.
"전하, 궁궐의 살림살이를 책임지고 있는 내수사 일에 협조하지 않는 고을 수령은 일벌백계로 파직을 시켜야 합니다."
"어디, 상소를 좀 봅시다."
박한종은 석동이 올린 문서를 내놓았다.
"이건 옥구에 있는 내수사 종이 그대에게 올린 서류가 아닌가?"
"그러하옵니다."
"이걸 가지고 파직을 시키란 말인가? 내 전라감사에게 일차로 진상을 조사하게 한 후에 알아서 조치를 취할 테니까 물러가시오."
"전하, 우리 내수사에서 하는 것을 방해하는 자는 징벌을 해야, 궁궐의 살림을 지킬 수가 있습니다."

명종의 말에 박한종이 물고 늘어졌다.

"알았다고 하지 않았느냐?"

명종이 언성을 높이자, 박한종은 물러갔다.

박한종은 곧장 대비를 찾아가, 석동이 올린 서류를 내밀며 설명을 했다.

"알았소. 내 내일 아침에 주상에게 말하겠소."

대비가 이렇게 말하자, 박한종은 물러갔다.

다음날 아침에 명종과 중전이 아침 문후를 왔을 때, 이를 거론했다.

"박한종이 어제 서찰을 보이면서, 옥구현감이 우리 내수사 종에게 행패를 부렸다고 하니 파직시키시오."

"그 일은 제가 감사에게 진상을 조사하여 장계를 올리라고 했습니다. 성급하게 처리할 일이 아닙니다."

대비의 말에, 명종은 명확하게 대답했다.

"그렇지가 않아요. 만약 이를 어설프게 처리하면, 우리 내수사에서는 일을 할 수가 없어요. 그러면 궁궐은 어떻게 운영하려고 그러십니까?"

"그러니까 내원당 숫자를 줄이면 되지 않습니까? 제가 알기로도 어마마마께서는, 내원당을 먹여 살리느라고 궁궐의 경비를 거의 다 그곳에 쓰고 있다고 하더군요. 그리고 내수사 제조에게 너무나 큰 권한을 주었어요. 잘못하다가는 임금 자리까지 위태롭겠습니다."

"주상, 그건 걱정하지 마시오. 이 어미가 뒤에 있지 않소. 빨리 옥구현감을 파직시키시오."

"그건 제가 알아서 처리하겠습니다. 저는 이만 물러가겠습니다."

명종은 물러갔다.

며칠 후에 전라감사의 장계가 올라왔다.

옥구현감의 잘못이 하나도 없었다. 오히려 내수사 종이 나빴다. 남의 사유재산인 종을, 왕의 곳간이라는 내수사에서 공짜로 강탈하려는 것이었다.

명종은 다음날 아침 문후에서 이를 대비에게 그대로 전했다.

"오히려 옥구현감이 공정하게 처리했습니다. 파직시킬 수가 없습니다."

"주상, 그러면 내원당은 어떻게 꾸려나가려고 하오. 내수사에서 도와주지 않으면 나는 일을 할 수가 없습니다. 주상, 나를 봐서 이번 한번만 봐주시오. 내가 이렇게 무릎을 꿇고서 빌겠소."

대비는 서슴치 않고 명종에게 무릎을 꿇었다.

"어마마마, 이 어쩐 일이옵니까? 임금된 자의 판단은 칼날처럼 예리하고 얼음처럼 차가와야 합니다. 그런데 아무런 잘못도 없는 일을 가지고 고을 수령을 파직시킨다면 삼척동자도 웃을 겁니다. 내수사 일도 중요하지만, 이 일을 밀어붙이면 저는 천하의 웃음거리가 됩니다. 그래도 좋습니까?"

"그러면 다른 곳으로 체직(遞職)을 시키시오."

"그렇게 하겠습니다."

대비의 말에 대답하고 나서 명종은 편전으로 돌아와서, 옥구현감을 체직시키라고 교지를 내렸다. 그러자 전라감사는 옥구현감을 다른 한미한 고장으로 좌천시켰다.

노비는 크게 나누어서 공노비(公奴婢)와 사노비(私奴婢)가 있다. 공노비는 국법에 의해 어떤 공신이나 신하 등 특정인에게 하사할 수 있다. 그런데 사노비는 개인 재산이기 때문에 공노비가 될 수는 없다. 그런데 이 때 관원들은 어명으로 된 내수사 제조의 공문을 받은지라, 어떻게 할 방법이 없었다. 그 공문을 따르지 않으면 이것도 위법이 된다. 백성들은 자기 소유이며 재산인 노비를 나라에서 강탈해가는 것을 눈을 뻔히 뜨고도 당하는 수밖에 없었다. 문정왕후 때문에 이상한 세상이 되어버린 것이다.

이때 충주에 김유라는 선비가 있었다. 그는 많은 농토를 가지고 있었다. 남녀 노비 등 50여 명이 있었지만, 노비들을 잘 대해주지 않았다. 주인의 입장에서는 너무 잘해 줄 필요는 없는 것이다. 노비가 성질이 거칠고 말을 듣지 않으면, 죽지 않을 정도로 매질을 할 때도 있었다. 게다가 그는 노랑이짓을 하여, 그 집의 종들은 내수사 노비의 표적이 되었다. 40명이나 되는 노비가 내수사에 투탁을 한 것이다. 그래서 현감에게 소를 올렸으나 심리를 해주지 않는 것이었다. 그래서 충청감사에게 소장을 올렸으나 역시 서류조차 접수를 피하는 것이었다. 화가 난 그는 근정전 앞에서 징과 꽹과리를 쳐서 격쟁을 했다.

명종은 신하들과 정사를 보고 있었는데, 꽹과리 소리에 놀라 승지를 보내서 알아보게 했다. 승지는 사실대로 보고했다.

"이는 각 현감이나 관찰사가 해야 할일을, 대궐에 와서 소란을 피우니 엄중 문책하라."

명종은 승정원에 어명을 내렸다.

승지들과 다른 관원들도 이것이 잘못되었다고 간하지 않았다. 결국 김유는 재판을 받고 하옥되고 말았다. 그리고 노비는 돌아오지 않았다.

그 후로 내수사 일이라면, 관가에서는 개입을 하거나 판결을 하지 않으려고 했다. 그러자 내수사에서는 살판이 났다. 강제로 개인의 사노(私奴)를 내수사 노비로 삼았다. 노비를 빼앗긴 사람들이 전국에 부지기수였다. 이들은 어디에 가서 호소를 할 길이 없었다. 국가에서 개인 재산을 빼앗고 있는 것이었다. 노비를 빼앗긴 사람들은 나라를 욕했고, 명종과 대비를 원망했다. 이제 백성들은 억울한 일이 당해도 호소할 곳이 없었다. 그래서 농토와 종을 빼앗긴 사람들은, 농사를 지을 수가 없으면 유리걸식을 하거나 산적이 되었다.

용문산의 상원사 주지는 김가라는 사람의 개인 소유의 땅을 강탈했다.

이는 원래 사찰 소유였는데 그들이 전에 빼앗은 것이라고 억지를 부려 빼앗은 것이다. 사헌부에 이런 소장이 들어와 이를 명종에게 보고드렸다. 그러나 명종은 이미 대비에게서 이런 정보를 알고 있었던 지라, 더 이상 사헌부에서 관여하지 말라고 어명을 내렸다. 사헌부에서는 할 수 없이 손을 떼었다. 백성들은 조정과 절을 같이 강력하게 비방하기 시작했다.

그리고 주지들은 고을에 내려가 땅섬지기나 있는 사람들을 찾아가 강제로 시주를 하라고 권하는 것이었다. 그러자 그들은 난감했다. 일부 사람들은 그 주지에게 사정하여 시주액을 깎아달라고 하였다. 각 사찰에서는 재물을 긁어모으는데 혈안이 되었다. 이들 스님들은 부역에서 면제되어 군포를 내지 않았고, 불경을 외우고 수련을 하면 되었기 때문에 사대부가나 양민들은 다투어서 스님이 되거나 절로 들어갔다. 양종(兩宗)이 설치되기 전에는 고관이나 관가에서 나와 못살게 굴었는데, 이제는 사정이 바뀌어서 관가에서 사찰의 눈치를 보게 되었다.

온 나라가 내수사와 내원당으로 인하여 살 수가 없게 되었다. 그래서 가노들은 내수사에, 양민들은 사찰에 재물을 헌납하고 이곳에 머무르는 사람들이 많았다. 내수사와 내원당이 된 사찰은 재물이 넘쳐흘렀다. 그러자 대사헌과 대사간이나 간원들이 내수사의 비리를 계속해서 상소했으나 시정되지는 않았다. 명종은 이것이 불합리한 줄 알면서도 대비가 반대하여 어찌 할 수가 없었다. 이렇게 되자, 백성들은 왕실과 조정을 불신하기 시작했다.

명종 8년(1553) 계축(癸丑)년 2월 초, 난정의 어머니는 첩이었기 때문에, 자기 자식들도 양반 자제와는 결혼을 할 수 없게 국법으로 정해져 있었다. 이를 서얼통금법(庶孼通禁法)이라고 한다. 서(庶)는 양첩(良妾)의 자식이고 얼(孼)은 천첩(賤妾)의 자식을 말한다.

아버지가 양반이고 어머니가 양반의 딸로 정식으로 결혼한 정부인에게서 낳은 자식을 적자(嫡子)라고 하고, 아버지는 양반인데 어머니가 노비였거나 첩이면 여기에서 낳은 자식을 서자(庶子)라고 한다. 이 시대는 적서(嫡庶)의 구별이 엄격했다. 그래서 서자는 대과를 보는 것을 원천적으로 금하고 있었다. 그런데 난정은 자기 자식이 서자이기 때문에 결혼이나 출세를 위하여 이 제도를 고쳐 서얼허통법(庶孼許通法)을 만들려고 추진했다. 조선조에서는 첩의 자식을 천시했다. 이는 세조 때부터 시작으로 해서 성종 때 완성되어 70여년 간 유지해온 제도였다.

정난정이 본가로 이사 오기 전에 낳은 첫째 딸 미옥은, 같은 동내에 사는 안대덕이라는 총각과 어렸을 적부터 소꿉장난을 하면서 가깝게 지냈다. 그런데 그는 비록 가난했지만 양반이었다. 그가 결혼을 한다고 매파가 오가는 것이었다. 이때 미옥의 나이도 16세로 결혼 적령기였다. 미옥은 안대덕과 정이 들었다. 그녀는 서출이라 그와는 결혼할 수가 없다는 것을 알고 식음을 전폐하고 들어누웠다. 난정은 그녀의 자식들이 앞으로 결혼을 하려면, 양반이 아닌 중인밖에 결혼을 못한다고 생각하니 가슴이 아팠다. 그리고 자기도 양반집 자재와 결혼을 못하고 윤원형의 첩으로 밖에 눌러앉은 것을 천추의 한이 되어 가슴이 시커멓게 탔던 것이다. 자기는 남편이 대비의 동생이고 주상의 외숙이 되어 본부인을 내치고 정실부인이 되었지만 애들이 걱정이었다. 그래서 퇴궐하는 윤원형을 매일 같이 졸라댔다. 할 수 없이 윤원형은 몇 사람들에게 이 얘기를 꺼내보았으나, 이들은 한사코 반대를 하는 것이었다.

이때 윤원형은 난정의 성화에 견디지 못하여, 자기 말을 잘 듣는 관원들로 하여금 서얼허통법을 조정에 올렸다. 이를 설명하는 신하의 말을 듣고, 명종은 일언지하에 반대하였다. 나중에 이를 안 대비는, 명종에게 이를 허락해 주라고 압력을 넣었다.

"만약 이 제도가 시행되면 개국 이래 지켜온 반상의 기강이 하루아침에 무너집니다. 그러면 나라를 다스려나갈 수가 없습니다. 우리 조선이 이만큼 질서가 유지된 것은 바로 국법이 지엄하고, 백성들이 모두 이를 잘 지켜왔기 때문입니다. 외숙부나 외숙모를 보면 당연히 그 법을 반포해야 하지만, 나라의 앞날을 위해서 절대로 그렇게 할 수 없습니다."

명종은 여러 이유를 들어 반대했다.

대비는 할 말이 없었다. 그녀는 아들이 대견하다고 생각했다.

며칠 후 난정이 대비전을 찾았다.

"대비마마, 우리 미옥이가 좋아하는 총각이 양반인데 자기는 서출이라 결혼을 하지 못하는 것을 알고 지금 보름째 자리에 누워 있습니다. 이를 통촉해주시옵소서."

난정이 온갖 패물과 토지 문서를 내놓으면서, 울며 사정을 하는 것이었다. 대비는 사양했지만, 난정이 놓고 가는 것이었다. 대비가 명종에게 독촉했으나 변함이 없었다.

얼마 후 난정은 대비의 경도가 있을 무렵, 전처럼 대비를 자기 집으로 모셔와 마음껏 욕정을 풀고 돌아가도록 정성을 다했다. 대비는 대궐로 돌아와서 강압적으로 명종을 눌렀으나 오히려 더 반발이 심했다. 그리고 며칠 후에 난정은 다시 대비전으로 선물보따리를 들고 와서 우는 것이었다. 대비는 보기가 너무나 안쓰러웠다. 그녀도 미옥이를 귀여워 했던 것이다. 그리고 자기가 어려울 적에 난정이가 친정집에서 재물을 가져다가 도와준 것을 고맙게 여길 때가 한두 번이 아니었다. 대비는 무리수를 두어서라도 이를 성사시켜 주어야겠다고 다짐했다.

그래서 대비는 다시 명종에게 사정을 했으나 허사였다. 그녀는 앞으로 몇 개월만 있으면 수렴청정에서 물러나기 때문에, 그 전에 이를 해결해 주어야만 했다. 이런 생각이 들자, 그녀는 마음이 급했다. 올케가 자기 성적 욕구 불만 상태에 처했을 때 온갖 시중을 다 들어준 고마움도 결코 잊을 수가 없었다. 만약 이번 일로 난정이 토라져서 이런 저런 문제를 모두 그동안 믿고 의논해 왔는데 앞으로는 나 몰라라 하거나 불만에 쌓여 나쁜 소문이라도 퍼뜨리면 이거야말로 큰일이 일어날 것만 같았다. 난정이를 다독거릴 필요가 있었다. 그녀는 오기가 났다. 청홍도사건 때에도 자기주장을 관찰시켰기 때문에, 결국 해결될 것으로 생각했다. 그녀는 정사를 마치고 내전에 든 명종을 찾아가 의논을 했으나 마찬가지였다. 대비는 화가 났다. 그래서 강압적으로 나갔으나 오히려 명종이 더 강하게 오기를 부렸다. 그러자 대비는 참을 수 없어 명종의 따귀를 때렸다.

"네가 이렇게 왕이 된 것이 다 누구 덕인지 아느냐. 나와 외숙부가 아니었으면 너는 절대로 주상이 못됐어. 그런 외갓집 일로 이 어미가 이렇게 통사정을 하는데도 고집을 피워."

또 다시 따귀를 때렸다. 그러자 명종은 화가 나서 대비를 밀치자, 그녀가 넘어졌다. 그녀는 일어나서 다시 명종을 때리려고 했으나, 명종이 팔을 잡고 있어서 어찌 할 줄 몰랐다. 명종도 이제 성년이 되어 덩치가 컸던 것이다.

"네가 이제는 나이가 들어 힘이 세다고, 이 어미에게 대드느냐?"

"대드는 것이 아닙니다. 이것은 나랏일입니다. 서얼허통법은 절대로 윤허할 수 없습니다. 소자도 이제 나이가 스무 살입니다. 이제는 사리분별을 올바르게 해야요. 있을 수 없는 일을 가지고 너무 밀어붙이지 마십시오."

"그래도 이 녀석이. 어미 말을 거역하기냐."

대비는 명종의 팔을 물어뜯었다. 명종이 팔을 빼자, 다시 따귀를 때렸다. 그리고 명종은 다시 때리려는 대비는 밀쳤다. 그녀는 엉덩방아를 찧으며 넘어졌다.

"이런 천하에 불효막심한 녀석 같으니라구. 어미를 밀치다니."

대비는 울음을 터뜨렸다. 그러자 내관이 대비를 모시고 갔다.

"아무리 어머니라고 하지만 왕인 나의 따귀를 때리다니. 이런 일은 만고에 없을 것이다. 아이고 원통하고 억울해라."

대비가 사라지자, 명종은 혼자 엉엉 울기 시작했다. 이런 내용을 전해 들은 중전 심씨가 곧장 달려왔다. 한두 번도 아니고 그녀는 너무나 속이 상했다. 주상을 위로해 줄 사람은 자기밖에 없다고 생각했다.

"전하, 울음을 멈추시옵소서."

"내 명색이 왕이 되어서 얻어맞고 살다니, 세상에 이렇게 원통한 일이 어디에 있단 말이오. 내가 살아서 무엇하리오. 왕노릇 정말 못해먹겠네. 정말 못해먹겠어."

중전이 위로했지만, 명종은 울음을 멈추지 않았다.

"진정하십시오, 전하. 그러하온데, 어마마마가 왜 손찌검을 하셨사옵니까?"

"서얼허통법을 허락하라기에 안된다고 했더니, 때리지 뭡니까?"

"그런 일은 있을 수가 없는 일이옵니다. 바로잡아야 합니다."

중전이 옆에서 거들었다.

"그렇죠. 내말이 맞죠, 중전. 내일부터 대비전에 아침 문후는 안가겠소. 세상에 왕인 나를 때리다니. 세상에 이런 일은 없소. 사가의 부녀자들도 자식이 잘못하더라도 말로 타이르는데, 제왕인 나는 아무런 잘못도 없는데 얻어맞다니, 이런 원통한 일이 어디에 있단 말이오. 왕을 때리다니 이건 언어도단이오."

"옳으신 말씀입니다. 전하가 효성이 지극한 것을 알고, 대비께서 억지를 부리는 겁니다. 전에도 대비가 주상의 따귀를 때린 적이 있지 않습니까? 이번에는 절대로 그냥 넘어가서는 아니되옵니다."

중전의 말에 명종이 위안을 받고 힘이 생기는 것이었다.
"맞아요. 그런데 이 일을 궁궐내에서 다 알 텐데. 내 창피해서 어떻게 얼굴을 들고 다닌단 말인가?"
명종은 다시 통곡하기 시작했다. 중전은 소주간에 일러 술상을 봐오게 했다. 술상이 들어오자, 명종은 술을 연거푸 마셔댔다.
"전하, 천천히 드시옵소서."
"중전도 한잔 하시구려."
명종은 술잔을 중전에게 돌렸다. 명종과 중전은 몇 잔 대작을 했다. 중전은 취기가 오르자, 상궁을 데리고 대비전으로 갔다. 상궁이 중전이 왔다고 대비에게 알렸다.
이때 대비는 허리를 삐끗하고 엉덩방아를 찧어서, 앉아 있기가 불편하여 누워 있었다.
"아파서 들어누웠으니 다음에 오라고 일러라."
대비의 말을 들은 상궁은 그대로 전했다.
"아니 된다. 대비를 뵈어야겠다."
중전이 문을 열라고 했으나, 상궁이 말렸다.
"네 이년, 물러서지 못할까?"
중전의 말에 상궁은 물러났다.
"대비마마, 신첩을 죽여주십시오. 허구한 날 대비마마에게 대접도 못받고 사는 주상과 신첩은 너무나 고달픕니다. 차라리 죽여주시옵소서."
중전은 대성통곡했다.
"중전은 물러가라."
대비가 소리쳤다.
"사가집 아녀자들도 장성한 자식을 때리지 않는데, 하물며 지존이신 왕을 때리는 대비는 만고에 없습니다. 차라리 신첩과 주상을 죽여주시옵소서. 대비마마."

중전을 울기 시작했다.

"듣기 싫다. 어서 물러가라."

"세상에 이렇게 원통한 일이 어디에 있사옵니까? 지존인 주상이 맞고 살다니요. 이게 어디 말이나 됩니까?"

"중전은 조용하지 못할까! 다른 사람들이 들으면 어떻게 하려고 하는가?"

"이미 알 사람들은 다 알고 있습니다. 왜 주상을 때리시는 겁니까? 서얼통금법은 개국 이래 오랜 세월 동안 지켜온 법입니다. 그런데 이를 파기하면 기강이 무너져서 나라를 다스릴 수가 없는 것입니다. 그런데 대비는 외숙모의 말만 듣고 이를 시행하려 한다면, 장차 주상께서 이 나라를 어떻게 다스려나가라고 그러십니까? 이는 국법을 어기는 처사이옵니다."

"나도 알고 있다. 그렇지만 올케 애들이 불쌍하지 않은가?"

"그 애들이 불쌍한 것이 아니라, 대비께서는 미옥이 모친이 금은보화와 땅문서를 갖다 바치고, 다른 흑심이나 어떤 거래가 있어서 이를 봐주려는 것이 아니옵니까?"

중전은 술김에 이제까지 가슴에 참았던 말을 모두 토해냈다. 그러자 속이 시원했다. 미옥이 모친은 정난정을 말하는 것이다. 중전은 대비가 바람을 핀다는 얘기는 차마 못했다.

"중전은 입을 다물지 못할까? 여기가 어디라고 함부로 입을 놀리는가?"

"그러면 제 말이 틀렸사옵니까? 궁궐에 있는 사람들은 이를 모르는 사람이 없습니다. 미옥이 모친이 너무 설쳐서 모든 상궁들이 혀를 내두르고 있습니다."

중전도 대들었다.

"중전은 닥치지 못할까? 어서 빨리 물러가라. 박 상궁은 무엇 하느냐?

중전을 끌어내지 않고."

"중전마마, 물러가시옵소서."

대비의 호령에, 박 상궁이 중전의 팔을 잡아 일으켜 세우려고 했다.

"내 몸에 손만 대봐라. 살아남지 못할 것이야."

중전의 말에 박 상궁은 물러섰다.

"박 상궁은 무얼하느냐? 어서 끌어내지 않고."

"세상에 왕을 때리는 사람이 어디에 있단 말입니까?"

대비의 말에 아랑곳하지 않고, 중전은 방바닥을 치면서 통곡을 하며 강하게 대들고 있는 중전에게 감히 접근치 못했다.

"중전, 내가 잘못했소. 다시 그러는 일은 없을 거요. 나를 용서하시오."

대비가 일어나서 중전에게 다가가 다독거리며 사과를 했다.

"송구하옵니다. 앞으로는 그런 일은 절대 없을 것이죠?"

"내 그러겠소. 다시는 그런 일이 없을 것이오."

"대비마마, 송구하옵니다."

중전의 이 말에 대비는 다시 자리로 가서 누웠다.

중전은 명종에게 가서 이 말을 전했다.

다음날 주상부부는 대비에게 아침 문후를 갔으나, 대비는 표정이 밝지 않고 말이 없었다.

"어마마마는 원래부터 자기 잘못을 모르시는 분이지. 적반하장도 유분수지."

명종은 화가 났다. 그리고 어머니의 성격을 잘 알고 있었다. 그러나 이번 일을 결코 용인할 수 없는 중대사였다. 사람들이 몇 십명 죽어서 해결되는 것도 아니고, 열성조에 죄를 짓는 것이라 생각하여 모후의 분부를 받아들일 수가 없었다.

이렇게 몇 달이 지났다. 대비는 초조해지기 시작했다. 자기가 수렴청정을 하고 있을 동안 이 문제를 마무리해야 하는데 날짜만 자꾸 지나가고 있는 것이다.

5월 22일은 명종의 생일이었다. 이날 잔치가 있었다. 만조백관이 모두 모여서 왕의 만수무강을 빌었다. 대비는 연회장에서 술을 마셨다. 그리고 연회가 파하고 침전에서 휴식을 취하고 있는 명종을 찾아갔다.

"주상, 생일을 축하하오. 그리고 외갓집 미옥이가 불쌍하지 않소. 주상이 선처를 해주시오."

"그 일에 대해서는 더 이상 말씀을 하지 마십시오."

대비가 서얼허통법 얘기를 꺼냈으나, 명종은 여전히 거절했다.

"이런 불효막심한 놈 같으니, 이 어미의 소원 하나를 그렇게 못들어 준단 말이냐?"

"그것은 하늘이 두 쪽이 나더라도 안됩니다. 이제 그만 물러가세요."

"이 어미가 그렇게 사정을 하면 내 얼굴을 봐서라도 듣는 척이라도 해야지. 불효막심한 놈."

대비는 명종을 몰아세웠다. 명종도 술을 먹었겠다 화가 나서 이를 따지고 대들었다. 그러자 대비는 다시 따귀를 올려 부치자, 명종은 있는 힘을 다하여 대비를 밀었다. 대비는 넘어지면서 머리가 먼저 방바닥에 닿았다. 그녀는 한동안 의식을 잃고 있었다.

명종은 어의를 불러 그녀를 대비전으로 모시고 갔다. 명종은 대비전으로 가서 모후가 깨어나기를 기다렸다. 한 시간 후에 대비가 깨어났다.

"어마마마. 이 불효자를 용서하십시오."

"내 더 이상 그 일에 대해서는 언급하지 않겠소. 내가 졌소. 내가 생각이 너무 짧았소. 나를 용서하시오."

대비는 울기 시작했다. 이를 보고 명종도 가슴이 아팠다.

이번에도 명종은 어쩔 수 없이 이를 윤허해야 할 것 같았다. 그렇지 않으면 어머니 성격에 무슨 일이 일어날 것만 같은 생각이 들었다. 명종은 어머니 손을 꼭 잡았다.

"어마마마. 그 법은 신하들과 의논해보겠습니다."

"고맙소."

"편히 쉬십시오."

명종은 모후에게 인사를 하고 나왔다.

그 후 명종은 결국 어머니 대비가 원하는 서얼허통법을 신하들과 상의하여 윤허하기로 마음을 고쳐 먹었다.

7월 12일이 되었다. 이날은 대비가 수렴청정을 거두고, 명종의 친정을 알리는 의식이 성대하게 거행했다. 대비는 용상에서 내려와 중신들의 노고를 치하했다. 이어서 명종이 용상에서 내려왔다.

"어마마마가 정사를 계속 도와주셔야 합니다."

"주상이 용상에서 내려와 있으니, 내가 어찌 마음이 편할 수가 있소. 어서 용상에 오르도록 하시오."

명종의 말에 대비가 말했다.

명종은 다시 용상에 올라갔다.

"어마마마, 계속 정사에 관여하시어, 소자를 보살펴주시옵소서."

"그렇게 하시옵소서."

명종의 말에 신하들도 따라 말했다.

"앞으로 나는 절대로 나랏일에 관여하지 않을 것이오. 그렇게 아시오."

"어마마마, 부덕한 소자가 모후가 없으면, 어떻게 나라를 제대로 다스릴 수가 있겠습니까? 부디 더 섭정을 맡아 주십시오."

대비의 말에 명종이 다시 간청을 했다. 그러나 그녀는 듣지 않았다.

그러자 영의정 심연원, 좌의정 상진, 우의정 윤개가 사양하지 말라고 애기를 했으나, 이것은 절차적인 형식이나 예의에 지나지 않았다.

이날 대비는 서얼허통법에 대하여 아무런 말도 꺼내지 않았다.

아침 문후 인사를 가도 아무런 말이 없었고, 추석 때에도 아무런 말도 없었다. 그리고 명종도 모른 척했다.

명종이 친정을 하고나서부터, 나라 정치는 쇄신되었다. 그는 우선 참신한 인사를 등용하고 부정을 일삼았던 사람을 골라 탄핵하기 시작했다. 그러자 백관은 몸을 사리기 시작했다.

이 때 대비는 여전히 명종이 아침 인사를 와도 반가운 표정을 보이지 않았다. 명종은 윤원형에게 서얼허통법을 올리라는 언질을 주었다. 그러자 윤원형은 밑의 사람을 시켜서 이를 올렸다. 찬성파와 반대파가 설전을 벌였다. 찬성파는 이를 금지해봤자, 서얼에서 인재가 나는 것은 천에 한두 명에 불과하다고 주장하였고, 반대파는 사회 질서를 문란하게 한다면서 불가하다는 것도 일리가 있었다.

고민 끝에 10월 7일 명종은 이를 허락한다는 교지를 내렸다. 그래서 난정의 아들과 딸도 양반과 결혼을 할 수 있게 되었다.

이 후로 대비는 난정의 집에 마음대로 드나들며 자기가 하고 싶은 짓을 하여도 미안하게 생각하지 않았다. 그녀들은 악어와 악어새의 관계를 유지하고 있었다.

9. 음기(淫氣)의 발동

황해도 학산(鶴山) 땅의 바닷가에서 2십여 명이 넘는 사람들이 모여 울고불고 야단이었고, 서너 명의 사내들이 바다로 뛰어들고 있는 것을 여인들이 말리고 있었다.

이 때 임꺽정의 형 가도치(加都致)가 이곳을 지나고 있었다.

가도치가 겉옷을 벗어부치고 물 속으로 뛰어들어가 허우적거리는 사람을 구해 육지에 옮겨 놓았다. 그 사내는 오물을 다 토하고 정신을 차리더니 울기 시작했다.

"당신 혼자 저 세상으로 가면, 남은 식구들은 어떻게 살란 말예요."

"……"

그의 아내도 달려들어 부둥켜안고 울기 시작하자, 그는 한마디 말도 없이 눈물만 흘렸다.

그의 이름은 박영근으로 37세였다.

"이 사람아, 죽기는 왜 죽어. 어떻게든 살아야 나중에 윤가와 그 졸개 놈들을 혼쭐을 내주지. 우리가 당한 것이 너무도 분하지도 않은가?"

"분하고 원통하지만 어떻게 해. 우리는 힘이 없잖은가."

박영근은 친구의 말을 되받았다.

이때 가도치가 나섰다.

"글쎄 억울한 사정이 있겠지만, 그렇다고 죽으면 아무런 소용이 없지 않는가."

"저를 그냥 죽게 놔두지 왜 구해주셨습니까?"

"이 사람 보게. 죽는 걸 구해 놓으니까, 나를 원망하는 거요?"

가도치의 말에 박영근이 원망하자, 가도치가 한마디 쏘아주었다.

박영근은 계속 구역질을 해댔다.

"그래, 왜 죽으려고 했소?"

"저희들은 이렇게 사느니, 차라리 죽는 편이 더 낫습니다."

가도치의 말에 박영근은 큰소리를 내어 다시 통곡했다.

"왜 그러는가, 자세히 얘기 좀 해보시오."

가도치가 그를 계속 달래자, 박영근은 말을 하기 시작했다.

"저희들은 이곳에서 조상 대대로 근 2백 년 동안 농사를 지으며 살아왔습니다. 그런데 몇 년 동안 흉년이 들어 먹고살 수가 있어야지요. 그래서 목구멍이 포도청이라 위험하다는 것을 알면서도, 윤원형의 심복들에게 할 수 없이 장리미(長利米)를 먹었지요. 일 년에 이자가 절반이 넘지 뭐예요. 그런데 윤원형의 졸개들이 한달 전에 와서 앞으로 보름 이내에 원곡을 갚지 않으면, 관가에 송사를 벌이겠다고 엄포를 놓고 돌아갔습니다."

박영근은 잠시 말을 멈추고 눈물을 닦았다.

열흘 전 관아에서 출두하라는 통보를 받고, 그는 관아로 들어갔다. 그곳에서는 이미 자기와 비슷한 처지의 사람들로 우글거렸고, 밖에서는 사람들의 울음소리가 귀를 따갑게 했다. 어떤 사람이 '세상에 이렇게 억울한 일도 있느냐' 하면서 땅바닥에 주저앉아 땅을 치며 통곡했다.

박영근은 아전에 이끌려 부사(府使) 앞에 꿇어앉았다.

"그대는 여기 송 집사에게 백미를 빌렸는가?"

부사는 귀찮다는 듯이 한마디 던졌다. 송 집사는 윤원형의 하수인이었다.

"그렇사옵니다요."

"갚겠다는 날짜가 지났다고 하는데, 그게 사실인고?"

"사또님도 아시다시피 몇 년째 흉년이 들어 못갚았습니다요."

박영근은 머리를 숙이고 부사에게 공손히 대답했다.

"이 소장대로군. 송 집사, 어떻게 하면 좋겠나?"

"빚을 못 갚았으니 땅문서라도 받아야겠습니다."

송 집사의 말에 부사는 한동안 생각에 잠겼다.

"박영근은 듣거라."

"네."

"그대는 약속 기일까지 빚을 갚지 못했으니, 송 집사에게 땅문서를 넘겨줘라."

"그것은 안됩니다요. 그 땅은 2백 년 동안 조상 대대로 농사를 지으며 살아온 생명과 같은 땅입니다. 백미 백여 석을 못갚았다고, 조상대대로 내려온 5천여 평이나 되는 땅을 모두 내주라는 판결은 너무 부당합니다요."

너무도 기가 막혀 박영근은 핏대를 올리며 항의했다.

"저런 괘씸한 놈이 있나. 형방은 듣거라. 저자를 당장 끌어내라."

사또의 한마디에 박영근은 동헌 마당으로 끌려나와 팽개쳐졌다.

그 곳에는 박영근처럼 당한 사람들 20여 명이 넋을 잃고 땅바닥에 주저앉아 있었다. 그들은 별도리 없이 집으로 돌아왔다.

며칠 후 송 집사와 졸개들이 부사 관인이 찍힌 문서를 보이며, 힘으로 박영근을 비롯한 마을 사람들의 땅문서를 빼앗아갔다.

며칠 동안 시름에 잠긴 그들은 생각다 못해 모두 같이 죽으려고 바닷가에 나왔다고 그간의 사정을 털어놓았다.

박영근에게 자초지종을 들은 가도치는 흥분하여 주먹을 불끈 쥐었다.

"세상에 저런 쳐죽일 놈들이 있습니까?"

"글쎄 말입니다. 정말 악질이네. 악질이야."

박영근의 말에 가도치가 대답했다.

"저희 친구를 구해 주셔서 정말 감사합니다."

"물에 빠진 사람 구해 주는 거야 당연한 일 아니겠소."

옆에 있는 박영근의 친구의 찬사에 가도치가 반문했다.

"임금의 외삼촌이라는 윤원형은 정말 날강도입니다. 이곳은 평야 지대이며 토양이 좋아 쌀의 질은 전국에서 알아준답니다. 더구나 한양에서 가깝고 배를 이용하는 교통편이 좋아 이곳 학산, 봉산 일대의 땅은 모두 윤원형이 강탈하고 있습니다."

그의 눈에서 살기가 돌았다.

"천하에 죽일 놈들. 그런데 부사라는 자는 국록을 받아먹으면서 어찌 그럴 수가 있는가. 백성들의 억울한 사연을 그 누구보다 잘 알 텐데……."

가도치는 은근히 화가 나기 시작했다.

"말도 마십시오. 그 부사라는 놈은 윤원형보다 더 악질입니다. 송사를 벌이면 그 부사라는 자는 저희 얘기는 들은 척도 않고, 모두 윤원형 졸개들에게 유리한 판결만 내립니다. 그러니 저희들은 이 억울한 사연을 어디 호소할 데가 없습니다."

그들은 다시 서럽게 울기 시작했다.

"매년 흉년이 들어 백성들은 먹을 양식이 없고, 탐관오리는 자기 뱃속만 채우기에 급급하니 이거 나랏일이 큰 걱정이군……."

가도치는 혀를 찼다.

"박씨는 집이 어디요?"

"저기 저 산 너머입니다."

박영근은 손으로 눈물을 닦으며 말했다.

"알았소, 용기를 잃지 마시오. 좋은 일이 있을 것이오."

"……"

박영근은 허탈한 표정만 지을 뿐 대꾸하지 않았다. 그러나 그 장사가 말하는 것으로 보아 어떤 심상치 않은 일이 있을 것만 같았다.

다음날 가도치는 임꺽정의 산채를 찾았다. 그 곳은 산 속에 있는 토굴 같은 집이었다.

"형님, 웬일이십니까?"

"자네가 보고 싶어서 왔네."

임꺽정이 가도치를 보고, 손을 잡으면서 반갑게 말했다.

"이리로 앉으십시오."

"그러지."

가도치는 임꺽정이 권하는 자리에 앉았다. 그리고 이름이 적힌 쪽지를 꺼내면서 입을 열기 시작했다.

"이 사람은 학산에 사는 사람인데, 윤원형의 졸개와 그곳 수령에게 땅을 모두 빼앗겼다더군. 그놈들과 부사는 백성들의 피를 빨아먹는 거머리 같은 존재야. 윤원형의 졸개 중에 힘깨나 쓰는 놈이 댓명 정도 있는 모양인데, 우리가 손 좀 봐주어야겠어. 이런 억울한 일을 잘 해결해 주면 우리를 따르는 백성들이 많아질 테고, 그렇게 되면 우리들이 쉽게 붙잡히는 일도 없을 거야. 힘없는 백성들을 돌봐주면서 그들과 같이 동고동락하면 나나 동생의 이름은 후세에 길이 전해질 걸세."

"알았습니다. 같이 가시지요."

가도치의 말에 임꺽정이 찬성했다.

"그래 날짜를 잡자구."

"예."

가도치는 임꺽정과 출행 날짜를 잡았다. 그리고 세상 돌아가는 이야기를 하다가 자기 거처로 돌아왔다. 그리고 그뒤 약속한 날짜에 학산땅으로 갔다.

이들이 다녀간 후 이 마을 사람들은 모여서 한창 이야기꽃을 피우고 있었다.

"그 연안부사놈 잘 뒈졌네. 글쎄, 어떤 의로운 사람이 자고 있는 그 부사놈의 가슴에 비수를 꽂고 벽에다가 '연안부사는 뇌물을 받아 먹고 송사를 지게 하여 백성들의 원성이 자자하니 하늘에서 천벌을 내리노라' 이렇게 숯으로 썼다지 뭔가. 윤원형의 졸개 놈들과 그렇게 죽이 맞아서 우리들의 고혈을 빨아먹더니 천벌을 받은 거야."

한 사람이 신바람이 나서 이렇게 말하면 다른 사람이 장단을 맞추었다.

"그리고 윤가 놈의 악질 졸개 송 집사와 그의 하수인 네 명도 모두 철퇴로 머리가 박살났고, 그 집 광에 있던 쌀을 동네 우물가로 갖다 놓아 굶주리는 사람들이 모두 가져갔다더군. 이제 우리 고을에도 의로운 사람이 나타나 살기 좋은 세상이 오려는가 보네."

임꺽정의 출현은 문정왕후의 수렴청정과 윤원형 일당의 세도로 세상과 민심이 피폐해지고 흉흉할 대로 흉흉해지면서 탐관오리들은 가렴주구를 일삼아 백성들이 살길이 막막하였던 1559년 전후의 시대상황을 잘 반영해주고 있고, 도적이 들끓던 그 시대에 백성들 사이에 의적으로 통했다. 모후로부터 매맞는 왕의 권위는 땅에 떨어지고 나라 전체가 온통 부정부패로 백성들은 학정과 수탈에 시달렸다. 몇 년째 흉년이 계속들어 배주린 까마귀도 먹을 것을 찾아 빈 뒷간을 기웃거린다고까지 하였다.

한편 이때 대비는 정사에서 손을 놓자, 한가하여 서책을 가까이 할 수 있게 되었다. 그녀는 예전에 읽었던 책들을 꺼내들었다. 그 중에서 『후당서(後唐書)』에 있는 「측천무후(則天武后)」편과, 『춘추(春秋)』에 있는 「하희(夏姬)」대목을 몇 번이고 읽었다. 정말로 읽을수록 흥미와 호기심을 느꼈고, 자기도 그렇게 하고 싶은 충동이 일어났다. 그녀는 남자 생각으로 애욕(愛慾)이 불같이 타오를 때, 정말 참기 어려웠던 것이다.

측천무후(623-705) 무희(武姬)는 미모의 덕으로 14세에 당 태종(太宗)의 후궁으로 입궁했지만, 당태종의 사랑을 받지 못하고 궁궐 한쪽에서 혼자서 쓸쓸하게 시간만 보냈다. 이럴 때 세자가 나타나 그녀의 미모에 반하여 아버지 후궁인 것을 알면서도 '후일 자기가 황제가 되면 황후로 삼겠다'면서 정을 통한다. 당 태종이 죽자, 그녀도 예법에 따라 삭발하여 여승이 된다. 세자는 당 고종(高宗)이 되어 무희를 찾아, 그녀는 다시 후궁이 되어 궁에 입궁한다. 아버지의 후궁을 아들이 데리고 사는 것이다.

그리고 무희는 아들과 딸을 낳아 고종의 환심을 산다. 그녀는 성애(性愛)의 기교를 배워서 황제의 사랑을 독차지하여 매일 같이 황제가 찾아와 떠나지 않는다. 그녀는 황제가 자기 손아귀에서 논다고 생각하여, 몇 차례 사소한 일을 시험했으나 자기 뜻대로 되었다. 그래서 무희는 황후와 다른 후궁들을 제거할 음모를 꾸민다. 그녀는 자기가 낳은 딸을 교살하여 이를 황후가 살해했다고 뒤집어씌운다. 이를 모르고 고종은 황후를 서인으로 만들어 궁궐에서 쫓아내고, 무희를 황후로 삼는다. 그녀가 바로 측천무후이다. 그리고 그녀는 실권을 장악한다. 그 후에 무후는 황후와 숙비를 살해하는 등, 자기 앞길에 방해가 되는 사람이 있으면 친족이건 외인이건 간에 모두 처단했다. 나약한 고종은 폭정을 하는 그녀를 방임한 채, 그녀 성애에 시달려 수숫대 같이 말라갔다. 병약한 고종은 그녀의 정욕을 만족시켜줄 리가 없었다. 이에 측천무후는 낙양의 미남 도사 곽행진을 궁궐 안에 있는 귀신을 퇴치한답시고 불러들여 그와 정을 통한다. 측천무후는 그를 사랑하게 되었다. 그러자 환관들이 그를 질투하여 살해하자, 이번에는 명씨라는 도사를 끌어들였다. 그는 정력이 절륜하여 이제까지 그녀가 상대한 사내들 중에서 가장 자기를 만족시켜 주었다. 그녀는 정사를 제대로 보지 않고 명 도사와 사랑에 푹 빠졌다. 그러자 이를 보다못한 태자가 명 도사를 살해했다. 총애하는 남첩을 잃은 무후는 너무 화가 나서, 태자를 서인으로 만들고 자결하게 한다.

고종이 죽자, 그녀는 아들 중종을 세웠으나 그녀의 뜻을 거역하자 폐위시키고, 다음에 아우 예종을 세운다. 예종도 자기 뜻대로 움직이지 않자, 690년에는 예종도 폐위시키고 자신이 측천무후가 되어 황제에 즉위하고, 국명을 주(周)라고 한다. 그녀가 즉위하자, 불교를 장려하고 지명과 역법을 개정하고 새로운 정치를 한다. 그리고 남자 후궁 3천 명을 둔다. 그녀는 거양(巨陽)의 소지자인 풍소보라는 남첩을 사랑했다. 그러나 그에게 만족하지 못한 그녀는 또 심씨라는 의원을 사랑하자, 풍소보는 대전에 불을 지른다. 그러자 측천무후는 군사들을 시켜서 그를 죽이도록 한다. 그리고 장창종, 장역지 형제들에게 사랑에 빠진다. 이들은 방중술을 아는 사람이었다. 그녀는 이 형제를 사랑하여 항상 늘 옆에 두었다. 장씨 형제와 8년을 같이 살았다. 그리고 그녀는 82세의 나이로 세상을 떠난다. 그러자 신하 장간지 등이 측천무후에게 아부했던 사람들을 모두 제거하고 중종을 다시 세워 나라 이름을 당(唐)으로 복원시켰다.

이런 내용을 재미있게 읽은 대비는 음기가 발동하기 시작했다. 자기도 측천무후처럼 그렇게 못할 이유가 하나도 없다고 생각했다. 그녀는 다른 여자들보다도 타고난 음기가 센 편이었다. 어떤 날은 하루 종일 사내와 사랑을 하고 싶어 이것이 병이 아닌가도 생각했다. 조선에 들어와서 이렇게 색을 밝히는 왕비는 없었다. 그런데 이런 사실을 알면 사간원 사헌부 홍문관 등에서 가만히 있을 리가 없었다. 그리고 이런 내용이 실록이나 다른 책에 쓰여지면 개망신이어서, 그녀는 난정을 불러서 이를 상의했다. 이제까지 난정의 옆집에서 사랑을 나누었으나, 얼마 전 난정이 대궐 같은 본가로 들어가고 나서는 이목이 있어서, 그동안 쌓인 욕정을 풀 수가 없었던 것이다.

"걱정하지 마십시오. 제가 쥐도 새도 모르게 알아서 은밀하게 준비하겠사옵니다."

"자네는 남편이 있어서 매일 매일 사랑을 나누지만, 나는 사랑을 못하고 사니 이게 어디 인생인가 생지옥이지."

"알았사옵니다. 심려놓으십시오."

"나는 팔자가 왜 이 모양이지. 한 사람에게서 죽을 때까지 사랑을 받고 살면 얼마나 좋을까? 나는 왜 그렇게 남자에게 안기는 것이 좋을까? 남자들과 사랑하다가 그대로 쓰러져 죽었으면 좋겠어."

그녀는 음기가 발동이 되면 몸을 비비 꼬면서 안절부절 못했다. 옆에 있는 난정도 그녀가 안쓰러워 보였다. 그리고 또 나라의 최고 지존의 자리에 있는 고귀한 여자가 저 정도 밖에 안되나 하는 생각도 들었다. 난정은 자기도 남편이 가까이오지 않아 바람핀 것을 생각하고는 조금은 이해가 되었다.

"대비마마, 너무 걱정하지 마십시오. 제가 알아서 하겠습니다."

"서둘러 보게나. 좀."

그녀는 난정의 손을 잡고 사정했다.

"알았습니다."

대궐을 나온 난정은 집사를 불러 성벽 쪽으로 붙은 집 네 채를 샀다. 그리고 안쪽으로 문을 내어 서로 통하게 했고, 앞집은 신당(神堂)으로 꾸미고, 뒷 채는 안방과 목욕실을 만들었다. 무슨 짓을 해도 외부에서는 알 길이 없었다.

먼저 번에는 미남자를 소개했으나, 대비는 만족하지 못했다고 투정했다. 그래서 난정은 보우스님을 불렀으나 그가 스님이라 출입을 꺼리는 눈치였다. 사람을 구하는 것이 문제였다. 난정은 외가 친척집으로 무과(武科)를 보려는 사람을 수소문했다. 서너 명이 있었다. 그 중에서 외갓집 6촌 동생뻘되는 아이가 쓸만했다. 이름이 남치성이었다. 아버지는 돌아가시고 어머니만 살아계신다는 것이다. 치성이는 무과를 보려고 친척집에 머무르고 있었다. 난정은 그 애를 불러 여러 가지를 물었다.

"너 여자하고 관계해 봤니?"

"아니예요. 아직 숫총각입니다."

난정의 말에 치성은 고개를 숙이며 말했다.

"그래, 그러면 여자하고 어떻게 관계를 하는 줄도 잘 모르겠네."

"예, 말로는 들어봤지만 아직 경험은 없어요."

"그래. 그럼 너 여자 안아 볼 생각 없어?"

"생각이야 있지만, 우리 집안도 그렇고 아직 제가 무과에도 합격되지 않았는데 누가 저에게 시집을 오겠어요?"

난정의 유혹에 치성은 솔직하게 말했다.

"그럼, 내가 연애할 상대를 한 명 소개해 줄까?"

"그래도 좋고요. 저도 빨리 장가들어서 여자를 한번 안아 보고 싶었고, 또 여자에 대한 호기심과 충동이야 많지요."

치성이는 겸연쩍어서 머리를 긁적였다.

"그럼, 잘 됐다. 며칠 후에 어떤 아주머니가 여기에 오실 거다. 너는 그 아주머니가 하라고 하는 대로 하면 돼."

난정은 그에게 성희에 대하여 교육을 시키기 시작했다.

"그러면 제가 남첩이 되란 말에요?"

치성은 이해를 못하는 표정이었다. "

"꼭 그런 것은 아니구. 너는 그 아주머니를 잘 모시면 출세길은 보장된다."

"그분은 뭐 하시는 분인데요."

"그건 얘기할 수 없다. 그리고 그분이 누군지 알려고 해서도 안돼. 만약 그렇게 하면 너는 살아남지 못할 수도 있어."

"그러면 저 나갈래요. 무서워요."

치성은 울상을 지었다.

"지금은 늦었어. 만약 내 말을 안들으면, 너희 어머니 목숨도 위험해."

"그러면 저는 어떻게 해야 돼요."

치성은 떨면서 말했다.

"너무 걱정하지 마. 내가 시키는 대로 하면 돼. 그러면 너희 집은 가난에서 벗어나고 출세도 할 수 있어. 내 말 잘 들어. 엉뚱한 생각을 하면, 너는 쥐도 새도 모르게 죽고 말어. 내 말 알아들었지."

"예."

"그러면 이것을 봐라."

"뭔데요."

"춘화라는 책이다. 이것이 여자를 다루는 책이다. 호호호……"

"……"

치성은 어리둥절하여 말이 없었다.

난정이는 재미난 듯이 웃었다. 난정이는 치성에게 며칠 간 성애와 성희에 대해 자세히 교육을 시켰다. 그리고 뒷채에서 먹고 자게 했다.

난정은 대궐로 들어가서 대비를 자기 집으로 모셨다. 그리고 저녁을 먹자, 시간을 기다려 인적이 없는 틈을 타서 뒷문으로 빠져나와 걸어서 신당으로 갔다. 난정은 걸어 두었던 자물쇠를 열었다.

"안녕하셨어요. 누님."

"그래 그동안 잘 있었느냐. 치성아."

치성이가 인사를 하자, 난정이가 치성의 어깨를 쳤다.
"인사를 드려라, 내가 존경하는 마님이시다."
"안녕하셨어요."
난정의 말에 치성이 인사를 했다.
"반갑네. 음, 얼굴도 잘 생기고 힘도 꽤나 쓰겠네."
"그럼요. 그리고 아직 숫총각이랍니다."
대비의 말에 난정이 대답했다. 그러자 치성은 고개를 숙였다. 대비는 숨이 가빠오기 시작했다.
"즐겁게 회춘(回春)하십시오. 저는 이만 가보겠습니다."
"고마워."
난정이 고개를 숙이고 인사를 하자, 대비는 웃으면서 말했다.
"치성아, 잘 모셔야 한다."
"예."
난정이 치성에게 말하자, 그는 고개를 숙여 인사를 했다.
여자가 옷을 벗고 목욕을 하고 나오자, 사내가 수건으로 물기를 닦아 주었다.
"나를 안고 방으로 데려다 줘."
"예."
여자의 부드럽고 달콤한 말에 사내는, 여자를 안고 방으로 데려가 눕혔다.
"애무를 시작해 봐."
남자가 여자의 몸 곳곳을 애무하자, 여자가 몸에서 열기가 뻗쳐서 남자를 끌어안았다. 남자는 여자가 시키는 대로 했다. 여자의 입에서 남자의 귀를 자극하는 신음소리가 나왔다.
"숫총각이라고."

"예."

여자는 남자 위로 올라갔다. 그리고 마음껏 욕정을 불태우면서 교성을 질렀다. 이제까지 대궐이나 난정의 집에서는 이목이 있어서 마음대로 소리를 지르지 못했는데, 아무도 없다는 생각에 그녀는 이제까지 참았던 욕정이 폭발하기 시작했다. 자기 하고 싶은 대로 소리를 지르며, 욕심을 마음껏 채웠다. 물건이 고개를 숙이면 천천히 애무를 하여 남성을 살려냈다. 그녀는 땀으로 온몸을 다시 적셨다.

그들은 목욕을 하고 같이 누웠다. 여자는 외간 남자와 같이 마음놓고 긴긴밤을 보내기는 남편이 죽고 나서 처음이었다. 그녀는 자다가도 남자를 못살게 굴었다.

난정이 자물통을 따고 들어갔을 때, 둘은 벗은 채로 자고 있었다.

"형님, 그만 일어나십시오."

난정의 말에 대비는 일어났다. 그리고 치성도 옷을 입었다.

"식사하러 가시지요."

"알았네."

대비가 옷을 입고 있을 때, 치성도 옷을 입었다.

"내 이제까지 안아 본 남자 중에서 제일 좋았네."

"……"

대비의 말에 치성은 말이 없었다.

"감사합니다라고 해야지."

"감사합니다."

난정의 말에 치성이 말을 했다.

"이것은 용체로 쓰게나."

"감사합니다."

대비가 은자 주머니를 건네주자, 치성은 고맙다고 계속 인사를 했다.

"다음에 보자구."

"안녕히 가십시오."

치성은 그곳을 나가는 여인들에게 고개를 숙였다.

치성은 바깥으로 나가서 식사를 하고 그곳에 머물렀다.

그 후 대비는 남자 생각이 나면 난정을 통하여 신당에 들렀다. 그리고 한 달에 한 번씩 그곳에 들러서 치성을 만나고 갔다. 그녀는 월경이 있기 며칠 전부터는 음욕이 발동하여 도저히 참을 수가 없는 여자였다.

그리고 그 때마다 치성을 찾아 돈과 선물을 주고 돌아갔다. 이렇게 수차례 접촉하자, 그녀와 치성과의 사이는 자연스러워졌다.

치성은 얼마 후에 과거가 있다는 것을 알았다.

"며칠 후에는 과거가 있어서 연습을 해야 합니다."

"알았네. 걱정하지 말고 과장에 나가 열심히 해 보게."

치성의 말에 여자는 사내의 가슴을 만지면서 말했다.

"연습도 안하고 과거를 어떻게 봅니까?"

"걱정하지 말게. 병과에는 붙을 테니까?"

"그게 정말입니까?"

"그러니까 나한테 잘해야 돼."

"그런데 아주머니는 누구세요. 우리 누님도 세도깨나 쓰는데, 누님도 절절 매는 것을 보면 대단히 높으신 분인가 봐요."

치성은 호기심이 발동했다.

"누님이 그런 것은 알려고 하지 말라고 했을 터인데."

"알았어요."

대비가 화가 난 투로 말하자, 치성은 기가 죽었다.

그는 최선을 다하여 봉사했다. 그녀도 이제 남자의 양기(陽氣)를 빨아들이는 것을 시험해보기로 했다. 처음에는 그것이 잘 안되었으나 두 번째 날부터는 남자를 품고 나면 기운이 샘솟음치고 몸이 날아갈 것 같은 기분이었다.

'고전(古典)에 써 있는 말이 하나도 거짓말이 아니었구나.'

그녀는 하희(夏姬)에 나오는 대목이 기억났다.

정(鄭)나라 목공(穆公)에게는 미모의 하희(夏姬)라는 딸이 있었다. 그녀는 결혼을 열 번 했는데, 세 번은 왕후가 되고 일곱 번은 대부의 부인이 되었는데, 그녀와 정을 통한 사내들은 모두 죽고 말았다.

하희는 결혼 전 열다섯 살에 남자와 교접하여 정(精)을 빨아들이는 비법을 배웠다. 이때부터 그녀는 인간의 최대 쾌락은 성(性)의 교접에 있다고 생각하게 되었다.

하희는 이때 이복 오빠인 공자만과 사랑을 하게 된다. 3년 만에 그는 정기(精氣)를 모두 하희에게 뽑혀서 뼈만 앙상하여 말라 죽는다. 그 후 하희는 진나라 군부의 수장 하이숙과 결혼하여 아들 징서(徵舒)를 낳는다. 그녀의 색정을 채워주지 못한 하이숙도 결국 골골하다가 죽고 만다. 하희는 남편의 봉지(封地)에서 상을 치르면서 하녀와 동성애를 즐긴다. 하녀도 2년 만에 앙상하게 되어 죽고 하희는 다시 젊어졌다.

이때 진나라 대부 공령(公寗)이 이곳에 놀러왔다가, 하희의 미모에 반하여 동침을 하게 된다. 그러자 하희는 그에게 속옷을 선물로 준다. 공령은 이를 받아들고 친구인 의행부에게 자랑한다. 그러자 의행부도 하희를 찾아가 서로 정을 통한다. 의행부가 하희와 정을 통한 것을 알고, 질투심을 느낀 공령은 이를 진나라 왕 영공에게 하희를 소개한다. 호색한인 영공은 하희를 불러 성희를 즐긴다. 결국 한 여자를 두고 왕과 신하 등 세 사람이 사랑을 한 것이다. 나중에 영공은 공령과 의행부도 하희와 같이 동침한 것을 알고 놀란다.

"우리 셋은 순서는 다르지만, 한 여자를 두고 사랑한 동서구먼. 우리 같이 즐겁게 놀아보지 않겠나?"

"그거 좋은 생각입니다."

왕이 말하자, 나머지 두 사람이 응락했다.

이렇게 하여 그들 셋을 하회를 두고 집단성행위를 즐긴다. 이때 하회의 아들 징서도 장성하여 군부의 수장으로 있었다. 징서는 이들 세 명이 자기 어머니를 두고 삼각관계를 맺는 것을 보고 창피하여 얼굴을 들고 다닐 수가 없어서 앙심을 품는다. 그리고 그는 기회를 보아 반란을 일으켜 영공을 처치하고, 나머지 두 사람을 죽이려고 그들의 집으로 향했으나 그들은 초나라로 도피한다. 그들은 초장왕을 설득하여 진나라를 쳐서 징서를 죽이고 하회를 생포한다. 하회를 보고 초장왕은 깜짝 놀란다.

"내 이미 후궁이 삼천 명이 있지만, 그대처럼 아름다운 미인은 처음이다. 나의 후궁이 되어 나를 즐겁게 하라."

"전하 그것은 아니 되옵니다. 하회는 명기(名器)를 가지고 있어, 그녀와 상대하면 뼈가 앙상하게 말라죽는다고 합니다."

초장왕의 말에 이렇게 반대하는 신하가 있었다.

그러자 초장왕은 하회를 양노(襄老)라는 신하에게 하사했다. 양노가 반년 만에 말라죽었다. 하회는 양노의 아들을 유혹하여 정을 통한다. 소문이 나쁘게 나자, 초장왕은 그녀를 본국으로 돌려보낸다. 고국에 돌아온 하회는 대신 굴무라는 사람과 같이 살게 된다. 굴무는 팽조 선인에게 방중술을 배워 그도 하회 같은 여자의 음기를 빨아들여 젊어지고 싶었다. 그래서 다른 사람들은 그녀를 마다했는데 왕이 하사한다고 하자, 이를 승낙한 것이다. 굴무도 결국 몇 년 못가서 죽고 말았다.

대비는 자기도 하회와 같이 성애를 밝히는 여자라는 생각이 들었다.

"내 팔자가 왜 이러지. 왜 그렇게 남색(男色)을 밝히는 운명을 타고 났지. 아아."

그녀는 눈물을 계속 흘렸다.

이때 난정이 들어왔다.

"대비마마, 울고 계시지 않습니까?"

"그렇다네. 내 팔자가 왜 이 모양이지. 그 애는 한창 나이인데 왜 그리 비실비실거리지?"

"그것은 대비께서 절륜한 음기를 타고나셨기 때문입니다."

"그것이 불행하지 않은가?"

"불행하기는요. 오히려 다행이지요. 대비께서는 권세를 두었다가 무엇에 쓰실 겁니까? 뭇 사내들의 정기를 마음껏 받으시옵소서."

"내 그러고 있지만 백성들이 알면, 나를 얼마나 천박하다고 욕을 할까?"

"그러니까 이는 철저하게 비밀을 유지해야 합니다. 이를 아는 사람들은 모조리 입을 영원히 봉해버려야 합니다."

대비의 말에 난정을 손으로 목을 치는 시늉을 했다.

"내가 전생에 무슨 죄를 그리 많이 지었기에, 이런 운명을 타고 났단 말인가?"

"너무 자학하지 마십시오. 사실 저도 그렇사옵니다."

대비의 말에 난정은 자랑하듯이 말했다.

"그러면 자네도 다른 사내들과 정을 통해보았단 말인가?"

"그랬지요. 윤 서방이 집에 안들어오니 어쩌겠어요. 남자 생각날 때 젊은 애들을 불러다가 같이 놀았지요. 그랬더니 정말 기운이 펄펄 넘쳐흐르더라구요. 사실 윤서방보다 젊은 애들이 백 번 좋았어요. 이 말은 형님과 저 사이에는 무덤까지 비밀로 가지고 가는 겁니다."

대비는 깜짝 놀라면서 부러운 눈초리로 과거지사를 아무 꺼리낌도 없이 말하는 난정을 바라봤다. 정말 자기처럼 난정이도 대단한 여장부라고 생각했다. 그녀는 동반자인 난정이 맘에 들었다.

"알았네."

"그럼 약속하시지요."

"그렇게 하자고."

그녀들은 서로 손가락을 걸었다.

과거 때가 다가오자, 대비는 윤원형에게 얘기하여 치성이를 무과 병과에 합격시켜, 우선 난정의 집에 머물게 했다.

대비는 궁궐 내명부의 일은 거의 중전에게 맡기고 난정의 집에서 인생을 즐기고 있었다. 그녀는 치성이와 연애를 할 때 남자의 양기를 빨아들이기 시작했다. 그러자 기운이 솟아나기 시작했다. 다섯 달이 되었을 적에 치성은 명태처럼 말라죽기 직전이었다. 대비가 양기를 빨아들였기 때문이다.

"대비마마, 이러다가는 치성이가 죽게 생겼습니다. 송장을 치르면 이상한 소문이 날 수가 있습니다. 잠시 치성이를 절로 보내서 휴양을 하게 해야 합니다."

"변변치 못한 놈 같으니. 나이가 오십을 넘은 나도 괜찮은데, 한참 나이에 골골하기는 할 수 없지. 이거 보태 쓰라고 하고 입조심을 단단히 시키게."

"예, 그러 하겠습니다."

난정은 대답하고 대비가 준 금품을 그에게 주면서, 입단속을 시켰다.

그 후 대비는 궁궐로 들어갔다. 자기는 죽은 중종이나 열성조를 봐서 그러면 안된다고 생각하여, 한달은 참고 지냈다. 그 다음 달부터 마술에 걸리기 며칠 전부터 성욕이 일어나면, 남자를 품고 싶어서 몸이 떨리고 미칠 것만 같았다.

다시 난정을 불러서 사정을 털어놓았다. 난정은 다른 미청년을 물색했다. 그리고 성희의 기술도 가르쳤다.

그래서 대비는 그 미청년과 사랑하게 되었다. 대비는 하희처럼 자꾸 정욕이 넘치는 것이었다. 다시 한 보름 동안 난정의 집에서 머물자, 대비가 바람을 핀다는 소문이 나돌았다. 이를 관원들이 알기 시작했다. 그중에서 사간원(司諫院) 관리가 있었다. 그가 사간원에서 대비의 품행에 대하여 상소를 쓰려고 한다는 것이었다.

"누님, 앞으로는 처신을 조심해야겠습니다. 대비의 품행을 문제삼아 상소를 올리려는 자가 있습니다."

"그러면 큰일이 아닌가. 그런 일은 없도록 하게. 이것이 실록에 실리면 나와 왕실이 무슨 망신인가."

윤원형의 말에 대비는 깜짝 놀라 말했다.

"알았습니다. 그러니 앞으로는 더욱 조심해야겠습니다. 지금 상소를 쓰고 있는 자는 제가 알아서 처리하겠습니다."

"고맙네. 내가 어서 빨리 죽어야 하는데. 이 무슨 추태인가."

대비는 눈물을 흘렸다.

"그런 말씀하지 마십시오. 누님이 오래 사시어야 저도 권세를 오래 유지할 수 있습니다."

"동생은 그걸 아는 모양이지."

"그럼 알고말고요."

"그러면 내 심중을 살펴 나한테 잘해야지."

"그래서 이렇게 알아서 잘하고 있지 않습니까? 염려 마십시오."

"알았네."

윤원형은 사람을 시켜 퇴청길에 그를 살해하였다. 그러자 사헌부(司憲府)에 있던 한 관원도 이 사건을 조사하다가 또 살해되었다. 그들이 보이지 않자, 사람들은 그들이 살해되었을 것이라는 추측만 했을 뿐 말을 못하였다. 사람들은 이것이 분명 윤원형의 짓이라고 의심했다. 그러나 증거가 없어 넘어갔다. 주변 관원들은 대비의 음행을 건드려서 윤원형의 심기를 불편케 하지 않으려고 하였다. 정말 무서운 세상이었다. 조선조에서 이런 공포 분위기에 쌓인 시절은 연산조 때 보다 더 심하였다.

그 이후로 대비의 음행에 대하여 얘기하는 관원들은 아무도 없었다.

윤원형의 집에서는 사람들로 넘쳐 흘렀다. 땅을 빼앗기고 또 농토가 없어서 살 수 없는 사람들은 윤원형이 이를 받아들였기 때문이다. 이들에게는 먹여주고 재워주면 되었기 때문에, 다른 경비가 들어가지 않았다. 윤원형은 큰 집을 여러 채 사서 이들 중에서 힘깨나 쓰거나 머리가 있는 사람들을 무사와 하인으로 양성하여 필요할 때 이들을 이용했다. 이들 조직도 위계가 서 있어 이를 아는 사람들은 아무도 윤원형의 비위를 건들이지 않으려고 애를 썼다.

이때 도성에서는 음행 사건이 일어났다. 중전의 친가 쪽의 며느리 송씨였다. 그녀는 결혼 전부터 한 사내를 알고 정을 통해왔는데, 결혼 후에도 그와 정을 오래 통해오다가 그만 임신하여 애를 낳고, 얼마 후에 아이가 죽어 친정집에 가 있었다. 송 여인은 사대부인 김균의 딸 명운과 잘 알고 있었는데, 그녀가 놀러왔다. 그녀는 인물이 없어 설흔 살이 다 되었지만 아직 혼인을 못하고 있었다. 그녀가 불량배들과 어울려 관계한 얘기를 들려주자, 호기심이 동했다. 송 여인은 남편이 자기의 욕구를 충족시켜주지 못하여, 명운의 소개로 그 사내들과 한두 번 관계했는데 황홀지경을 느껴, 이제는 그들과 관계를 안하면 온 몸이 아프고 쑤셔서 견딜 수가 없었다. 송 여인은 자기의 이런 행동이 탄로가 난다면 죽게 될 것이라는 것도 알았다. 그러나 그녀는 꼬리가 잡혀 비록 자기가 죽을지언정 사내와의 쾌락을 잊을 수가 없었다. 그래서 사내들을 찾았던 것이다. 어떤 때에는 한방에서 여러 사람들이 돌아가면서 같이 관계를 할 때가 더 쾌락과 절정감에 빠질 때도 있었다. 사실 먼젓번 죽은 아기도 아버지가 누군지 몰랐다. 그녀의 몸은 이미 육체적 쾌락으로 절제할 수가 없었다.

저녁을 먹고 그녀는 평민의 옷으로 갈아입고, 혜화문 밖으로 나갔다. 그리고 어떤 집으로 들어갔다. 그 집에는 여러 사내가 있었고 여자도 몇 명 있었다. 여자들 중에는 유부녀와 과부와 처녀도 섞여 있었다. 사내들은 여자 한 명씩 데리고 각자의 방으로 갔다. 그리고 서로 옷을 벗겨주고 서로의 육체를 탐했고, 신음 소리와 교성이 이방 저방에서 터져나왔다. 그녀들은 일을 마치고 성문을 닫기 전에 집으로 돌아갔다.

이 때 남자 상대자 중 한 명인 김양수는 여전히 제 버릇을 감추지 못했다. 노름을 하다가 돈을 잃자, 돈이 궁했다. 그러자 육의전에서 소매치기를 하다가 포졸들에게 잡혀, 포도청으로 끌려가 몸을 수색당했다. 몸에서 은장도가 나왔다. 그것은 사대부집 부녀자들이 사용하는 귀하고 값진 것이었다.

포도청 판관은 도성에 성범죄가 끊이지 않던 때라, 이자가 여자들을 성폭행한 자로 생각하여 매질을 가했다. 그러자 김양수는 자기가 관계한 여자들을 대는 것이었다. 그의 입에서 관계를 가진 10여 명의 명단이 나왔다. 그중에서 사대부가 아녀자가 4명이나 되었다. 죄가 더 있을 것으로 보고 매질을 하다가 그는 결국 죽고 말았다. 그러자 김양수와 같이 놀던 사내들을 매질하여 죄를 확정지어, 귀양을 보냈다.

그 후 송씨도 결국 자결하고 말았다.

이런 소식을 전해들은 대비는 탄식했다. 자기도 분명 자결하여야 할 처지였다. 그러나 자기는 주상의 생모인 대비라 누구도, 이를 거론할 수가 없어서지 그런 것을 잘 알고 있었다.

그후 대비는 자기 죄를 참회한다는 뜻에서 내원당에 가서 불공도 드렸다. 그녀는 양심의 가책을 받아 한두 달은 욕정을 참았다. 그러나 세 달이 되면 몸이 근지럽고 쑤셔대서 도저히 참을 수가 없었다. 그래서 난정을 부르면 그 때마다 난정은 대비의 사정을 잘 이해하여 주었다. 대비는 난정을 너무나 고맙게 생각했다.

이때 윤원형은 도성에 집을 이십 채나 사들였다. 그 중에 두 채는 첩의 집이었다. 그는 첩의 집에서 자고 집에 들어오지 않는 날이 많았다. 그러면 난정은 신당에 가서 사내를 끌어들여 재미를 보았다. 이는 극비리에 저지른 일이라 아무도 몰랐다. 또 이를 지켜본 사람은 발각되면 무사들에게 끌려가 죽음을 면치 못했다. 그래서 난정의 집에서도 감히 이를 발설치 못하였다.

이렇게 하여 조선왕조를 받들고 있었던 기강과 윤리도덕은 왕실과 권세가에서부터 사대부에 이르기까지 무너져내리고 있었다.

실록에는 이 대목을 "난정이 그의 집 대청을 신당(神堂)으로 만들어 굳게 닫아걸고 난정만이 그곳을 출입하면서 음탕하고 온갖 간악한 짓을 자행하였으나 사람들이 감히 그것을 말하지 못하였다"라고 기록하고 있다.

10. 대왕사에서 있었던 일

난정은 가끔 신당에서 스님이나 무당을 불러다가, 기도를 하고 아무 일도 벌이지 않고 곧장 돌려보내곤 했다. 이는 다른 사람들에게 자기의 신당은 기도를 하는 신성한 장소라는 것을 보여주기 위함이었다. 평소에는 자물통으로 잠가 두었다가 자기가 사용할 때나, 대비가 요청하면 자물통을 풀고 주위 사람들이 눈치를 채지 않게 사용했던 것이다.

이렇게 경계의 눈초리를 늦추지 않았지만, 난정은 자기가 만든 신당을 밀애 장소로 오래 쓰다가는 들통이 날 것 같았다. 속담에 꼬리가 길면 밟힌다는 말이 생각난 것이다. 그리고 중전의 친정집 송 여인의 사건을 알고 난 후부터는 불안하여 견딜 수가 없었다.

그래서 새로운 방법을 모색하게 되었다. 그것은 왕과 남편이 있는 한양에서 멀리 떨어져 있는 곳을 찾아 은밀하게 연애를 하는 것이었다. 그래서 집사들에게 좋은 장소를 찾으라고 명령했다. 그러자 그들은 전국에 있는 좋은 곳을 물색했다.

그 중에서 개성이 제일 좋다고 말하는 것이었다. 개성은 거리도 크게 멀지 않고 경치도 좋아 대비를 모시기에도 좋고, 또 유명한 신당이 많았고 지기(地氣)가 세어 기도발이 잘 받아, 이곳에서 기도를 드리면 소원이 성취된다는 풍문에 사람들이 많이 몰려드는 곳이라고 했다.

　난정은 윤원형에게 송도로 기도를 드리려 간다고 허락을 받았다. 난정은 방 집사와 시녀 다섯 명과 무사들을 거느리고 송도로 향했다. 중간 원(院)에서 일박을 하고 다음날 송도에 도착하여 방 집사가 안내하는 사당을 살펴보았다. 기도하기에 아주 좋은 곳이 있었다. 대왕사(大王祠)라는 현판이 보였다. 이곳은 국가에서 운영하는 사당이었다. 이 때 관원인 듯한 자가 나타났다.

"어디서 오셨는지요?"

"이분이 바로 윤원형 대감의 내당 마님이시네."

관원의 물음에 방 집사가 대답했다.

"잘 오셨습니다, 정경부인 마님. 인사드립니다. 저는 이곳 대왕사를 관리하는 정 참봉이라고 합니다."

"고생이 많소. 나는 초계 정씨인데, 정 참봉은 어디 정씨인가?"

정 참봉의 말에 난정이 반문했다.

"저도 초계입니다."

"그렇소. 이거 정말 종씨를 만나 반갑소. 내가 이곳에서 기도를 드리려고 하니, 정 참봉이 잘 도와주십시오."

"어떤 분부라도 내려만 주십시오. 이곳은 제가 모두 잡고 있사옵니다."

난정의 말에 정 참봉은 고개를 숙이면서 대답했다.

"우선 무사들과 하녀 등 우리 식구들이 유숙할 장소를 마련해주시오."

"예. 그렇게 하겠습니다. 그런데 식량은 주셔야 하는데요."

"그것은 개성유수에게 가서 얘기하시면 될 것이오."

"예. 알았습니다."

정 참봉은 고개를 숙였다. 다음날 난정은 하녀들과 무사들과 같이 그곳을 둘러봤다.

"우리가 거쳐할 곳이 있어야 하는데, 저 동내가 좋겠네."

사당에서 얼마 떨어지지 않은 오른 쪽에 남향으로 된 집이 대여섯 채가 있었다.

"저곳으로 안내하게."

"예."

난정이 말하자, 정 참봉이 대답하고 앞장을 섰다.

그 중에서 한 채만 사람이 살고 있었고, 나머지는 빈집이었다.

"이 집을 우리가 쓰고 싶은데, 흥정을 붙여보게."

"예."

난정의 말에 정 참봉이 안집으로 들어가 그와 대화를 나누고 나왔다. 그리고 난정에게 말했다.

"앞으로 닷새 안에 비워 주는데, 모두 쌀 쉰 섬은 주어야겠는데요."

"알았네. 방 집사가 어음을 끊어주게."

"예."

정 참봉의 말에 난정이 방 집사에게 지시했다. 그러자 방 집사는 어음을 끊어주었다.

"방 집사는 이집을 한양의 신당처럼 밖에 울타리도 치고, 목욕실도 있는 편히 쉴 수 있는 살림집처럼 만들어보시오."

"예."

난정의 말에 방 집사가 대답했다. 이 집도 한양에 있는 신당처럼 비밀 구조로 만들려는 것이었다. 방 집사는 난정이 무슨 짓을 하려는지 속으로 알고, 마음이 내키지 않았으나 하는 수가 없었다.

"그리고 정 참봉은 이를 집행하시오. 이번에 잘 하시면 바로 승차도 될 것이오."

"예. 감사합니다. 마님."

난정의 지시에 정 참봉은 굽실거리면서 하나하나 치부책에 적었다.

난정은 대왕사에서 묵기로 했다. 정 참봉이 주선하여 거처를 마련해 주었다.

"이곳 개성에는 영험(靈驗)한 무녀(巫女)들이 많다고 들었는데."

"예. 많사옵니다. 이곳 개성은 영험하기로 이름이 나있습니다."

"그 중 가장 영험하다는 자를 불러오게."

"예. 잠시 기다리십시오."

난정과 방 집사 등은 잠시 그곳의 풍경에 도취해 있었다.

한참 후에 정 참봉이 무녀를 데리고 왔다. 그녀는 난정에게 인사를 했다.

"앞으로 잘 도와주십시오."

"뭐든지 분부만 내리십시오. 도와드리겠습니다."

난정이 말을 하며 손을 내밀자, 그녀가 굽실거리면서 손을 내밀어 서로 악수를 했다. 난정의 눈에도 그녀가 신기가 있어 보였다.

잠시 정적이 흘렀다. 그러자 정 참봉이 입을 열었다.

"조선 팔도에서 풍수지리상 제일 좋은 곳이 개경이고, 다음이 한양이라고 하옵니다."

정 참봉은 역사적인 사실까지 거론하면서 난정의 비위를 맞추려고 했다.

"그러면 이곳에서 기도를 드리면 소원이 성취된단 말이지요."

"그렇고 말고요. 그래서 초하루, 보름, 그믐날이면 이곳에 기도드리는 사람들로 꽉 차서 발을 들여놓을 틈이 없습니다."

"아, 그래요. 우리가 그걸 몰랐네."

"오늘이 열흘이니까 며칠 만 더 기다려 보십시오. 사람들이 구름처럼 몰려들 것입니다."

난정의 말에 정 참봉이 대답했다. 이때 말발굽소리가 들렸다.

"아니 웬 말소리인가?"

"예, 제가 개성유수에게 기별을 하라고 했습니다."

"정 참봉은 정말 눈치가 빨라서 좋습니다."

"감사합니다."

난정의 말에 정 참봉은 다시 고개를 숙여 인사를 했다.

이때 개성유수가 관원들을 데리고 나타났다. 그는 난정을 잘 알았다. 난정에게 잘 보여서 출세를 하고 싶었다. 이 때가 절호의 기회라고 생각했던 것이다.

"정경부인 마님, 개성유수 인사드리옵니다."

"고생이 많소."

개성유수의 인사에, 난정은 고개를 살짝 숙였다.

"여기에 어인 일이십니까?"

"이곳에서 나라의 안녕과 왕실의 발전을 위한 기도를 드리려고 합니다. 그러니 도와주십시오."

개성유수의 말에 난정이 대답했다.

"뭐든지 분부만 내리십시오. 다 도와드리겠습니다. 정경부인 마님."

"대왕사 수리에 관한 것은 정 참봉에게 이미 말을 했고, 다음에 필요한 것은 나례(儺禮)를 할 때처럼 재인(才人)들을 불러 잔치를 열어주셨으면 합니다."

"누가 오십니까?"

"그것은 묻지 말고, 그렇게 해주시오."

"알겠습니다. 이곳은 머물기가 불편하올 테니 개성 성안으로 가시지요."

"신세를 져도 될까요?"

"그렇게 해주신다면 영광입니다."

"고맙소."

난정은 이렇게 말을 하면서, 가마 근처로 갔다.

난정은 개성유수가 안내하는 집으로 가서 하루 밤을 묵었다.

그리고 다음날도 대왕사에 들러서 일을 감독했다. 얼마 후에 개성유수가 나타났다.

"나는 이만 한양으로 돌아갔다가 다시 오겠소."

"가마를 타고 가시려고요."

난정의 말에 개성우수가 반문했다.

"예."

"그러지 말고 배로 가십시오. 그러면 오늘 중으로 도착합니다. 그리고 임진강 근처에는 산적이 출몰한다고 합니다. 그러니 배편이 경치도 구경하실 겸 훨씬 편하십니다."

"유수께서 그렇게 말씀하시니, 그게 좋겠소이다."

유수의 의견에 난정도 따르기로 했다.

"여기에서 잠시 기다리십시오. 제가 지시를 하겠습니다."

난정의 말에 개성유수는 배를 선착장에 대기시키라고 군관에게 지시했다. 그가 말을 타고 달렸다. 개성유수와 군관들은 난정을 송도 선착장까지 수행해주었다.

"안녕히 가십시오. 다음에 또 오십시오."

"감사하오."

그들은 굽실거리며 인사를 하자, 난정도 손을 흔들어 답례를 했다.

난정은 방 집사와 두 명만 남겨놓고 나머지 사람들은 배를 타고 한양으로 돌아왔다. 그리고 대비에게 가서 그동안의 경과를 말했다.

"수고가 많았네."

"수고는요. 저는 대비께서 섶을 지고 불 속으로 뛰어들라 해도 그렇게 하겠습니다."

"고마워. 올케."

"우리도 이참에 인생을 사내들 못지않게 즐겨보시지요."

"그렇게 해보자구. 우리도 측천무후나 하희처럼 말이야."

난정의 말에 대비가 대답했다. 그 말을 듣는 순간 대비는 가슴이 뛰었다. 이제는 한양에서 멀리 떨어져서 아무런 눈치도 보지 않고 멋지게 한번 인생을 실컷 즐겨 보고 싶었다. 한양은 주상과 신하들의 이목이 많아서 사랑을 해도 불안했던 것이다. 대비는 가슴이 부풀어 올랐다.

"정말 여걸다운 말씀입니다."

"여걸이라고 했는가. 허허허……"

대비가 여걸처럼 웃자, 난정도 따라 웃었다. 그녀들은 서로 죽이 너무 잘 맞았다.

"감사합니다. 저도 윤 대감 눈치 보지 않고 인생을 즐겨보겠습니다."

"그렇게 하게. 만약 문제가 생기면 나와 주상이 나서서 막아주겠소. 먼젓번 서얼허통법도 올케가 하도 부탁해서 내가 무리하게 밀어붙여서 푼 것이야."

"잘 알고 있습니다. 그러니 대비가 원하시는 일은 무엇이든 제가 다 해 드리겠습니다."

"고마워. 빨리 개성에 가고 싶네."

그녀는 눈을 지그시 감고 황홀감에 빠져들었다.

"조금만 기다리십시오. 제가 공사를 빨리 끝내라고 재촉하겠습니다. 되도록 빨리 날짜를 잡아 올리겠습니다."

"고마워. 또 몸이 쑤시고 근질거리네."

대비는 한숨을 쉬면서 몸을 뒤틀었다.

"알았습니다. 내일 저녁 저희 집으로 모시도록 하겠습니다."
"알았네. 올케."
"저는 이만 물러갑니다."
"잘 가게."

대비의 말에 난정은 인사를 하고 물러났다. 다음날 대비는 난정의 집에 들려 전처럼 신당을 찾았다. 그곳에서 대비는 이틀 간 머물렀다. 그렇지만 명종은 이런 사실을 전혀 몰랐다. 대비가 이런 사실을 얘기하거나 전하는 사람들을 끝까지 찾아내어 모두 죽음을 면치 못했기 때문이다. 대비는 측천무후가 한 일을 그대로 흉내내고 있는 것이었다.

한달 후에, 방 집사가 돌아와서 수리가 모두 끝났다고 보고를 했다.

다음날 난정은 바로 입궐하였다.

"그러면 며칠 후에 같이 육로로 출발하기로 하지."
"저는 미리 가서 점검할 사항이 있을 것 같아, 먼저 배로 출발해야겠습니다."

대비의 말에 난정이 대답했다.

"그것은 올케가 알아서 하게."
"예."

대비전에서 물러나와 그 이튿날 난정은 배로 출발하여 송도에 도착했다. 송도 선착장에는 어떻게 알고 개성유수와 관원들이 마중을 나왔다. 이 때 부인들은 집을 지키고 남편의 근무처에서 같이 동거하지 못하게 되어 있었다. 이는 민폐를 끼친다고 법으로 금지하고 있는 사항이었다. 그래서 개성유수 부인이 보이지 않았다.

개성유수의 안내로 난정은 가마를 타고 대왕사 옆에 마련된 집에 가서 짐을 풀었다. 다음날 난정은 이곳저곳을 다니면서 미비한 점을 살펴 정 참봉에게 지시하여 보완하도록 하였다.

다음날 대비는 가마를 타고 육로로 향했다. 수행원은 무사가 30명 수발을 드는 상궁이 5명 그리고 심부름하는 사람들이 5명이었다. 가마를 메고 걸어야 하기 때문에 빨리 갈 수가 없었다. 하루에 백 리 정도 가는 것이 고작였다. 금촌에서 일박을 하고 오후가 돼서 임진강을 건너는데 시간이 많이 걸렸다. 유시가 넘어서 산길로 접어 들어었을 때 날이 막 저물었다. 그러자 사람들은 불안해 지기 시작했다. 요사이 야간에는 산적이 자주 출몰한다는 소리를 들었기 때문이다. 한 십 리만 더 가면 개성이었다.

이때 갑자기 앞에서 징과 꽹과리 소리가 났다.

"웬 놈들이냐?"

"우리는 산적이다. 모두 가진 것을 내놓으면 살려준다."

호위 대장의 말에 산적 부두목쯤 되는 자가 말했다. 이때 도적들의 출몰이 잦아 양반들의 행차나 서울 세도가로 가는 봉물짐이 자주 산적에게 털렸다.

"이런 시건방진 놈들이 있나. 대왕대비 행차시다. 썩 물러가지 못할까?"

호위대장이 큰소리치면서 칼을 뽑아들고 말을 타고 앞에 나섰다. 그러자 산적들이 준비한 그물을 던졌다. 대장이 그물을 칼로 쳐대다가, 말에서 떨어졌다. 그러자 무사들이 달려들어 들어 그를 구했다.

"너희들은 포위됐다. 칼을 버리고 항복하는 자는 살려준다."

"이런 싹수없는 놈들."

무사들이 일제히 칼을 뽑아 들고 산적들을 향하여 돌진했다.

"안되겠다. 화살을 쏘아라."

뒤에 있던 두목의 말에 화살을 쏘았다. 그러자 호위 무사들이 몇 명 쓰러졌다. 그러는 사이에 산적들이 무사들을 모두 결박지었다.

대비의 주위에는 네 명의 무사가 지키고 있었다.

"이분에게 손대면 너희들은 삼족이 멸문지화를 당할 것이다. 순수히 물러가거라."

"누군인데 그렇게 대단하냐?"

부두목이 칼을 뽑아들고 험상궂게 대들었다.

"조금 전에 말하지 않았느냐? 대왕대비마마 행차시라고."

"그러면 그 살인마 화냥년 대왕대비란 말이지?"

"네 이놈. 무엄하구나. 감히 어느 안전이라고 함부로 주둥이를 놀리느냐?"

산적 부두목과 네 명의 무사들이 일전을 벌렸다. 한 명이 쓰러지고 이어 다른 한 명이 또 쓰러졌다. 나머지 두 명이 싸웠으나 그들도 굴복하여 쓰러지고 말았다.

"어떤 년인데, 그렇게 도도하게 굴어."

"네 이놈. 무엄하다. 그분에게 손을 대지 마라. 대왕대비마마시다."

이때 김 상궁이 앞에 나서면서 말했다. 그러자 부두목이 한손으로 그녀를 밀치자, 그녀가 땅바닥에 고꾸라졌다.

"네, 이놈 멈추지 못할까!"

호위대장이 몸을 뒤틀면서 큰소리를 질렀다. 그 때까지 대비는 말이 없었다.

"음, 이 살인마년. 너 오늘 우리한테 잘 걸렸다. 어디 한번 죽어 봐라."

부두목은 이렇게 말하면서 칼끝으로 가마문을 열었다.

"어서 끌어내라."

"……"

"얘들아, 빨리 끌어내지 않고 무엇하고 있느냐?"

부두목이 부하들을 보고 다시 고함을 쳤다.

"잠깐 기다리시오. 내 발로 나가겠소."

대비는 이렇게 말을 하고 가마에서 내렸다.

"나는 대왕대비다. 무엇 때문에 내 행차를 막는 것이냐?"

"우리는 산적이다. 여기는 대궐이 아니야. 대왕대비 좋아하시네. 살고 싶으면 가진 것을 다 내놓고 가거라."

대비의 말에 부두목은 아랑곳하지 않았다.

"이놈들이, 내가 누구라고 밝혔는데 그래도 물러서지 못하겠느냐? 너희들은 삼족이 멸망하고 싶으냐? 어디 해 봐라."

"나에겐 그런 가족이 없다. 우리 부친은 양재역 벽서사건 때, 모두 참살을 당하고 가족들은 모두 노비로 끌려가 생사조차 모른다. 아무런 죄 없는 내 아버지를 윤원형이 죽였다. 그러니 너희들도 한번 당해 봐야 한다."

대비의 말에 부두목이 칼을 대비에게 겨누었다.

"그 때는 그럴 수밖에 없는 사정이 있었느니라."

"그러면 우리가 이러는 것은 어떻게 생각하느냐?"

"순순히 물러가라. 그러면 더 이상 죄를 묻지 않겠다."

부두목의 말에 대비는 조금도 두려운 기색이 보이지 않았다. 아니 오히려 더 당당했다. 사람들은 그것을 보고 놀람을 금치 못했다.

"우리도 목적을 달성해야 한다."

"그래, 좋다. 너희들이 원하는 게 뭐냐? 돈이냐?"

부두목의 말에 대비가 노려보면서 말했다. 그도 섬뜩하면서 뒤로 잠시 주춤거렸다.

"그렇다."

"좋다. 여기 두목이 누구인가?"

대비는 그들을 향해 소리쳤다. 그녀는 산적이 수십 명이나 되는데도 조금도 기가 죽지 않았다.

"나다."

이때 복면을 쓴 한 사내가 대비 앞에 나섰다. 훤칠한 키에 호탕한 사내였다. 대비는 그를 보는 순간 대장부답다고 생각하고 호감이 갔다. 이제까지 궐내에서는 저런 당당한 사내를 보지 못했다.

"나도 너희들이 먹고 살려고 이런 짓을 하는 심정을 잘 안다. 그렇지만 나를 조금이라도 해치게 되면 주상이 너희들을 가만 두겠느냐? 내가 가진 돈과 이 금목걸이와 금팔찌를 줄 테니, 순수히 길을 열어라."

"……"

대비의 말에 두목은 말이 없었다.

두목은 잠시 생각을 하면서, 부두목을 바라보았다.

"나는 대왕대비이다. 나와 여기에 있는 여자를 납치하여 어떻게 하려고 한다면 결국 너희들은 모두 잡혀 죽고 말 것이다. 그러니 어서 내 말을 들어라."

대비는 돈주머니와 목걸이 팔찌를 빼서 두목에게 던져 주었다. 두목은 이를 부두목에게 건네주었다.

"두목, 나 좀 보게."

"왜 그러시오."

"내 할 말이 있으니, 나를 좀 따라오게."

"알았소."

대비가 말을 하고 앞에서 천천히 걷자, 두목도 그녀의 뒤를 따라갔다. 그녀는 뒤를 돌아다보았다. 기골이 장대하고 성큼 성큼 걷는 모습이 예사로운 대장부 같지가 않았다. 그녀는 그가 너무 마음에 들었다. 순간 가슴이 두근거렸고, 갑자기 이런 사내와 사랑을 나누고 싶었다. 그리고 이곳의 위기 또한 벗어나야만 했다. 다시 고개를 살짝 뒤로 돌렸다.

"두목은 장가는 들었는가?"

"저 같은 처지의 사람에게 누가 시집을 오나요?"

대비의 말에 두목이 대답했다.

"그럼, 나이는 어떻게 됐나?"

"금년에 스물아홉 살입니다."

"한참 때로군. 아버지는 무엇을 하시는가?"

"얼마 전에 돌아가셨습니다."

"안됐네. 그럼, 할아버지는?"

"개성부에서 판관(判官)을 지내셨습니다."

대비는 그의 할아버지가 벼슬을 했다는 말에 마음을 놓았다. 만약 노비의 자식이라면 아무리 그가 마음에 들어도 포기하려고 했던 것이다.

"그러면 상것은 아니군. 잘됐네. 그런데 왜 산적이 되었는가?"

"누가 이런 위험한 짓을 하고 싶어서 하는 사람이 어디에 있습니까?"

사내는 화가 난 듯이 소리를 질렀다. 그 소리에 그녀는 깜짝 놀랐다.

"무슨 깊은 사연이 있나 보군 그래?"

"있고말고요. 세상에 정말 악질들도 많습니다."

그는 대답을 하고 이야기를 하기 시작했다.

'그의 아버지는 과거를 보았지만 계속 낙방이었다. 할아버지가 죽고 나서 별달리 할 일이 없어서 농사를 지으면서 살았다. 그런데 계속 몇 년 흉년이 들자, 먹고 살 것이 없어서 장리미 십여 석을 먹었는데, 이자가 늘고 늘어서 수년 만에 몇 곱절이 넘었다. 그리고 세금과 부역 등으로 도저히 살아갈 수가 없었다. 그는 이때 무술을 익히고 있었다. 토호들과 탐관오리들의 작당으로 금쪽같은 땅마저 빼앗기고 살아갈 수가 없어서 산적이 된 것이다.'

그 말을 듣고, 대비는 그가 안됐다는 생각이 들었다.

"그러면 두목은 사람을 죽이거나 해친 적이 없지요?"

"그럼요. 저는 어려서부터 어머니를 따라 절에 다녔고하여 살생은 함부로 하지 않습니다."

"장하시오. 그렇게 해야지요."

대비가 뒤를 돌아다보면서 사내의 허리를 두드렸다.

사람들이 보이지 않는 한적한 곳에 이르자, 대비가 걸음을 멈추고 두목의 손을 잡았다.

"두목, 내 시간이 없어서 긴 말은 하지 않겠네. 나도 알다시피 십여 년 동안 혼자 독수공방을 지키면서 살았네. 실은 나도 너무나 고독하네. 나의 이 외로움을 그대가 좀 달래줄 수 없겠나?"

"……"

대비의 말에 사내는 너무 어리둥절하여 대답을 못하였다.

"왜 대답이 없나?"

"제가 어떻게 당신을 믿어요. 세상에서 당신은 죄없는 선비들을 많이 죽이고, 그들의 재산을 모두 빼앗았다고 하던데요?"

"정치를 하다보면 그럴 수도 있는 것이오. 자네는 아직 그런 걸 잘 이해할 수 없을 거야. 두목은 나한테 잘 하면 출세길도 열릴 수 있을 것이오. 그럴 수 있겠소?"

"당신을 어떻게 믿어요. 오라고 해놓고서 저를 잡아가두면 저는 꼼짝없이 당하고 말잖아요?"

대비의 청에 두목은 한참 망설였다. 대비도 잠시 생각에 빠졌다. 그리고 앞가슴에 찼던 은장도를 끌렀다.

"그렇게 못 믿겠다고 하니 내 마음을 보이기 위해서 이 은장도를 주겠네. 은장도란 여자의 정조가 아닌가. 내 정조를 두목에게 줄 테니, 내 외로움을 달래주게나."

그녀는 은장도를 한 손으로 주었다. 두목은 그녀가 칼로 해치지 않을까, 경계의 눈초리를 늦추지 않았다. 그는 그것을 받아 호주머니에 넣었다. 이 때 그녀는 두 손으로 사내의 몸을 으스러지도록 껴안고 몸을 기댔다.

"나는 두목같이 사내다운 남정네와 사랑을 나누고 싶네. 여자의 청을 저버리지 말게. 정말 부탁이네. 그러면 그 은혜는 결코 잊지 않겠네. 우리는 지금 왕실과 국가의 안녕을 빌러 개성으로 가는 길이네. 닷새 후에 사람을 보내서 내가 거처하는 대왕사 옆에 있는 나의 처소에 와서 김 상궁을 찾아, 조금 전에 준 그 은장도를 김 상궁에게 보여 주게. 그러면 그 이후는 내가 알아서 하겠네. 이는 누구에게도 발설하지 말고 혼자만 알고 시행하게. 내 은자도 후하게 준비하겠네. 만약 이 일을 다른 사람이 알게 되면 그대는 목숨이 위험하고 나는 망신이 아닌가. 알겠는가?"

"알겠습니다."

그녀의 말에 두목이 똑똑하게 대답했다.

"고맙네."

그녀는 다시 사내를 꼭 껴안았다. 그리고 한손으로 슬쩍 사내의 가운데를 만져 보았다.

"어머나, 정말 대단하다. 대단해. 허허허……."

"왜 이러십니까?"

그녀가 탄성을 지르며 웃자, 사내도 싫지 않은듯 몸을 뒤로 틀었다. 그들은 서로 떨어졌다.

"내가 부탁한 대로 하겠소?"

"그리 해보겠습니다."

"나를 믿어보게. 그러면 그대는 출세도 하고 편안하게 살 거야."

"그렇게 되면 저도 좋지요."

그제서야 사내는 웃음을 보였다.

"그럼 내 기다리겠네. 꼭 그렇게 하게. 아무 일도 없을 거야. 나를 믿게나."

그녀는 이렇게 말하면서 두목의 등을 두드렸다.

"그럼, 먼저 가보세요. 나는 볼일 좀 보게요."
"예."
대비의 말에 두목은 먼저 군중 쪽으로 걸어갔고, 대비는 소피를 보기 위해 두목이 보이지 않을 때까지 기다렸다.
두목이 사람들을 보고 입을 열었다.
"우리는 백성들의 고혈을 빨아먹으면서 세도를 부리는 악질 탐관오리놈들을 혼내주려고 하였다. 그러나 저 사람들은 대왕대비와 그 수행원들이니 그냥 보내주기로 했다. 저분들을 상하게 했다가는 우리도 무사치 못할 것이다. 그만 돌아가자."
"와아……, 대비 만세."
두목이 말에 상궁과 가마꾼들이 만세를 불렀다.
그들이 멀어지자. 대비가 상궁들의 결박을 풀어주자, 상궁들은 가마꾼을 풀어주었다. 가마꾼들이 무사들이 묶인 줄을 풀어주었다. 대비는 무사들을 못마땅한 눈초리로 쳐다봤다.
"변변치 못한 사람들 같으니. 그래 그 무지렁이 산적놈들 하나도 못해치워. 이 대비가 기지를 발휘하지 않았으면 어떻게 될 뻔 했어. 모두 죽은 목숨이었어. 내 참."
"대비마마, 이 몸을 죽여주십시오. 저 산적놈들에게 수모를 당하게 하신 죄 죽어 마땅합니다. 어서 죽여주시옵소서."
대비의 말에 호위대장이 땅에 꿇어앉았다.
"그대들을 죽이면 누가 나를 호위하겠소. 저들의 수가 많고 무예가 뛰어난 것을 어찌하겠소. 그래 부상당한 것은 괜찮소."
"예."
대비가 호위대장의 몸을 살펴보면서 말하자, 그는 몸 둘 바를 몰라 했다.

"어서 일어나시오. 크게 상하지 않은 것이 정말 다행이오."
"대비께서 이 몸을 생각해주시니, 백골난망이옵니다."
"너무 심려치 마시오."

대비는 호위대장을 보고 말하고는, 다시 주위를 살피면서 입을 열었다.

"여기에 있는 사람들은 내 말을 명심해서 잘 들으시오. 우리가 산적에게 당했다는 것이 알려지면 조정에서는 난리가 날 것이오. 그러면 여기에 있는 사람들은 큰 곤욕을 치루고 모두 살아남지 못할 것이오. 내가 알아서 처리할 것이니 모두 그리들 아시오. 우리는 산적을 만난 적이 없다고 해야 하오. 이번 일이 외부에 알려지면 백성들은 불안에 떨 것이고, 나라와 왕실의 망신이 되는 게요. 만약 이를 다른 사람들이 안다면 여기에 있는 사람들이 책임을 져야 할 것이오. 입조심을 단단히 하시오. 모두 알겠소."

"예."

대비의 말에 모두 힘차게 대답했다. 그들의 창백했던 얼굴이 다시 생기가 돌았다.

"그럼 어서 갑시다."
"분부대로 거행하겠습니다."

대비의 말이 끝나자 가마꾼들이 가마를 맸다.

그곳에 있었던 사람들은 모두 십 년 감수했다고 생각했다. 그리고 대비가 산적들을 처리하는 것을 보고 모두 혀를 내둘렀다. 과연 천하 여걸이라는 말이 사실이었다.

대비는 그 두목이라는 자가 아주 마음에 들었다. 이제까지 사내들이 자기 앞에서는 말도 제대로 못했는데 그 사내는 용감하고 자신감이 있었고, 강인한 체력과 무뚝뚝한 표정, 그리고 강렬한 눈빛이 자기 마음을 사로잡았다. 그리고 조선에서 최고라는 호위무사들을 그의 부두목이 순식간에 해치웠는데, 그 두목의 무술 실력은 얼마나 대단할까 하고 궁금해서 견딜 수가 없었다.

'그런 사내는 얼마나 기운이 셀까? 어서 빨리 만나보고 싶다. 난정이가 붙여준 녀석들이 순한 양이라면 그자는 야생 호랑이와 같았어. 그리고 그 육중한 체구는 이제까지 내가 본 적이 없을 정도로 건장했어. 아아……, 그 사내 품에 빨리 안겨 보고 싶구나.'

그녀는 이런 상상을 하면서 그가 찾아오기를 기원하면서 한동안 꿈에 젖어 있었다.

이때 앞에서 횃불이 보이고 말소리가 들려왔다. 그녀는 정신을 집중했다. 그들 무리가 가까이 다가왔다. 관복을 입은 자가 대비 앞으로 나섰다.

"대왕대비 마마. 신 개성유수 인사드립니다."

"노고가 많소."

개성유수라는 말에 대비는 안도의 한숨을 내쉬면서 대답했다. 앞으로 다른 산적이 나타나더라도 걱정이 없을 것이라 생각했기 때문이다.

"오실 때가 한참 넘어서도 대비마마께서 안 오시길래, 무슨 일이 있나 하고 신이 군졸들을 데리고 급히 달려왔습니다."

"잘했소. 시간이 많이 됐으니 어서 서두르시오."

"대비마마, 가마꾼들이 지친 것 같습니다. 신의 군졸들이 가마를 매게 하시옵소서."

"그렇게 하시오."

가마꾼들이 잠시 가마를 내려놓았다.

"너희들이 가마를 매라."

"예."

개성유수의 말에 군졸들이 가마를 맺다. 그러자 가마꾼들은 그들이 가지고 있었던 병기를 대신 잡았다. 가마는 달리듯이 빠르게 앞으로 나갔다.

가마가 대왕사에 도착하자, 난정이 대비를 반갑게 맞이했다.

"개성유수는 이만 물러가도 좋소."

대비의 말에 개성유수가 굽실거렸다.

"감사합니다. 그리고 필요한 것이 있으면 무엇이든 하명하십시오."

"그렇게 하겠소. 수고했소."

"편안히 쉬십시오."

개성유수는 예를 올렸다.

"가시지요. 제가 모시겠습니다."

"그러지."

가마는 난정이 안내하는 곳으로 갔다. 그 곳에서 내리자마자, 대비는 세수를 하고 식사를 하고 난정과 얘기를 하다가 잠이 들었다.

일어나자마자, 대비는 그 집의 구조를 살펴봤다. 야간에 불순한 무리들이 침입할 가능성이 있어서 보초를 세워야 할 것 같았다. 만약 남정네를 끌어들인다면 주위에 알려질 것 같았다. 내가 수백 리를 달려온 것은 장소가 한적하여 소문 안나게 하기 위해서인데, 오히려 한양에 있는 난정의 신당보다 조건이 더 나빠 보였다.

이때 난정의 얼굴이 보였다.

"어떻사옵니까? 한양보다 한적하지 않사옵니까?"

"그렇긴 하지만……."

난정의 말에 대비가 행여 문제가 될법한 점을 지적했다.

"죄송합니다. 제가 그 점을 미처 생각하지 못했습니다. 역시 대비마마는 빈틈이 없으시고 정말 치밀하십니다."

"나무 위로 올려놓고 흔들지 말게. 그렇다고 호위무사를 세우지 않을 수도 없지 않은가."

"하기는 그렇사옵니다."

"세수하시고 식사를 하시지요."

"그러자구."

대비와 난정은 세수를 하고 식사를 마친 후에 그들은 걸어서 대왕사까지 갔다. 그들이 도착하자 무녀가 나와서 맞이하며 인사를 했다.

"무녀가 매우 영험하다고 들었는데."

"모두 할아버지 덕입니다."

대비의 말에 무녀가 대답했다.

"그렇소. 여기서 기도를 하면 소원이 이루어지겠소?"

"그렇고 말고요. 반드시 이루어집니다."

대비의 말에 무녀가 대답했다.

"신당 안으로 들어가보시죠."

"그럽시다."

무녀의 안내로 그들은 신당 안으로 들어갔다. 대비는 우선 내부 구조를 살피기 위해서 이곳저곳을 둘러보았다. 신당 뒤편에 방이 하나 있었다.

"이곳은 무슨 방인가?"

"제가 이곳에 올 때, 머무는 방입니다."

대비가 무녀를 보고 말하자, 그녀가 고개를 숙이면서 대답했다.

"그런가. 내 잠시 살펴보겠네."

대비는 그 방 안으로 들어가, 밖으로 난 문을 열어 보았다. 부엌으로 통하는 문이었다. 부엌으로 들어가자, 외부와 통하는 부엌문이 있었다. 그 문을 열고 밖에 나가 주위를 살펴보더니 대비는 미소를 지었다. 그리고 다시 신당으로 들어갔다. 대비와 난정은 신상(神像) 앞에 섰다.

"삼배를 하시옵소서."

무녀의 말에 대비와 난정은 삼배를 했다.

"그리고 기도를 하시옵소서."

"그리하겠소."

대비는 기도를 했다.

먼저 나라가 태평하기를 빌었고, 그리고 주상의 만수무강을, 다음에는 자신의 사랑이 잘 이루어지게 해달라고 빌었다.

옆에서 무녀가 징과 꽹과리를 치면서 주문을 외우는 것이 마음에 들었다. 불교의 스님들이 불경을 외우는 것보다 토속적이어서 마음에 더 들었다. 불경은 범어(梵語)가 섞여 있어서 무슨 뜻인지 모르는 것이 많았는데 무녀의 주문(呪文)은 알아들을 수가 있어서 좋았다.

대비와 난정은 계속 두 손을 위로 올려 빌면서 기도를 했다. 그리고 틈틈이 절을 했다. 사람들은 신당 마당에 자리를 펴놓고 기도를 드렸다. 나중에는 대왕사 마당이 온통 기도드리는 사람들로 꽉 차 있었다.

이윽고 정오를 알리는 종소리가 났다. 사람들은 가지고 온 도시락을 먹거나, 그곳에서 파는 국밥을 사먹었다. 대비와 난정은 무녀가 차려준 점심을 먹었다.

그리고 정 참봉이 마련해 준 자리로 가서 앉았다. 이윽고 재인(才人) 즉 광대들의 놀이가 시작되었다.

생선장수가 이성에 대하여 아무것도 모르는 시골 처녀를 건드려 탈을 내는 내용이었다. 그들이 해학적인 대사와 춤사위가 나올 때마다 관중들과 같이 대비와 난정은 웃음을 토해냈다.

다음은 사대부 남편이 첩년에 빠져서 본부인을 사랑하지 않자, 본부인이 하인과 정을 통하다가 쫓겨나는 내용을 얘기하자, 주위가 숙연해졌다.

다음에는 선녀와 나무꾼 등 재미난 희극을 몇 개 더 공연했다.

어름산이의 줄타기 재담과 가창이, 버나쇠의 대접돌리기에서 아슬아슬한 돌릴사위와 던질사위가, 살판쇠가 앞곤두 뒷곤두로 땅재주를, 그리고 덧뵈기쇠들의 탈놀이 한마당을 보고 대비와 난정은 쌓였던 스트레스를 마음껏 해소했다.

그녀들은 저녁을 먹고 대왕사 안에서 기도를 하고, 옆에 있는 거처로 돌아가서 잠을 잤다. 잠을 자기 전 대비는 산적 두목을 만나보고 싶었다. 이렇게 사흘이 반복되었다.

나흘째 되던 날 밤, 대비는 내일이면 두목을 만난다는 생각에 가슴이 부풀어 올랐다. 그녀는 그 당당한 사내를 보고 싶어서 잠도 제대로 자지 못했다. 닷새째 되는 날, 난정이 없는 틈을 타서 김 상궁을 자기 방으로 조용히 불렀다.

"내일이면 어떤 사람이 내 은장도를 가지고 김 상궁을 찾아올 거야."

대비는 잠시 김 상궁의 눈치를 살폈다.

"그러면 김 상궁이 그 자를 따라가서 어떤 사내를 만나보게?"

"예, 알았사옵니다."

"이 일은 아무도 모르게 김 상궁이 혼자 알아서 처리하게. 알았지."

"예, 분부대로 시행하겠습니다."

"그럼 됐어."

"예, 마마."

대비는 말을 마치고나서 은자를 김상궁에게 건네주었다. 김 상궁은 이를 받아들고 물러나왔다. 대비가 은자를 줄 때는 아주 중요하고 비밀스런 일을 할 때 주었던 것이다. 김 상궁은 긴장하기 시작했다. 대비가 송도에 간다고 했을 때 이유를 몰랐는데, 이제 그 이유를 알 것만 같았다. 그리고 어떤 사내를 틀림없이 대비가 숨겨놓았을 것이라고 생각했다. 그녀는 그가 누구인지 궁금했다. 그렇지만 그가 누구냐고 물어볼 수도 없었다. 말을 잘못 꺼냈다가는 본전도 못 찾을 뿐만 아니라, 목숨이 위태롭기 때문이다. 그녀는 대비가 보우와의 관계와 난정이 붙여준 사내들과 바람을 피우고 있는 것을 알고 있었다. 그러나 그녀는 이를 모른 채하고 있었다. 그래서 그녀는 대비에게 절대적인 신임을 얻고 있었던 것이다.

대비는 점심을 먹자, 어떤 사람이 김 상궁을 찾아오지 않나 하고 온 정신을 거기에 집중하고 있었다. 해가 저물어도 어떤 사람이 나타나지 않았다. 대비는 그 두목이 신의가 없는 사내라고는 생각하지 않았다. 두려움과 여러가지 생각 때문이라고 믿었다. 대비는 하루가 이렇게 긴 줄은 몰랐다. 저녁을 먹고 쉬고 있는데, 이때 어떤 아이가 김 상궁을 찾는다는 것이었다. 김 상궁은 부리나케 달려 나갔다.

열한두어 살쯤 되어 보이는 소녀가 대문 밖에서 서성이고 있었다.

"내가 김 상궁이다. 네가 나를 찾았느냐?"

"예, 어떤 사람이 이걸 전해주라고 해서요."

소녀가 말을 하면서 품에서 은장도를 꺼내 건넸다. 대비의 은장도가 틀림없었다. 대궐을 떠날 때 지니고 있었던 것이 안 보인다고 생각했는데……, 그렇다면 이를 산적 두목에게 주었단 말인가. 김 상궁은 충격을 받았다. 그러나 이를 어쩔 수도 없었다.

"이것을 준 사람은 지금 어디에 있느냐?"

"저기 대왕사 대문 앞에서 기다린다고 했습니다."

김 상궁의 말에 소녀는 대왕사 쪽을 가리켰다.

"알았다. 같이 가자."

"예."

소녀가 앞장을 서자, 김 상궁도 뒤를 따랐다.

이윽고 김 상궁과 소녀는 대왕사 앞에 이르렀다.

"저는 이만 가보겠습니다. 안녕히 계십시오."

"그래 잘 가거라."

소녀가 인사를 하자, 김 상궁이 그녀의 머리를 쓰다듬어 주었다.

얼마를 기다리자, 갓을 쓰고 양반 차림을 한 사내가 나타났다.

"김 상궁이십니까?"

"그렇습니다. 그러면 당신이 이 은장도를 보낸 사람이오."
"그렇소."
김 상궁이 처음 산적 두목을 만났을 적에는 날이 어두워서 사람을 확실하게 구별할 수는 없었지만, 말하는 음성으로서는 분명 그 산적 두목의 목소리였다.
"그렇다면 당신은 그 산골짜기에서 우리와 만났던 사람이 아니오?"
"그렇소. 그 어른이 이 은장도를 주면서 김 상궁을 찾으라고 해서……"
"알았소."
그는 말을 하면서 고개를 돌려 주위를 살폈다. 군졸들이 나타나지 않나 해서였던 것이다.
"걱정마시오. 나 혼자 나왔소."
"그래도 저는 안심할 수가 없습니다."
"저희 윗전은 그런 분이 아닙니다. 웬만한 사내 열 몫을 하는 대단한 여걸입니다. 믿어도 됩니다."
김 상궁이 대비를 칭찬하자, 그도 약간 안심이 되었다.
"저도 그렇게 생각했습니다. 그러면 제가 어떻게 해야 할까요? 저는 뭐가 뭔지 잘 모르겠습니다. 그쪽에서 시키는 대로 하겠습니다."
"글쎄요. 조금 생각해 봅시다."
사내의 말에 김 상궁은 잠시 생각에 잠겼다.
"이렇게 하시죠. 사흘 후에 자정 때에 대왕사 뒤편 사당에서 만나시죠."
"그렇게 하겠습니다. 그럼 다음에 뵙기로 하죠. 저는 이만."
"그날 꼭 나오셔야 합니다. 안 나오시면 저는 큰 난리를 치릅니다."
"알았습니다."
그는 가볍게 고개를 숙이고 물러갔다.
김 상궁은 그 두목이 가는 것을 물끄러미 바라보았다. 이제까지 자기가 본 중에서 가장 체구가 좋고, 훤칠하고 믿음직스러웠다. 사내를 좋아하는 대비가 첫눈에 혹할 만도 하다고 생각했다.

김 상궁은 대비의 방으로 들어가 조금 전에 있었던 일들을 보고했다.

"김 상궁, 나를 주책맞다거나 천박스럽다고 생각하지 말게나."

"제는 대비마마께서 시키시는 대로 할 따름입니다."

상궁은 윗전이 하는 일에 절대로 모른 척하라고 교육을 받았기 때문이다.

"내 마음을 알아주어서 정말 고맙네."

"편히 주무십시오."

"그래, 정말 고마워."

대비의 말에 김 상궁은 인사를 하고 대비의 방에서 물러났다.

사흘째 되는 날, 대왕사에 있던 무녀는 대비가 철야 기도를 하면서, 그곳에 머문다고 하여 자기 집으로 가 있게 되었다. 이 날 자정이 가까워지자, 대비가 머물던 처소에서 김 상궁과 상궁 옷을 입은 여자가 장옷을 뒤집어 쓰고 나왔다. 처소를 지키던 무사들은 옷으로 얼굴을 가려서 그녀가 누구인지 몰랐다. 대비는 대왕사 정문을 지나서 사당 안으로 들어갔다. 뒤에서 김 상궁이 대문을 걸어 잠갔다.

얼마 후에 두목도 대왕사 뒷담을 넘어서 대왕사 경내로 들어갔다. 그는 대왕사로 갈 것인가 말 것인가에 대하여 많은 고민을 했다. 만약의 경우에 위험하다는 것을 알면서도 약속을 지키기 위해 이곳에 온 것이다. 그는 대비가 무사들을 데리고 나타나 자기를 잡을 지도 모른다고 생각하여 한동안 밖에서 서성거리며 망을 보았던 것이다. 아무도 나타나지 않자, 사당 안으로 들어섰다.

이때 대비는 신당에 앉아서 기도를 드리고 있었다. 그러나 정신은 온통 문에 집중되었다. 한참 후에 문이 열리는 소리가 들렸다. 대비는 일어나

문 쪽으로 걸어갔다. 사내는 양반 옷에 갓을 쓰고 있었다.
"어서 오시오. 믿었던 대로 약속을 지켰구려."
"안녕하셨사옵니까?"
대비의 말에 사내가 인사를 했다.
"복면을 벗으니 더 호남이구려."
"감사합니다."
대비가 사내의 손을 잡았다.
"우리 참배나 하지요."
"예."
그들은 나란히 신상 앞에 섰다. 사내는 가지고 있던 칼을 마루바닥에 조심스럽게 놓았다. 그리고 삼배를 했다.
"이름이 어떻게 되지."
"강성찬이라고 합니다."
대비의 말에 그가 대답했다.
"자, 우리 뒷방으로 갑시다."
"예."
대비가 말을 하면서 일어나자. 강 장사도 따라 일어나면서 칼을 잡았다. 여자가 앞장을 서자, 사내는 뒤를 따랐다. 그 방에는 이미 술상이 차려져 있었다.
"어서 앉으시오."
대비가 앉으면서 사내의 손을 잡았다. 그들은 마주 보고 앉았다. 여자가 미소를 짓자, 사내도 미소를 지었다.
"한잔 하시오."
"예."
여자는 사내를 위해 큰 잔에 술을 따랐다. 그러자 사내도 여자의 작은 잔에 술을 따랐다. 그들은 서너 잔씩 마시자 취기가 올랐다.
"강 장사."
대비는 부드러운 목소리로 강 장사를 부르며 그의 손을 잡아 끌었다.
"이러시면 안됩니다."
"나는 외로운 사람이야. 나를 안아 주게."
여자가 콧소리를 내며 사내를 끌어안았다. 그리고 사내의 몸을 더듬었다. 사내도 취기가 있어서 여자를 보자, 묘한 기분이 들었다. 여자는 이부자리를 폈다. 그리고 사내 옷을 벗기자, 사내는 몇 달 동안 여자를 구경도 하지 못했던 터라, 여자를 쓰러뜨리고 거칠게 달려들었다. 그녀는 사내의 이런 행동이 아주 마음에 들었다. 사내는 경련을 일으키면서 자기 욕정을 마음껏 풀었고, 여자도 아주 만족했다. 그리고 여자가 애무를 하자, 남성이 다시 고개를 들었다. 여자는 남산에 올라 말을 타며 용을 썼다. 그들은 지칠 줄 몰랐다. 사내의 온몸이 땀에 젖어 있었다. 여자가 수건으로 사내의 몸을 닦아 주었다. 그들은 나란히 누었다.
"나는 이대로 당신과 사랑을 하다가 죽고 싶어."
"저도 그렇사옵니다."
여자는 사내를 껴안고 달콤한 소리로 말하면서 만족한 듯이 바라봤다.
"우리 칠일 후에 다시 만나요."
"그렇게 하겠습니다."
여자는 다시 남자를 끌어안았다.
"강 장사는 정말 거양(巨陽)을 가지고 있네. 이제까지 내가 본 중에서 가장 으뜸이야. 나는 너무 행복했어. 너무나도……"
"저도 너무 좋았습니다."
그들은 다시 열정적으로 포옹을 하고 떨어졌다.
"시간이 오래 지났습니다. 저는 이만 일어나 봐야겠습니다."

"그대를 정말 보내주고 싶지 않네."

"오늘만 날입니까. 그럼 칠일 후에 보시죠."

"그래야겠지."

사내는 여자에게서 떨어져서 옷을 입었다.

이 때 여자는 주머니를 뒤졌다.

"이 은장도가 그대와 나의 인연을 맺어주었으니 이걸 다시 정표로 주겠네. 그리고 이것도 받게"

"감사합니다."

대비가 주는 은장도와 은자주머니를 강 장사는 받아 넣고, 부엌문을 통하여 유유히 사라졌다. 여자도 옷을 입고 그 방을 나왔다.

"미안하네. 내가 자네 볼 염치가 없네."

"그런 말씀하지 마십시오. 저는 대비마마의 사람입니다."

대비가 김 상궁의 손을 잡자, 김 상궁이 말을 하면서 손을 뺐다.

"저는 뒷정리를 하겠습니다."

김 상궁이 뒷방으로 들어갔다.

대비는 신상 앞에 앉았다. 얼마 후에 김 상궁이 나타났다.

"가시죠."

"알았네. 김 상궁, 고마워."

대비가 일어나자, 그들은 신발을 신고 사당문을 나섰다. 그리고 김 상궁이 앞서 가서 대왕사 문을 열었다. 그들은 그곳을 나와 숙소로 돌아왔.

다행히 아무런 인기척이 없었다. 모두들 자고 있었다. 그녀는 자기 방으로 들어가 한동안 강 장사와 있었던 일을 눈을 감고 즐기고 있었다. 한참 후에, 해가 뜨고 김 상궁이 인기척을 하자, 그녀는 난정으 방으로 건너갔다. 그 때까지 난정은 자고 있었다. 난정은 늦잠이 많은 편이었다.

"그만 일어나게."

"아이 졸립다."

대비의 말에 난정이 하품을 하면서, 일어나서 옷을 입었다.

한참 후 그녀들은 아침 식사를 하고 어제 있었던 여러가지 일들에 대해서 이야기를 나누었다.

"어제 잠을 설쳤더니 졸리네. 나는 눈 좀 붙이겠네."

대비는 자기 방으로 가서 한숨 잤다. 점심때가 다 돼서 일어났다. 몸이 날아갈 것 같았다. 이제까지 상대한 사내 중에서 강 장사가 제일 거칠었지만 멋이 있었다. 측천무후에게 장씨 형제나 진시황의 어머니인 주희에게 요독이라는 사내와 같은 존재였다. 자기의 애욕을 충분히 채워줄 수 있을 것만 같았다. 이제까지 저런 사내를 왜 일찍 못 만났나 하고 한탄했다. 대비와 난정은 점심을 먹고 다시 대왕사로 가서 기도를 드렸다.

이렇게 대비의 밀애는 몇 번이 지나갔다. 늦게서야 상궁들은 대비가 야간에 대왕사에서 어떤 남정네와 만나 불륜을 저지르고 있다는 것을 알고 있었지만, 아무 말도 하지 못했다. 아는 척도 할 수가 없었다. 그녀들은 사간원과 사헌부 관원들이 이를 거론하다가 쥐도 새도 모르게 죽은 일을 기억하고 있었다. 그녀들은 살아남기 위하여 모르는 척해야만 했다.

한편 대비는 도둑고양이 사랑이 발각되지 않아서 다행이라고 생각했다. 대왕사를 오가는 것이 힘들었지만, 자기가 인생에서 가장 큰 행복이라고 치는 사랑이라 참았던 것이다. 그리고 강 장사가 너무나 마음에 들었다. 이제까지 자기를 그렇게 쾌락의 절정으로 이끈 사내는 없었다. 그를 생각하면 괜히 몸이 달아올랐고, 그가 없다면 인생의 낙이 없을 것만 같았다. 그녀는 진정으로 강 장사를 사랑하게 되었다. 어떻게 하든지 강 장사를 옆에 잡아 두고 싶었다. 그녀는 한참 동안 생각했다.

"음, 그렇게 하면 되겠군."

대비는 혼자 좋아서 손뼉을 쳤다.

"김 상궁."

"예."

대비의 말에 김 상궁이 문을 열고 들어와, 대비의 분부를 기다렸다.

"지금 정 참봉에게 가서, 개성유수를 들라고 하게."

"예."

그녀가 물러가자, 대비는 난정의 방으로 갔다.

"이곳은 너무 인적이 많아서 우리가 지내기에는 적당하지가 않아. 그래서 산 밑이나 산으로 둘러쌓인 아늑한 집을 찾아보는 게 좋을 것 같네."

"저도 그런 생각을 했사옵니다."

대비의 말에 난정이 찬성했다.

"우리는 서로 이심전심이란 말이야. 허허허……"

"그렇사옵니다. 그런데 근 한 달 동안 몸이 근질거려서 어떻게 참으셨사옵니까? 정말 대단한 인내심이십니다. 호호호……"

"기도를 드리러 와서 그런 불경스런 얘기를 하면 쓰나. 이제부터 좀 생각해봐야지."

난정의 물음에 대비는 시침을 뗐다.

"대단한 절제력이십니다."

"그렇지. 허허허…."

난정의 말에 대비는 호탕하게 웃었다.

"그만 일어나게. 나가서 알아보자고."

"예."

그녀들은 일어나서 산 쪽에 붙어 있는 동내를 돌아보았다. 오전에는 대왕사 왼쪽을 다녔으나 좋은 곳이 없었다. 오후에는 대왕사 오른쪽 산 밑을 돌아다니다가 마땅한 장소를 찾았다. 그곳은 동내에서 한참 떨어져 있는 외딴 집으로 무슨 짓을 해도 아무도 모를 것 같았다. 그녀들은 그곳으로 가까이 다가갔다. 그런데 그 집에는 사람이 살고 있었다.

그녀들은 그곳을 살펴보고 걸어서 대왕사까지 갔다. 그리고 기도를 드리는데 개성유수가 왔다.

"대비마마, 문안 인사가 늦어서 죄송합니다. 그 동안 안녕하셨습니까?"

"그렇소. 오라고 해서 미안하오."

개성유수가 인사를 하자, 대비가 인사를 받았다.

"하명하실 일이 있으면 분부하시옵소서. 대비마마."

그는 굽실거리면서 말했다.

"내가 생각이 있어서 그러니 열흘 후에 이곳 대왕사에서 무관을 뽑는다는 방을 붙이시오."

"허나 지금은 과거를 보일 시기가 아닙니다."

대비의 말에 개성유수가 고개를 저으면서 말했다.

"내가 그걸 모르는 게 아니오. 조정에는 내가 그러드라고 장계를 올리시오. 내가 특별 무과를 보게 하겠다고."

"잘 알았사옵니다. 몇 명을 뽑을까요?"

"세 명이면 좋겠소."

대비는 과거의 내용을 훤히 알고 있었다. 과거는 정시(定試)와 별시(別試))가 있었다. 정시는 3년마다 실시했고 별시는 수시로 치렀다. 대비가 말한 것은 별시로 개성유수도 이를 알고 승낙한 것이다. 유수는 멋쩍은 표정을 지었다.

"그렇게 하겠사옵니다. 그리고 다른 분부는."

"내가 머물고 있는 곳은 인적이 많소. 저 산 밑에 조용한 집이 한 채 있었소. 그곳을 내 처소로 만들어 쉬었으면 좋겠소. 그 장소는 우리 상궁이 알려줄 것이오."

"알겠사옵니다."

대비의 말에 개성유수가 굽실거렸다.
"김 상궁은 그 장소를 안내해드리시오."
"예."
김 상궁이 굽실거렸다.
"다른 분부는 없사옵니까?"
"이제는 없소. 필요하면 다시 부르겠소."
"편안히 쉬십시오."
개성유수는 허리를 굽실거리고 물러갔다.
대비와 난정은 대왕사에서 기도를 드리고 자기 처소로 돌아왔다.
며칠 후 대비는 자정이 다 돼서 김 상궁과 같이 대왕사에 들렀을 때, 이미 강 장사가 와 있었다. 이제 그들의 관계는 자연스럽게 되었다. 그들은 전처럼 뒷방으로 가서 술을 한잔씩 하고 서로의 옷을 벗겨주고 끌어안고 뒹굴었다. 여자는 교성을 질러댔다. 어느 틈에 그녀가 상위가 되어 자기 욕심을 마음껏 채웠다. 그녀는 성애의 화신처럼 굴었다. 그녀는 대단히 만족하여 환한 미소를 지으면서 옷을 걸치자, 사내도 따라 입었다. 그리고 다시 술을 한잔씩 더 들었다. 대비가 강 장사의 무릎을 베고 누었다. 그리고 예전에 남편에게 했던 것처럼 간지럼을 치기 시작하자, 강 장사도 몸을 비틀면서 그녀에게 간지럼을 태웠다. 그들은 한동안 재미있게 시간을 보냈다.
얼마 후 대비가 일어나서 정색을 했다. 강 장사는 긴장했다.
"앞으로 며칠 있으면, 개성부에서 무관을 뽑는 과거가 있을 것이오. 그때 응시해요. 내가 급제할 수 있게끔 조치를 취해 놓을 것이오."
"글쎄, 제가 합격할까요."
"그 정도 무예실력이면 틀림없이 장원을 할 수 있을 것이오. 그러니 앞으로 며칠 간은 무술 연마를 열심히 하시오."

"이제 저를 버리시는 겁니까? 이렇게 헤어지는 것이 서운합니다."
강 장사는 대비를 끌어안았다.
"나도 그래요. 그러나 큰일을 앞두고 참을 줄도 알아야 합니다."
"그럼, 시키는 대로 하겠습니다."
"그래야지요."
그들은 헤어지는 것을 아쉬워하면서 다시 포옹을 했다. 이어 강 장사는 부엌문으로 빠져나갔다. 대비도 그곳을 나와 이런 저런 생각을 하면서 걸었다. 강 장사와 관계를 하고 나면 힘이 용솟음치는 것이었다. '그래서 궁합이라는 것이 있구나.' 그녀는 혼자서 빙그레 웃었다. 강 장사를 생각하면 힘이 솟았고 묘한 기분이 너무나 좋았다. 이런 것을 사랑이라고 하는 것일까. 어느새 자기 처소에 들어섰다. 역시 인기척이 없었다.

대비는 자기 방으로 들어가서 잠을 청했다.

과거를 보는 날 대비는 난정과 같이 그곳에 참석했다. 백여 명이 지원했다. 물론 그곳에는 강 장사의 얼굴도 보였다. 그들은 우선 무거운 돌들기, 궁술, 검술 등을 통하여 일차로 이십 명을 선발했다. 그리고 그들은 목검으로 서로 대결을 벌였다. 용호상박의 결투 끝에, 최종 8명이 선발되었다. 대비는 이들 중에 결혼했거나 부유한 집 자제는 제외하고, 아버지나 어머니가 안계신 애들을 선출했다. 시관이 있었지만 대비가 직접 챙겨서, 다른 사람들은 감히 말도 붙이지 못했다. 8명이 다시 검술 대결을 했다. 승자끼리 대결하는 시합이었다. 강 장사는 계속 이겨 장원을 했다. 대비와 난정은 박수를 치고 환호했다. 그리고 패자끼리 겨뤄서 2등과 3등을 결정했다.

"저 우승한 장사하고, 대결 안한 네 명과 한판 붙어보게 하시오."
"예."

대비의 말에, 개성유수가 직접 나서서 강 장사와 네 명이 대결을 명했다.

여기서 강 장사는 목검으로 산적 시절 목숨을 걸었던 때 처럼 상대방 네 명을 모두 제압했다. 대단한 실력이었다. 대비는 강 장사가 자랑스러웠다.

"급제한 사람들의 직급은 어떻게 할까요."

"우승자는 종6품으로 하고, 2등은 종7품, 3등은 종8품으로 하시오."

"예."

개성유수는 대비의 분부를 받고 물러갔다.

이윽고 교지가 작성되었다.

"지금 호명하는 사람들은 앞으로 나와서 교지를 받으시오."

"예."

개성유수가 이렇게 말하자, 응시자들은 일제히 대답했다. 그들은 가슴을 조였다. 다시 개성유수가 호명했다.

"장원 강성찬."

그가 나오자, 대비가 이미 정한 품계대로 교지를 주었다. 대비는 그에게 웃음을 보였다. 강 장사도 고개를 숙여 웃으면서 목례를 했다.

그리고 2등 박도길과 3등 이태명도 교지를 받았다. 정 참봉도 이때 2계급 승차시켜주었다. 그리고 낙방한 다섯 명에게도 쌀 5섬을 상으로 내렸다.

"일등과 이등은 내가 이곳에 머무르는 동안 나의 숙소 호위 무관으로 삼고 싶은데, 개성유수는 어떻게 생각하시오."

"대왕대비께서 원하시는 대로 하십시오."

대비의 말에 개성유수가 대답했다.

"급제자들은 오늘은 집으로 돌아가 쉬었다가, 이틀 후에 이곳 대왕사로 나오도록 하시오."

"예."

대비의 말에 급제자들은 대답을 하고 물러갔다.

다음 날 대비는 새로 마련한 집으로 이사를 했다. 입구에는 군졸로 하여금 보초를 서게 했다. 보초가 인접한 곳에는 집이 다섯 채가 있었는데, 그곳에 살던 사람들은 대비와 난정이 머물던 곳으로 이사를 하게 했다. 그리고 상궁들도 대비를 따라 이곳으로 이사를 했다.

이곳에서 대비가 거처하는 산 밑에 있는 곳까지는 멀리 떨어져 있어서, 소리를 질러도 들리지 않았다. 그래서 대비가 머물고 있는 곳에서 설렁줄을 쳐서 항상 연락을 할 수 있었다.

다음날 대비와 난정은 상궁들이 거처하는 곳까지 걸어 나와 가마를 타고 대왕사로 갔다.

그곳에는 무과에 급제한 세 명이 이미 대기하고 있었다.

"대비마마, 신임 무관들 대령했사옵니다."

정 참봉이 말했다. 그도 2계급 승진이 되어 그녀들에게 충성을 다하고 있었다.

그들은 관복과 관모를 쓰고 허리에 칼을 차고 있는 모습이 정말 늠름해 보였다.

"이리 가까이 오시오."

"예."

대비의 말에 그들이 다가왔다.

대비와 난정은 그들의 관상을 보았다. 등급 순서대로였다.

"물러들 가시오."

"예."

그들이 물러가자, 대비와 난정은 점을 찍은 것을 말했다.

대비는 강 무관, 난정은 박 무관이었다.

"정 참봉은 1등과 2등은 내가 묵고 있는 처소를 호위케 하고, 3등은 이곳에서 무슨 일이 일어 날것에 대비하여 비상근무자로 하시오."

"예. 분부대로 거행하겠습니다."

대비의 말에 정 참봉은 물러나, 이를 그들에게 전했다.

"이제부터 홍을 돋구어보게."

"예."

대비가 옆에 서 있는 정 참봉에게 말했다.

"홍을 돋구랍신다."

"예."

참봉의 말에 광대들이 꼭두쇠부터 일제히 대답을 하고 나와 신나게 한 판 벌렸다. 놀이가 끝나자, 대비가 자리에서 일어났다.

"가세."

"예."

대비의 말에 정 참봉이 대답하고, 가마꾼을 불렀다.

대비와 난정이 가마에 오르자, 가마가 출발했다.

"강 무관과 박 무관은 앞장 서게."

"예."

가마에서 내린 대비는 두 무관에게 지시를 하고 거처하는 집으로 갔다. 그 집의 구조는 대문 옆에 행랑채가 있었고, 안에 본채가 있었다. 본채의 중간에 대청마루가 있었고 양쪽에 널찍한 방 두 개가 있었다. 마당도 넓었고 울타리 주위에는 꽃이 피어 있었다. 그곳에는 이미 술상이 차려져 있었다. 상궁들이 미리 음식과 안주를 차려놓고 재빨리 그 집을 나갔다.

"이리 올라오게. 오늘부터 우리가 같이 지내게 될 테니, 서로 친하게 지내자는 뜻에서 우리 같이 술이라도 한잔씩 나누어야지. 어서 올라와 앉게."

"……"

대비의 말에 두 남자는 어리둥절하여 눈치만 보고 서 있었다. 대비와 정경부인 같이 지체 높은 신분의 여인들과 같이 술을 한다는 것은 상상도 못할 일이기 때문이다. 그들은 머뭇거리고 있었다.

"뭘 그렇게 꾸물거리고 있나. 어서 올라오래두. 강 무관."

"예."

강 무관이 대답을 하고 박 무관에게 눈치를 하자, 그도 신발을 벗고 대청에 올라섰다.

대비 옆에는 강 무관이, 난정이 옆에는 박 무관이 앉았다. 남자들은 여자들의 잔에 두 손으로 술을 따랐고, 여자들도 남자들의 잔을 채웠다. 그들은 같이 술잔을 비웠다.

그들은 술과 안주를 서로 권하며 즐겁게 술을 마셨다. 여자들은 취기가 돌았다. 난정이 재빨리 대청마루를 내려가 대문을 걸어잠갔다.

"이보게 강 장사! 힘 나눴다가 어디 쓸 것인가. 나 좀 안아 봐주게나."

대비가 강 장사를 끌어안았다. 아무리 취했기로 대비가 이럴 줄은 꿈에도 몰랐다. 이를 보고 난정과 박 무관은 깜짝 놀랐다. 그들은 어떻게 된 일인지 어안이 벙벙했다.

"강 장사! 나를 안고 방으로 들어가보란 말이야. 내 말이 안 들려요."

"예. 알았습니다."

대비의 혀꼬부러진 달콤한 말에 강장사는 그녀를 안고 대비방으로 들어갔다. 남자가 요를 깔았다. 그들은 서로 옷을 벗기고 사랑을 하기 시작했다. 신음소리가 밖에까지 들렸다.

그러자 난정도 못참겠다는 듯이 옆 사내의 가슴에 기대었다. 사내도 흥분된 눈초리로 난정을 바라봤다.

"나도 좀 어떻게 해 보게."

"예."

박 무관도 난정을 안고 맞은 편 건넌방으로 갔다. 여자가 요를 깔았다.

여자는 사내의 옷을 벗기고 자기도 벗었다. 그러자 여자가 먼저 덤벼들었다. 그들은 육욕을 불태우기 시작했다. 양쪽 방에서 교성이 터져나왔다. 신음소리를 들은 상대방들은 들으면 들을 수록 더 흥분하여 더 열정이 솟아났다. 조금 후 남자들이 힘이 빠지자, 여자들이 주도권을 잡고 자기 욕정이 찰 때까지 남자들을 괴롭혔다. 그리고 그녀들은 남자를 끼고 잠이 들었다.

한참 후에 대비가 일어났을 때에는 날이 훤히 밝았다.
"여보게 강 장사, 일어나오."
"예."
"아이 개운하다."
"저도 그렇사옵니다."

그들은 목욕실로 들어갔다. 그녀는 욕실 내에서 진정으로 행복감을 느꼈다. 호젓한 시골에서 느낀 이런 기분은 처음이었다. 그녀는 자기 방으로 가서 맵시를 고쳤다. 그리고 난정의 방문을 열었다. 난정이 아직도 다 벗은 채로 박무관을 껴안고 자고 있었다.

"잘한다. 잘해. 정경부인이 외간 남자를 끼고 자다니. 이런 변고가 있나."
"어머, 벌써 일어나셨어요."

두 남녀는 부리나케 옷을 챙겨 입었다.
"허허허……"

대비는 웃었다. 대비는 그들이 허둥대는 모습을 보고 계속 놀려댔다. 난정과 박 무관은 어쩔 줄 몰랐다. 대비는 남자들을 행랑채에 가 있게 했다.

대비가 그 방을 나와서 설렁줄을 당기고 얼마 있자, 상궁들이 음식을 차려가지고 와서 대청마루에 차려놓고 재빨리 나갔다. 그들은 아침 겸 점심을 맛있게 들었다.

대비가 두 사내의 손을 잡았다.

"두 장사는 이리 와서 앉아 보게."

"예."

대비가 사내들에게 말하자, 그들은 자기 짝 옆으로 가 앉았다.

"우리 넷은 전생에 무슨 인연이 있어서 이렇게 만나게 된 거야. 지금 우리가 만나고 있는 일이 관원들이 알게 되면 온 나라가 발칵 뒤집히고 웃음거리가 될 거야. 그렇게 되면 나야 어쩔 수 없을 것이고, 정경부인도 살아남겠지만, 당신들은 목숨을 부지할 수가 없어. 우리 넷은 같이 있을 때는 무슨 말을 하거나 무슨 짓을 해도 상관없지만, 여러 사람이 보고 있을 때는 우리는 서로 아무 일이 없었던 것처럼 해야 돼. 두 사람은 내 말 명심하오. 이런 사실이 밖으로 새나가거나 다른 사람들이 알게되면 큰일이야. 알았소."

"예."

대비의 말에 사내 두 명은 불안한 목소리로 대답했다.

"그리고 우리들에 대한 이상한 소문을 들으면, 즉시 나에게 얘기해서 불씨를 미리 잘라야 해. 다른 사람들이 알게 되면 무슨 망신이야. 절대로 밖으로 새나가면 안돼요. 이를 명심해야 돼요."

"예. 알겠습니다."

두 사내는 다시 굽실거렸다.

"그리고 이거는 궁하지 않게 용채로 보태 쓰게."

대비가 금덩이 두개를 내놓자, 그들은 말을 못하고, 눈이 휘둥그레졌다. 이 세상에 태어나서 처음 보는 금덩이였기 때문이다.

"오늘은 행랑채에서 자게."

"예."

그들은 그녀들의 충복으로 변해가고 있었다.

어느날 대비는 이들과 술을 한잔씩 나누고 측천무후와 하희에 대한 애기를 하게 되었다.

"나는 『사기』나 『당서』 같은 고전을 많이 읽었지. 『춘추』에 보면 하희(夏姬)라는 여걸과, 『후당서』에 보면 측천무후의 아주 진한 애기가 있지. 그녀들이 한 행동에 비하면 우리는 아무 것도 아니야."

"그래요. 우리는 그런 고사를 잘 모르니 애기 좀 해 주세요."

대비의 이 말에 강 무관이 애기했다.

"그야 어려울 것 없지."

대비는 하희와 측천무후에 대한 고사를 신이 나서 재미있게 애기했다. 애기를 듣고나서 나머지 세 사람은 박수를 쳤다.

"그보다 조비연 자매의 고사는 더 재미있지."

대비는 이렇게 말을 하면서 다시 애기를 시작했다.

한나라 성제(成帝) 시대에 조비연(趙飛燕)이란 여자가 있었다. 그녀는 천하절색으로 날씬한 몸매를 가지고 있었다. 비연(飛燕)이란 물찬 제비처럼 날씬하다는 뜻이다. 그녀는 타고난 미모로 후궁이 되었는데 방중술을 능수능란하게 구사하여 나중에는 왕비를 몰아내고 그녀가 황후자리를 차지하게 되었다. 그녀는 얼마 후에 동생 조합덕을 궁중으로 끌여들여, 황제와 동침을 하게끔 유도하여 결국 둘은 관계를 맺는다. 조합덕과 동침을 하고난, 성제는 너무나 황홀지경에 취하여, 합덕을 보고 이렇게 말한다.

"예전에 한무제(漢武帝)는 신산(神山)을 동경하여 백운향(白雲鄕)을 찾았지만, 나는 우리 온유향(溫柔香)에 푹 빠져 여생을 지내고 싶다."

온유향이란 여자의 몸이 따뜻하고 부드러운 향과 같다는 뜻으로 조합덕의 여체를 비유한 말이다. 이렇게 성제는 조씨 자매를 데리고 성적 쾌락에 빠졌던 것이다. 그런데 조합덕에게는 연적봉(燕赤鳳)이란 남첩이 있었는데, 건장한 육체와 절륜한 정력을 가지고 있었다. 합덕은 연적봉을 언니

비연에게 소개해 주어 서로 관계를 맺게 하고, 또 두 자매는 연적봉과 즉 일남이녀(一男二女)가 되어 함께 정욕을 불태웠다고 한다.

"그것 참 재미있겠네요. 우리도 그래 볼까요?"

"무슨 흉측한 소리야."

난정의 말에 대비가 반대했다.

대비와 난정은 주상과 조정 대신의 눈을 피하여 개성에서 사랑 놀음에 푹 빠져 있었다. 대비는 자기가 원하는 욕정을 다 채워주는 강 장사가 너무나 좋았다. 난정도 젊은 사내와 사랑을 즐기다보니 세월가는 줄 몰랐다. 그녀들은 너무나 행복했다. 이렇게 몇 달이 지났다.

처음 한 달 동안은 서로의 정열을 불태우느라고 그들은 시간 가는 줄 몰랐다. 불같은 황홀한 사랑이었다. 상궁들과 무사들이 있었지만 그들에게 속박과 제약이라고는 아무것도 없어서 그녀들이 하고 싶은 대로 다 했다. 오직 먹고 마시고 사랑을 나누다가 잠들면 그만이었다. 이때 남자와 여자의 성적 욕구가 비슷했으나, 두 달이 지나고 나서부터는 여자들은 쾌락을 더욱 즐기고, 기교가 늘어 하루에도 몇 번씩 남자들의 정기(精氣)를 빨아들였다. 그래서 여자들의 피부에서는 윤기가 흐르고 기운이 넘쳐흘렀지만, 남자들은 정기를 잃어 허약해지기 시작했다. 그러나 사내들은 여자가 주는 은자와 그녀들이 시키는 대로만 하면 출세도 할 수 있다고 생각하여, 힘들었지만 그녀들의 요구에 열심히 응했던 것이다. 세 달이 넘어서자 서로 싫증을 내기 시작했다. 매일 주색에 탐닉해서 그런지, 대비의 등에는 종기가 났다. 등창에는 술은 독약이었다. 그녀가 술을 안하다 보니, 자연적으로 분위기가 서먹서먹해지기 시작할 무렵에 대궐에서 한양으로 올라오라는 전갈을 받는다.

다음날 그녀들은 선착장까지 가마를 타고 갔고, 강 무관과 박무관은 말을 타고 앞에서 호위했다. 그녀들이 배에 오르고 얼마 후에 배가 출발했다. 이후로 강 무관과 박 무관은 개성부의 군관으로 근무하게 되었다.

대비는 한양에서 어의가 지어준 약을 먹고는 한 달 후부터는 등창이 다 말끔히 나았다. 그러자 다시 강 무관이 생각나서 그를 가까이 두고 싶었다.

대비는 강 무관을 종 5품으로 승진 발령하여, 한양의 5위도총부 소속으로 근무하면서 대비전 호위를 책임지게 했다. 이곳에서 두 사람은 이목이 많아서 사랑을 나눌 수가 없었다. 그래서 틈을 내서 난정의 신당을 이용하게 되었다.

실록에는 "개성부에 음사(淫祠)를 받드는 일이 근래에 와서 더욱 성하여 궁중의 높고 낮은 사람들이 모두 고혹되어 있다 ……. 사벽된 풍조는 먼저 궁금(宮禁)에서 시작되었는데도 위에서 금지시키지 않으니, 고혹됨이 심하다." 라는 기록들이 전하고 있다.

11. 잃어버린 세월

한양에 머문 지 반 년 후, 대비와 난정은 개성의 대왕사(大王祠)로 다시 갔다. 그 동안 대왕사는 증축을 하여 규모가 상당히 커졌다. 난정은 이미 사람들을 시켜서 대왕사에서 기도를 드리면 효험이 있다고 소문을 내게 했다. 특히 과거에 붙으려는 사람들은 더욱 더 지극 정성으로 기도를 드렸다. 이름과 본관, 생년월일을 써서 자기가 비싼 값으로 구입한 신상(神像) 위에 걸어 놓으면 거의 다 급제하였다. 이는 난정이 그 명단을 윤원형에게 주어서 윤원형이 시관들에게 압력을 넣었기 때문에 가능했던 것이다. 이런 소문은 소문을 낳아 전국에서 사람들이 대왕사로 몰려들었다. 그러자 신상 값은 천정부지로 솟았다. 신상 하나에 상답(上畓) 20마지가 값에 해당되었다고 한다. 그래도 신상은 없어서 못 팔았다. 그리고 이 돈의 일부는 대비에게 바쳤다. 대비는 내수사에서 돈도 들어왔지만, 난정이 갖다바치는 돈으로 어려움 없이 지내고 있었다.

돈을 주고 과거에 급제한 사람들은 들어간 본전을 뽑아야 했다. 그래서 관리가 되어 지방의 수령이 되면 토색질이 심했다. 이때는 군현(郡縣) 제도로 군(郡)이나 현(縣)에서 필요한 경비는 일년에 쓸 것을 미리 거두어들여 지출을 맞추는 것이었다. 수입이 초과하면 그 항목을 작성하여 비축해야 한다. 그런데 수령들은 들어간 본전을 뽑기 위하여 세금을 많이 거두어 들이고 지출을 적게 하여 남는 것을 아전들과 나눠 먹는 부정을 저질렀던 것이다. 이런 일은 아전들과 서로 결탁해야만 가능했기 때문에, 새로 부임한 수령들은 현지 실정을 잘 몰라 아전들과 결탁하여야만 재산을 긁어 모을 수가 있었던 것이다. 그러나 청렴한 수령들은 자기 봉록만 챙겨서 백성들은 살기가 편했던 것이다. 그 고을에 청백리가 부임하느냐 또는 탐관오리가 부임하느냐에 따라, 그곳 백성들은 생사에 직결되었다. 그런데 대부분 관리들은 탐관오리였다. 그리고 여기에 모은 돈을 윤원형에게 줄을 대어서 잘 봐달라고 뇌물을 바쳐야 오래 현직에 있을 수 있어, 이 통에 윤원형의 곳간은 날로 재물이 넘쳐흘렀다.

이 시절에는 윤원형과 궁궐과 내수사나 내원당만 살판이 났다. 그리고 관직에 나가 있는 사람들도 형편이 좋았다. 그 나머지 농업이나 상업이나 공업에 종사하는 사람들은 과도한 세금 때문에 도저히 살아갈 수가 없었다. 그래서 남자들은 고향을 버리고 산속으로 들어가 도적이 되고 여자 아이들은 웃음을 팔아 먹고살려고 기생이 되기도 했다. 잘사는 사람들은 배가 터져서 죽을 지경이고, 못사는 사람들은 배가 고파서 굶어 죽는 세상이 되었다. 빈부의 차이가 너무 심한 양극화 현상이 일어난 것이다.

전국의 백성들이 살아가기가 다 어려웠지만, 그 중에서도 경기 북부 지역과 황해도 지역이 제일 심했다. 이곳은 내수사 농지와 윤원형의 토지가 많아서, 이들이 내야 할 세금을 백성들이 대신 내야하기 때문에 여기에 사는 백성들은 상대적으로 부담이 컸다. 이 지역에 사는 사람들은, 세금과 노동을 제공하는 부역 때문에 살 수가 없었다. 세금이나 부역은 16세에서 60세까지 대상이 되어 권력이 없고 재물 없는 사람들은 사는 것 그 자체가 고역이고 불행이었다.

그러다보니 백성들은 살기 위하여 자기 나름대로 방법을 찾아 나서게 되었다. 이는 다른 곳으로 이사를 가던지 또는 산적이 되는 길이었다. 도적이 되면 일정한 지역에서 자리를 잡고 활동했다. 그러나 주먹이나 칼을 쓰는 무림(武林)의 세계는 항상 지존(至尊)인 두목이 있는 법이다. 이 때 이 지역을 통일한 자는 양주고을 백정 출신 임꺽정이었다. 그는 글을 몰라 무식했지만, 영리하고 역발산의 힘이 있어서 경기도와 황해도 지역을 손에 넣어 큰 영향력을 행사하고 있었다. 그리고 각 지역의 두령들도 관군이 공격을 해오면 서로 힘을 합쳐서 싸울 수가 있는 장점이 있어서, 자기들도 살아남기 위하여 무식한 백정인 임꺽정의 수하로 몰려들었던 것이었다.

이곳 도적들은 궁궐, 내수사, 윤원형의 집으로 가는 봉물짐을 털었고, 지방 관아나 악질 토호, 탐관오리들의 집을 털어서 가난한 백성들에게 먹을 양식을 나눠 주어 백성들은 임꺽정을 의적(義賊)이라고 불렀으나 조정에서는 그를 화적(火賊)이라 하였다. 이 곳 경기 북부 지역 일부와 황해도 지역 일부는 이미 조정의 권력에서 벗어나 있었다. 그리고 이들은 관군들의 동향과 중요한 정보를 이들에게 제공하여 공존공생(共存共生) 관계를 이루고 있었다.

명종 14년(1559) 임꺽정을 비롯하여 도적들이 창궐하고 민심이 흉흉해지자, 조정에서는 도탄에 빠진 백성을 살릴 방안은 내놓지 않은 채 먼저 칼을 치켜들었다. 도적들을 잡기 위하여 우선 평안도 수령들을 문신(文臣)에서 무신(武臣)으로 바꾸었다. 황해도, 강원도 군사들이 합동으로 임꺽정의 산채를 공격해온다는 정보를 입수했다.

그러자 임꺽정은 가도치, 군사 서림, 각 두령들을 불러모아 방책을 의논했다. 모두 자기 의견을 내놓았다. 결론은 산채를 잠시 떠나 다른 곳으로 근거지를 옮기기로 했다. 그들은 다음날 산채를 비웠다.

다음달 서림의 예상대로 황해도, 강원도 합동병사 5백여 명이 임꺽정의 산채를 덮쳤으나, 이미 보름 전에 임꺽정 일당이 떠났기 때문에 토벌대는 헛걸음만 쳤다.

　임꺽정 일당은 한양과 경기도 광주(廣州), 여주(驪州), 이천(利川) 등으로 잠적했던 것이다. 그리고 몇 명은 한양의 남대문 밖 칠패시장에서 장사치를 가장하여 동태를 살폈고, 임꺽정은 술집이 많은 장통방에 숨어들었다. 임꺽정은 황해도에 사는 임진사로 서림은 그집 하인 엄가로 이름을 바꾼 것이다.

　이곳에서 꺽정은 전에 모아 둔 재물로 집을 장만하여 첩실을 얻었다. 처음에 얻은 여자가 꺽정의 욕구를 채워주지 못하자, 다시 한 명을 더 얻어 모두 세 여인을 거느리고 살았다.

　꺽정은 몇 달 동안 별로 하는 일 없이 지냈다. 그의 옆에는 항상 책사인 서림이 그림자처럼 따라다녔고, 부두목이 황해도와 여주, 이천, 광주 등지를 오가며 서로 연락을 취했다.

　임꺽정은 이렇게 빈둥거리면서 몇 달 동안 도성에 갇혀 있는 신세가 되자, 갑갑해서 죽을 지경이었다. 서림이 찾아와 세상 돌아가는 얘기를 하다 더 할 말이 없으면, 그들은 음담패설을 하며 소일하곤 했다.

　"정난정이 그 년과 대비가 그년이 만들어 놓은 신당에서, 사내놈들을 끌어들여 바람을 피운다고 합니다."

　"아니 그게 무슨 말인가. 그러다가 윤원형이가 알면 어떻게 할려고 바람을 피워. 하여튼 그년은 재주도 참 많네."

　서림의 말에 임꺽정이 웃으면서 흥미 있는 표정이었다.

　"글쎄 말입니다. 확실히 그년은 불여우인가 봐요. 요즘 사대부가 여자들이 바람을 피우다가 들키면 자결을 하던지 목숨이 달아난다는 것을 뻔히 알고도 그러니까요. 난정이 그년이 대비가 바람피는 것을 도와주는 뚜쟁이 짓을 하면서 자기도 함께 재미를 보는 거겠지요. 그러니 윤원형이 이를 알겠어요."

"그거 참 재미있네. 내가 그년을 한 번 건드려 볼까?"
"에이, 그건 안되지요. 그러다가 들통이라도 나면 어떻게 하려고요?"
임꺽정이 구미가 당긴다는 말에 서림이 반대했다.
"이제까지 우리가 한 일 중에서 들통이 난 적이 있었나. 일도(一盜) 이비(二婢)라고 도둑 오입을 제일로 치는 거야."
"하기는 그렇지요."
"자네가 그 집이 어디인지 알아 놓게."
"그러겠습니다. 이거 제가 괜한 얘기해서 우리 발등을 찍는 것이 아닌지 모르겠네요."
"이렇게 소심하긴."
꺽정의 말에 서림이 뒤통수를 긁었다.
"알았습니다."
서림은 임꺽정을 바라보고 웃으면서 대답했다.
며칠 후에 서림은 그 집을 알아 놓았다면서 같이 그 신당 주위를 둘러보았다. 그들은 담을 넘기가 좋은 곳을 탐색했다. 그날부터 서림의 졸개가 신당 주위에서 망을 봤다. 사흘 째 되던 날 난정이 몸종을 데리고 신당에 들어가는 것을 보고 서림에게 알렸고, 서림은 이를 꺽정에게 알렸다. 꺽정은 양반 차림을 하고, 급히 집을 나서 신당으로 향했다. 주위에 오가는 사람들이 없었다. 서림은 망을 보고 꺽정은 담을 넘었다.
마침 이 때 난정이 두 사내와 목욕실에서 몸에 수건을 두르고 나오고 있었다. 미동(美童)들이었다.
"잘도 하시네."
꺽정이 이들을 가로 막았다.
"당신은 누구요?"
난정이 깜짝 놀랐다. 그리고 두 사내도 몸을 주춤거렸다.

"나는 부인께서 사내들을 끌어들여, 이곳에서 재미를 본다기에 나도 생각이 있어서 왔소이다. 허허허……"

난정의 말에 꺽정이 웃음을 토했다.

"네 이놈. 어서 물러가지 못할까? 저놈을 당장 처치하게."

난정의 말에 두 사내는 허겁지겁 옷을 줏어 입고, 칼을 들어 꺽정에게 달려들었다. 그러나 꺽정은 옆으로 피하면서, 한 놈을 집어던졌다. 이어 나머지 한 놈도 같이 집어던졌다. 그리고 두놈에게 재갈을 물리고 몸을 뒤로 묶었다. 그들이 몸부림을 쳤지만 꺽정의 완력 앞에서는 어떻게 할 수가 없었다.

난정은 이를 옆에서 묵묵히 보고 있었다. 이제까지 저렇게 힘을 쓰는 자를 보지 못했다. 꺽정은 그자들을 개끌 듯 끌고 가서 뒤편에 있는 기둥에 묶어 놓았다. 난정은 고함을 지르거나 옷을 입고 대문으로 달아날 수도 있었을 터인데도, 그녀가 이를 가만히 지켜보고 있는 속셈을 꺽정은 알아차렸다. 꺽정은 속으로 회심의 미소를 지었다.

"무례를 범해 죄송하오. 나도 부인을 한 번 만나 보고 싶었소. 내 눈으로 직접 보니 정말 대단한 미인이시오."

"아, 그러시오. 고맙소. 그대도 천하장사시군요."

꺽정의 점잖게 칭찬하는 말에 난정은 미소를 지었다.

"고맙소이다. 나도 힘깨나 쓰면서 이제까지 양에 차는 천하에 색녀(色女)를 찾고 있었오. 부인이 그렇다고 하기에 위험을 무릅쓰고 찾아왔소. 무례를 용서하시오."

"잘 오셨구려. 대단한 용기요. 나도 지금까지 그대 같은 천하장사를 보지 못했소."

그녀는 우선 앞에 서 있는 장사의 정력에 넘치는 모습과 터부룩한 얼굴에 반하여 색욕이 동하기 시작했다. 꺽정이 그녀에게 다가가서 그녀를 덥

석 안자, 그녀는 손으로 사내의 가운데를 만져 보았다. 이제까지 자기가 만져 본 것 중에서 가장 장원이었다. 그녀는 흥분하기 시작했다. 그녀는 한참 색을 밝히고 즐기는 나이였다. 그녀는 사내에게 매달렸다.

꺽정은 그녀를 안고 방으로 들어갔다. 그곳에는 이미 자리가 펼쳐져 있었다. 여자는 사내의 양물을 보고는 괴성을 질렀다. 어렴풋이 거물이라는 것을 짐작했지만, 육봉이 힘을 받아 위로 치솟은 모습을 보니 정말 대단했다. 여자가 먼저 달려들었다. 사내는 지칠 줄 몰랐다. 그리고 여자는 사내의 육중한 몸이 자기 육체를 누를 때 여태까지 느끼지 못했던 너무나 짜릿하고 황홀경에 빠지는 기분이었다. 사내의 힘은 끝이 없었다. 이제까지 양반들에게 당했던 한을 그녀에게 분풀이라도 하듯이 그녀를 마구 학대했다. 그녀는 교성을 지르고 몸부림치면서 그만 지쳐버렸다. 그러나 사내는 계속 정열을 품어내면서 여자를 무슨 원수라도 만난 듯 초죽음으로 만들었다. 초죽음이 되어 뻗은 여자의 모습에 만족해 하며 꺽정이 몸을 일으키면서 옷을 추스려 입었다.

그제서야 정신이 든 난정이 웃음 띤 얼굴로 물었다.

"어디에 사는 누구신지요?"

"저는 철원에 사는 임 진사라고 합니다."

"아 그러세요. 그러면 지금 뭐 하고 계신지."

"고향에서 농사를 짓고 있지만, 그것이 시원치 않습니다. 그래서 한양에 있는 친적 집에서 빌붙어서 살고 있습니다."

"아 그러세요. 이거는 제가 임 장사에게 주는 정표입니다."

난정은 가지고 있던 금반지를 빼서 임장사에게 건네주었다. 그리고 선반 위에 있던 은자 주머니와 함께 주면서 말했다. 꺽정이 거절을 했지만, 난정이 오히려 사정하며 주는 바람에 꺽정은 이를 받아 넣었다.

"그리고 그 안에는 은밀한 약도가 들어 있습니다. 그리로 꼭 찾아오세요. 기다리겠습니다."

"알겠소."

꺽정이 간단하게 대답하고, 유유히 그곳을 빠져 나왔다. 임꺽정은 난정이 천하의 색녀라고 생각했다. 꺽정과 서림 일당은 칠패시장 주막으로 가서, 난정이 준 은자로 술을 질탕하게 마셨다.

그 후 꺽정은 비밀 약도가 그려져 있는 곳으로 가서 난정과 몇 번 더 사랑을 나누었다. 이때 난정은 너무나 황홀 지경에 빠져서 한동안 일어나지 못했다. 그녀는 어떤 방법으로도 임 진사를 옆에 잡아두고 싶었다.

얼마 후, 난정은 부하 집사가 포도청에서 전해들은 얘기에 놀람을 금치 못했다. 임 진사가 임꺽정일지도 모른다는 것이었다. 그 소식을 듣고 난정은 한동안 정신을 차리지 못했다. 그가 이제까지 만난 중에서 제일가는 천하 대장부였는데, 그 사내가 하필 우리가 잡으려고 하는 명화적의 괴수 임꺽정이란 말인가. 어떻게 하든 그를 살려주고 싶었다. 그래서 난정은 비밀리에 믿을 수 있는 심복집사를 불러 임꺽정에게 보냈다.

꺽정은 이 소식을 듣고 서림의 집을 찾아 사정 애기를 나누고 장통방 자기의 집에 들러서 중요한 것을 챙겨가지고 집을 나설 때, 포도청 포졸들이 그들을 잡으려고 했지만 임꺽정의 검술과 괴력 앞에는 어쩔 수가 없었다. 포졸 서너 명이 동시에 나가 떨어졌다. 그들은 동대문까지 추격하여 화살을 쏘아댔으나 소용이 없었다. 그들은 더 이상 추격하지 못했다.

난정은 그 후 임 장사 애기를 듣지 못하자, 가슴이 답답하고 한숨을 내쉬었다. 그녀는 임 장사를 한 번만 더 만나 보고 싶었다. 그러나 만날 수 없었다.

그 후 임꺽정은 산채를 청석골로 옮겼다. 그러나 너도 나도 임꺽정을 앞세운 의적 활동이 여기저기서 계속 일어나자, 황해도와 경기 북부 지역의 지방 수령들은 안절부절이었다. 특히 궁궐과 윤원형의 곳간으로 올라가는 봉물과 공물짐까지 털리자, 왕실과 조정은 재정난으로 많은 고통을 당했다. 조정에서는 계속 도적을 잡으라는 명을 내렸지만, 이를 시행하려는 수령은 없었다. 일개 수령의 힘으로는 역부족이었기 때문이다.

대비는 이와 같이 화적패의 난동 때문에 개성에 갈 수가 없게 되자, 은근히 화가 나 있었다. 그래서 대비는 도적을 잡으라고 명종을 다그쳤다. 1560년 12월 1일, 명종은 삼정승과 병조, 형조판서와 좌우포도대장을 불러 도적잡는 일에 총력을 기울이라고 특별 하교를 내렸다.

그러자 삼정승과 판서들은, 쫓기던 도적들이 타도로 도망가는 경우 각 도의 관찰사들이 타도로 들어가 도적을 잡지 않으므로, 관찰사와 동급인 종 2품 무신을 순경사(巡境使)로 삼아 군졸 50명을 거느리고 어느 지역이든 상관없이 들어가 도적을 잡기로 합의를 봤다.

이 소식을 한양에 있는 염탐꾼으로부터 전해들은 임꺽정은, 부하들을 순경사의 군졸로 위장하는 등 더욱 교묘한 방법을 동원하여 관군들을 골탕 먹였다.

또 순경사가 수십 명의 군졸을 거느리고 나타나면, 꺽정은 수하들을 데리고 맞서 관군을 물리친 적도 있었다. 그리고 이때 서림은 임꺽정의 권유로 한양에 집안일을 살피러 왔다가 포도청 정보원의 밀고로 체포되어 심한 고문과 처자식 때문에 회유되어, 임꺽정의 조직 내막을 털어놓고 조정에 협조하고 만다. 그러자 임꺽정은 자객을 보내서 암살하려고 수차례 시도했으나 결국 실패하고 말았다.

그러자 관군들은 계속 꺽정의 졸개로 위장하여 임꺽정 조직 내부에 침투하여, 드디어 그해 12월 28일 임꺽정을 잡아 한양으로 압송했다. 포도청에서는 임꺽정의 군사였던 서림과 잡혀온 임꺽정이를 대면시켰다.

"저 사람은 임꺽정이 아니고, 그의 형인 가도치입니다."

형조에서는 임꺽정은 아니지만 그래도 그의 형을 잡은 것도 큰 수확이라 생각하고, 임꺽정 일당의 소재지를 알아내기 위해 가도치에게 모진 고문을 가했으나 소득이 없었다. 결국 그는 장독과 상처가 너무 심하여 그만 죽고 말았다.

다음해 명종 16년 10월 조정에서는 도적 잡는 일에 더욱 심혈을 기울여 순경사를 도둑을 잡는다는 뜻에서 토포사(討捕使)라는 명칭으로 바꾸고 황해도에는 남치근(南致勤), 강원도에는 백유검(白惟檢)을 임명했다.

남치근은 병략에 능통하고 노련한 사람이었다. 그는 임꺽정과 그 일당들의 움직임을 염탐꾼으로부터 수시로 입수하여, 치밀한 작전 계획을 세웠다. 남치근은 각 수령 방백에게 협조를 구해 재령에 7백여 명의 군사를 모아 놓고 서흥에 있는 임꺽정의 산채를 공격했다.

꺽정은 관군이 고작해야 2,3백 명 정도되는 줄 알고 자기들을 도운 백성을 괴롭히고 있어 싸울 준비를 했는데, 7백 명이 넘는 것을 보고 깜짝 놀랐다.

임꺽정의 무리가 산채에서 화살을 쏘며 저항하자, 관군은 함부로 접근하지 않고 대포를 발사했다. 관군의 공격에 임꺽정의 졸개들은 많이 죽었다. 그래서 남치근은 모든 군사를 데리고 산채에 접근했다. 임꺽정이 화살을 쏴대며 돌을 던져 많은 사상자가 있었지만, 남치근이 선두에서서 군사를 독려하자 부하들은 따르지 않을 수가 없었다. 산채가 가까워지자 남치근은 전에 조직한 목소리 큰 사람들을 한 곳에 모았다.

"내려와서 항복하는 자는 과거의 죄를 묻지 않겠다."

남치근은 목소리가 큰 군사를 시켜 계속 회유를 하자, 임꺽정의 졸개 중 수십여 명이 관군에게 투항했다. 임꺽정은 자기 부하가 점점 줄어드는 것을 보고 위기감을 느꼈다.

한참을 궁리한 임꺽정은 이틀 후에, 결사대를 조직하여 야간 기습으로 관군의 기세를 꺾어놓자, 부하들의 사기가 되살아났다. 이때 임꺽정의 검술 솜씨와 괴력에 놀란 관군들은 섣불리 접근하지 못했다.

임꺽정의 무리들이 수가 얼마 안되는 것을 알고 관군이 총력전으로 공격하자, 할 수 없이 임꺽정은 산채를 버리고 후퇴하게 되었다. 임꺽정은 동쪽으로 도망치려 했으나 동쪽은 산악지대라 식량을 구하기 힘들 것 같아 평야지대인 서쪽으로 도망쳤다. 중과부족으로 결국 1562년 1월 임꺽정은 관군과 싸우다가 관군에 포위되어 집중적인 화살을 맞는다.

양반들의 멸시와 차별없는 세상을 만들어 보려고 의적이 되어 청석골로 들어간 지 꼭 3년 2개월 만에 40초반을 일기로 죽는다.

조정과 관가의 표정과는 달리, 백성들은 대비의 흉계로 독살되었다고 생각하고 있는 어진 임금 인종의 인산(人山) 때와 같이 그의 죽음을 안타까워하면서 슬퍼했다.

이 소식을 듣고 난정도 한동안 슬픔에 젖었다. 그리고 임꺽정을 위하여 절에 가서 명복을 빌어 주었다. 임꺽정이 포살되자, 조정은 다시 안정을 찾았다. 그러자 대비와 난정은 개성의 대왕사에 다녀왔다.

명종은 계해(癸亥)년(명종 17년) 1월 17일, 우의정이었던 윤원형을 영의정으로 삼았다. 윤원형은 그전부터 명종과 주위 사람들이 영의정에 오르라고 권했지만, 점술가(占術家) 홍계관이 환갑을 넘어서 하라는 말에 이를 따른 것이다.

윤원형은 드디어 그동안 미뤄 오던 일인지하 만인지상인 영의정에 올랐다. 이후로 국가의 모든 권력은 윤원형 혼자서 독차지하게 되었다. 과거의 급제나 모든 관직의 임명 등은 뇌물을 바치지 않으면 안되었다. 그의 재산은 왕실을 능가하였고 장안에 큰 집만 15채, 작은 집을 합치면 30여 채가 넘었다. 가마도 임금에 버금가는 가는 대연(大輦)을 탔고 각 집마다 하인들이 넘쳤다. 이들 하인은 대부분 사노(私奴)로 주인집에서 도망하여 온 것을 부리고 있었던 것이다. 주발이나 식기는 금으로 된 것을 사용했고, 궁궐내에서도 귀한 타락죽을 매일 같이 먹었고, 창고에는 비단과 곡식이 넘쳐흘러 썩어 나갔다.

윤원형은 환갑의 나이가 되자, 노쇠현상이 일어나 정력이 줄어들어 여자를 가까이하고 싶은 마음이 없었다. 그래서 첩의 집보다는 난정의 집에 머물러 있는 날이 더 많았다. 난정은 대비를 모시고, 또 타고난 바람기 때문에 신당 등 갈 곳이 많았다. 나중에 윤원형은 난정이 신당에서 바람을 피우고 있다는 것을 알고, 그곳을 급습했으나 허사였다. 난정의 심복 집사들이 미리 정보를 알려주었기 때문이다.

명종 18년 9월 중순 경, 세자가 아프기 시작하더니 며칠 째 들어누웠다. 어의(御醫) 양예수가 백방으로 노력을 했으나 잠시 뿐이었다.

그래서 명종은 승정원을 다른 곳으로 옮기고 죄인들을 석방하면 병이 낫는다는 전통에 따라 중죄인을 제외하고 모두 석방하게 했다. 그러나 이런 은전(恩典)에도 불구하고 세자는 9월 20일 세상을 떠났다. 대비와 명종의 슬픔은 여간 큰 것이 아니었다.

"내 울어 무엇하랴! 어미와 외척들의 간계로 을사년, 정미년, 기유년에 수많은 어진 신하들이 죄 없이 떼죽음을 당해도 임금인 내가 말리지 못하여 그들의 원귀가 구천을 맴돌면서 나를 원망하고 있을 텐데, 어찌 내 자손들이 대대로 군왕이 되길 바라겠는가?"

명종은 세자의 시신을 끌어안고 소리내어 통곡했다. 옆에서 이를 지켜보던 대비는 말 한마디 못하고 눈물만 흘리고 있었다.

명종은 이틀간 식음을 전폐하고 시름에 잠겼다.

세자의 장례를 치른 이후, 명종은 시름에 잠겨 건강이 급속히 나빠지기 시작했다. 그리고 술을 많이 먹고 울기도 하다가, 어떤 때는 실성을 하기도 했다. 과음을 말리는 내관에게 화를 내기도 했다. 그리고 옥에 가두기도 하고 풀어주기도 하였다. 명종은 스스로 심열병(心熱病)이 나서 견딜 수가 없다고 토로하기도 했다.

이를 보다 못한 대비가 명종을 타이르기 위하여 침전으로 갔다. 이때 명종은 술을 마시고 있었다.

"어서 오십시오. 어마마마."

"아니, 대낮부터 술을 드시고 있지 않소."

"그렇습니다. 하도 세자가 보고 싶어서 미칠 지경입니다. 술이라도 마시지 않으면 숨이 넘어갈 것 같습니다."

"주상의 마음을 충분히 이해합니다. 가슴이 아프겠지만 어찌 하겠소. 그렇게 슬퍼한다고 죽은 세자가 다시 살아올 것도 아니고. 심기를 굳건히 가지세요."

대비가 명종을 위로했다.

"이는 제가 천벌을 받고 있는 겁니다. 제가 죄 없는 사람들을 얼마나 죽였습니까? 사람만 죽였습니까? 죄 없는 그들의 처자식을 노비로 만들고 가산을 적몰한 것이 얼마입니까? 억울하게 죽은 원귀들이 구천에 못가고 떠돌아다니면서 저와 어머니를 원망하고 있을 겁니다."

명종은 말을 하면서 울었다. 그리고 술잔을 기울였다.

"그래서 고승과 무녀 등 영험한 사람들을 불러다가 기도를 드리게 하고 있는 거 아닙니까? 그러니 너무 걱정하지 마십시오."

"그들이 빈다고 무엇이 달라지는 게 있습니까? 어미와 그 자식이 지은 죄는 응당 그 후손이 또 죄값을 받는다고 합니다. 이는 인과응보입니다. 그래서 유전죄(遺傳罪)라고 하지 않습니까? 세자가 우리를 대신하여 죽었고, 그로 인하여 우리가 이런 고통을 받고 있는 겁니다."

명종의 말이 대비의 가슴을 날카롭게 파고들었다.

"제가 그래도 명색의 임금입니다. 전부터 알고 있었지만 어머님이 불쌍하여 참고 있었던 겁니다. 앞으로는 외숙모하고 같이 신당이나 사당 출입하면서 사랑놀음을 자제하고 궁중의 어른으로서 자중하세요."

"이런 놈의 자식 보았나. 제 어미에게 못하는 소리가 없네. 어미의 마음을 아프게 하는 불효자식이 어디에 있느냐?"

대비는 화가 나서 명종의 따귀를 때렸다. 그러나 대비도 양심의 가책을 느꼈는지 창피하여 침전을 빠져나왔다.

'나의 치부를 왕인 아들이 알았으니 당연히 중전도 알았을 것이다. 이 무슨 망신인가. 부끄러워서 더 살 수가 없구나. 죽어버리자.'

이렇게 생각하고 대비는 그날부터 굶기 시작했다. 사흘간 굶었다. 이런 소식을 전해들은 명종은 달려와서 전에 한 말을 용서해 달라고 빌었다.

그러나 대비도 세자가 보고 싶어서 우는 날이 많았다. 그녀는 날이 갈수록 몸이 수척해졌다. 대비는 실망하여 자포자기에 빠졌다. 그리고 얼굴에서 열이 나기 시작하고 심열병과 우울증에 시달렸다. 그래서 시도 때도 없이 찬물을 자주 먹자, 비위가 상하고 설사가 났다. 어떤 때는 기력이 없어서 쓰러질 때도 있었다. 그리고 다섯 달 후에는 며칠 간 일어나지도 못했다.

명종은 이번에는 전과 달리 꾀병은 아니라고 생각했다. 저러시다가는 돌아가실 지도 모른다는 생각이 들었다.

'기력이 없어서 들어누울 분이 아닌데. 중전보다도 체력이 더 좋으신 분인데. 효(孝)란 바로 부모님 마음을 편안하게 해드리는 건데, 내가 홀로된 어머니에게 너무 심하게 한 것이 아닌가. 그리고 세자가 보고 싶어서 우신다니. 내가 불효를 저지르고 있는 것이다.'

명종은 들어누워 있는 대비를 찾았다.

"어마마마 소자의 생각이 짧았습니다. 먼젓번에 드린 말씀은 제가 술이 취하여 헛소리를 한 것이니, 부디 용서해 주십시오."

"아니 됐소. 내가 잘못했소. 내가 참을성이 없어서 그랬던 것이오. 너무 괘념치 마시오."

"어마마마, 어떻게 해 드리면 심기를 편히 하시겠습니까?"

"나는 멀리 송도에 좀 가 있었으면 하오."

대비는 이곳을 떠나 혼자 있고 싶었다.

"그렇게 하십시오. 외숙모도 같이 가시게요."

"그렇게 하면 좋겠소."

대비는 눈물을 흘렸다.

"그러면 그건 알아서 하십시오."

"고맙소."

"소자 이만 물러갑니다. 어서 건강을 되찾으십시오."

"고맙소, 주상."

명종은 대비에게 절을 하고 나왔다.

대비는 김 상궁을 난정에게 보냈다. 바로 난정이 김 상궁을 따라 들어왔다. 그녀들은 다시 송도로 갈 차비를 했다.

다음날 대비와 난정은 전에 송도에서 몇 달 동안 지낸 꿈같은 일들을 회상해 보면서 배를 타고 송도로 향했다. 그러나 대비는 예전 같은 기분이 아니었다. 피곤하고 기력이 없었다.

송도에 도착하여 대왕사로 들어가 기도를 드렸다. 힘이 빠져서 쓰러질 때까지 소리내어 불경을 읽었다. 그러자 이제까지 느끼지 못한 희열이 온 몸을 감싸고 도는 것이었다. 그리고 지쳐서 잠이 들었다. 가위가 눌리어 꿈을 꾸다가, 깨어보니 점심때가 다되었다. 대비는 일어나서 기도를 계속 드렸다. 얼마 있자, 난정이 왔다. 같이 식사를 하고 나자, 약간 정신이 들었다. 그리고 잠시 휴식을 취하고 나서 또 기도를 드리기 시작했다.

이때 난정은 슬며시 그곳을 빠져 나갔다. 대비는 모른 척했다.

대비는 기도를 하면서 제명에 못 죽은 세자가 너무나 불쌍하다고 생각했다. 흘러내리는 눈물을 억제할 수가 없었다. 늙으막에 이 무슨 추태란 말인가. 다른 사람들에게 눈물을 보이기가 싫어서 평상시 입던 옷 그대로 그곳을 나와 산길을 계속 걸었다. 그 뒤에는 김 상궁이 뒤를 따랐다. 대비는 하염없이 걸었다. 그리고 가끔 한숨을 내쉬면서 눈을 내리깔고 걸었다.

한참을 가자, 조그마한 암자가 보였다. 그곳에는 아이들이 모여 있었다. 한 스님이 아이들에게 목욕을 시키고 있었다. 대비는 그것을 물끄러미 바라보고 있었다. 나이는 50세 전후반쯤 되어 보였을까. 그 스님의 얼굴에는 근심이 하나도 없이 거울처럼 맑아 보였다. 그는 대여섯 명이나 되는 애들을 모두 다 목욕을 시키고 방으로 데리고 가서 밥을 먹였다. 한참 후에 그가 그 방에서 나왔다.

"죄송합니다. 불공을 드리러 오셨습니까?"

"그렇습니다."

"그럼 법당으로 들어가시지요."

"예."

대비는 말을 하고 법당으로 들어가 절을 했다.

"여기에는 사미승이나 다른 스님은 안계십니까?"

"이런 초라한 절에 누가 있으려고 합니까?"

대비의 말에 주지가 반문했다.

"그러면 스님은 왜 이런 곳에 혼자 고생을 하고 계십니까?"

"무슨 말씀이십니까? 고생이라니요. 이것도 다 수행입니다."

"이런 고생을 하시면서 수행이라 말씀하십니까?"

무소유(無所有)와 고행(苦行)에서 깨달음의 의미를 찾아 수행을 하고 있다는 주지의 말을 대비는 이해를 할 수가 없었다.

"요즘 백성들은 굶어죽는 사람이 많은데 중들은 세월을 잘 만나 너무 호강하고 있어요. 중이 배가 부르면 수행은 안하고 엉뚱한 짓이나 하게 되고, 나쁜 생각만 하게 됩니다."

"그게 무슨 말씀입니까?"

"백성들은 초근목피로 연명하다 못해 살길을 찾아 도적이 되고 있는 판인데, 궁궐과 세도가와 내원당 절만 살판이 났어요. 이 나라 백성들이 이게 어디 사는 겁니까?"

"백성들이 사는 게 그렇게 어렵습니까?"

"보살님은 어디서 오셨소. 조선땅에 안 사시오, 백성들이 오죽이나 먹고 살기가 힘들면 산도적이 되겠어요. 잡히면 죽는다는 것을 알면서도 산적이 됩니다. 그럴 때는 다 그만한 이유가 있는 겁니다."

"왜 그런데요."

대비는 그 이유를 확실하게 알고 싶었다.

"왕실과 대비의 외척인 세도가 윤원형이나 내수사에서 백성들의 재산을 수탈하고 못살게 하니까 그런 거지요."

"그들이 그렇게 몹쓸 짓을 저질렀습니까?"

"말도 마시오. 백성들이 죄를 받을까 봐 말을 못하고 입을 닫고 있었어 그렇지요."

스님은 대비를 보고 손을 내저었다.

"그러면 스님은 여기서 저 애들하고 이렇게 초라하게 사시는 게 즐거우세요."

"그렇고 말구요. 저 애들은 제가 돌보지 않으면 오갈 데가 없어요. 그렇지 않으면 유리걸식하다가 산적이 되거나 나쁜 사람이 되겠지요. 그리고 권세와 재물을 가진 사람들이 없는 사람들을 생각하고 도와줘야만 그 나라가 평안한 겁니다. 그런데 지금 세상은 그렇지가 않아요. 세도가들은 부정을 저질러서 재산을 자꾸 더 끌어 모으려고 하고 있어요. 그러면 안됩니다. 있는 사람들은 배가 터져서 죽고, 없는 사람들은 굶어서 죽고 있습니다. 전에는 그러지 않았는데 세상이 어쩌다가 이렇게 되었는지. 먹을 것이 없어 굶는 사람들을 도와주면 그들은 은인이라고 생각할 겁니다. 가진 자들이 베풀어야 합니다. 그렇지 않으면 있는 자들은 계속 도적들에게 당할 겁니다."

"옳은 말씀입니다."

대비는 그 스님의 말이 백 번 옳다고 생각했다. 저 스님은 물욕이 없는 부처님의 말씀을 그대로 실천하는 진승(眞僧)이라고 생각했다. 그에 비하면 보우는 가승(假僧)에 불과했다. 내가 왜 일찍 저런 스님을 만나지 못했단 말인가. 대비는 이제서야 많은 것을 깨달았다. 그러나 너무 늦었다.

"보살님도 남을 위해서 팔을 걷어붙이고 적선해 보세요. 아주 보람을 느낄 겁니다. 부처님도 그런 보시를 부르짖었습니다. 죽으면 썩어 없어질 몸입니다. 몸둥이를 아긴다고 더 오래 사는 것도 아니고 힘들여 일을 한다고 일찍 죽는 것도 아닙니다. 옛날 백장(百丈)스님은 하루 일을 하지 않으면 하루 먹지 않았다고 하지 않았습니까?"

"옳으신 말씀입니다."

"자, 쉬었다가 가세요. 저는 이제 탁발(托鉢)을 나가려고 합니다."

스님은 말을 하고 자리에서 일어났다.

대비는 그 스님의 말을 듣고 나자, 정신이 번쩍 들었다.

'스님들이 배가 부르면 수양을 게을리 한다. 옳은 말이다. 내가 스님들을 너무나 편하게 해 주었어. 내가 사랑에 폭 빠져서 보우스님을 너무 믿었어. 스님들은 힘든 일도 안하면서 수행한답시고 먹고 놀면서 호강을 한 거야. 보우스님의 말은 스님들이 일에 너무 쫓겨서 수행을 할 수가 없다고 했는데, 저 스님의 말과는 정반대지 않는가. 누구의 말이 옳단 말인가. 보우스님은 욕심이 많은 사람이야. 사랑을 담보로 나에게 계속 도와달라고 요청했잖아. 그런데 저 스님은 아무런 욕심이 없어. 그것은 자기가 고생을 하면서 오갈 데가 없는 애들을 거두어 키우는 등 부처님 말씀을 온몸으로 실천하고 있잖아. 나는 스스로의 미망(迷妄)과 보우스님의 유혹에 빠진 거야. 아, 이제야 정신이 드는구나. 나는 스님들이 요구하는 것은 뭐든 들어주면 그게 잘하는 건 줄 알았는데. 그걸 내가 잘못 판단한 거야. 내가 색정을 밝히니까, 보우가 해달라고 하는 대로 다 들어준 거야. 아니 내가 알아서 더 설쳤던 것이지. 내가 정말 색에 미쳐서 어리석은 짓을 했던 거야. 나는 죽어 저 세상에서 어찌 대왕을 볼 수 있단 말인가. 어찌 열성조 앞에 설 수가 있단 말인가. 나는 종사에 크나큰 죄를 지은 사람이야. 나는 하루 빨리 이 업보를 씻어야 할 텐데.'

이렇게 생각되자, 대비는 지금부터라도 잘못을 고쳐야겠다고 생각했다. 병법에서도 잘못을 알면 바로 시정하는 것이 요체라고 하지 않았는가.

대비는 그곳에 혼자 앉아서 많은 생각을 했다. 그녀는 책을 많이 읽어 『대학(大學)』에 써 놓은 격물치지(格物致知)도 잘 알고 있어서 생각의 전환도 빨랐다.

'나는 인생을 헛 살아왔어. 참을 줄을 알아야 했는데, 욕심을 너무나 부렸어. 그리고 사람들에게 너무 많은 피해를 주었소. 내가 죄 없이 죽인 사람도 아마 수백 명이 될 것이야. 나 때문에 억울하게 죽은 영혼들은 누가 천도(薦度)한단 말인가. 내가 지은 업보 때문에 세자가 대신 일찍 죽은 것이야. 어떻게 보면 나는 천벌을 받고 있는 것이야.'

대비가 혼자 이런 생각을 하면서 걸었다. 김 상궁이 뒤따랐다.

대왕사에 도착했을 때에는 난정이 대비를 기다리고 있었다.

"어디를 다녀오십니까?"

"그렇다네. 나는 지금 한양으로 돌아가겠네."

난정의 말에 대비는 무뚝뚝하게 대답했다.

"왜 무슨 일이 있었사옵니까?"

"우리가 인생을 너무 잘못 살았어. 우리는 이제까지 너무나 욕심을 부렸어. 지금 백성들은 초근목피로 겨우 목숨을 부지하고 있는데, 우리는 이게 무슨 짓인가. 우리는 너무나 많은 사람들을 죽였고, 백성들의 재산을 너무 많이 빼았았어. 그래서 세자가 변고를 당한거야. 앞으로 나의 인생은 부처님의 말씀대로 한점 부끄럼 없이 후회 없이 살아야겠네. 나는 곧장 한양으로 올라가겠네."

대비의 말에 난정은 도깨비에 홀린 것 같았다. 어제와 그저께 대비의 표정이 어두웠지만 어디에서 누구에게 무슨 얘기를 들었기에 저렇게 변했는지 알 수가 없었다. 갑자기 대비가 무섭기까지 했다.

"저도 대비마마를 따라가겠어요."

"그럼 떠나세."

"예."

난정은 대답을 하고 김 상궁을 불러 바로 개성유수에게 전하라고 했다. 개성유수는 배를 준비했다.

대비는 한양으로 올라온 다음날 미복(微服)차림으로 따르는 상궁도 없이 도성을 여기 저기 둘러보았다. 거리마다 걸인들이 너무 많았다. 대비는 곳곳을 살펴봤다. 그리고 이를 명종에게 전했다.

그리고 대비는 정업원(淨業院)으로 가서 기도를 드렸다. 대비는 진심으로 세자가 극락에 가기를 기원했고 자기가 저지른 악행을 부처님에게 용서를 빌었다. 그러고 나자, 마음이 좀 후련해졌다.

이듬해 사월 초파일을 보름 앞두고, 보우가 찾아왔다.

"이번이 세자가 돌아가신 지 삼년 째 됩니다. 극락왕생을 위한 무차대회

(無遮大會)를 성대하게 열어드렸으면 합니다."

"나도 그러고 싶었소. 대사께서 알아서 잘 치러주시오."

"알겠습니다."

보우가 대답을 하고 물러갔다. 대비는 목욕재계(沐浴齋戒)하고 소식을 하면서 정성으로 기도를 드렸다. 그러다가 병이 들어 자리에 누웠다. 그래서 무차대회는 무산되고 말았다. 대비는 스스로 오래 살 것 같지 않아 명종을 불러 유언을 했다.

"내가 죽으면 멀리 불암산 자락에 묻어 달라."

중종이 승하하고 난 뒤부터 그동안 한 업보 때문에 도저히 봉은사 앞 중종의 능 옆에 같이 묻힐 수가 없었던 것이다. 그리고 열흘 만에 한 시대를 어지럽혔던 문정왕후는 1565년 65세를 일기로 세상을 떠나고 말았다.

명종은 국상을 치렀다. 중종의 능침 정릉(靖陵)은 원래 경기도 고양군 원당 장경왕후의 능과 같이 있었는데, 그 장소가 불길하다고 하여 길지를 택하여 옮기자는 의논이 있었다. 문정왕후는 성종대왕의 능이 있는 선릉(宣陵) 옆에 길지가 있다는 보우의 주청도 있었고, 또 남편의 능침이 장경왕후와 같이 있는 것을 싫어하여 장차 자기가 죽으면 중종 옆에 묻히기를 바라면서 이장키로 하였다. 이때 보우는 자기가 봉은사 주지를 더 오래 하고 싶은 욕심이 앞서 있었다.

대비가 죽은 후 3개월이 지나서, 요망한 중 보우는 제주도로 귀양가서 곤장에 맞아 죽었다.

"백성들이 모두 그를 벌한 것이지 내가 벌한 것이 아니다."

그때 제주목사 변협(邊協)은 이렇게 말하였다.

그리고 8월에 윤원형은 관직을 삭탈당했다. 난정은 정실 부인 김씨 부인을 죽인 강상죄(綱常罪)가 탄로나자 음독자살했다. 그러자 윤원형도 사흘 후에 목을 매고 말았다. 정난정과 윤원형이 죽었다는 소식에, 온 백성들은 속시원해 하며 춤을 추면서 기뻐했다.

  모든 일이 사필귀정(事必歸正)이었다. 인생을 얼마나 산다고 권력을 잡고 남을 모함하고 그들을 죽여가면서 수만금의 재산을 모았지만, 그것은 아무 소용도 없는 무용지물이 되고 만 것이다. 마침내 자기 자신을 치욕의 구렁텅이로 빠뜨린다는 것을 이들은 몰랐던 것이다. 죽을 때에는 빈손으로 간다는 만고불변의 이치를 대비나 윤원형이나 정난정은 죽을 무렵에야 깨달았다. 그래서 그들은 후세 많은 사람들에 의해 지금까지 비판을 받고 있는 것이다. 끝